Stuart Hall

Ideologie Kultur Rassismus

Ausgewählte Schriften 1

Argument Verlag

Übersetzt von Wieland Elfferding, Birgit Ermlich, Gabriela Mischkowski, Gottfried Polage, Nora Räthzel und Thomas Weber. Mit einem Vorwort von Gustav Klaus

Stuart Hall bei Argument:

Vertrauter Fremder. Ein Leben zwischen zwei Inseln

Ideologie, Kultur, Rassismus (Schriften 1)
Rassismus und kulturelle Identität (Schriften 2)
Cultural Studies (Schriften 3)
Ideologie, Identität, Repräsentation (Schriften 4)
Populismus, Hegemonie, Globalisierung (Schriften 5)

Schriften. Band I und II

Neu durchgesehene Ausgabe 2022:
Victor Rego Diaz, Koordinator des Editorial Boards der Hall-Autobiografie *Vertrauter Fremder*, das für Halls Begriffe den aktuellen Diskursen gerechte Übersetzungen erarbeitet hat, passte die Terminologie dieses Bandes entsprechend an. Paginierung gegenüber früheren Ausgaben geringfügig abweichend.

Die Deutsche Nationalbibliothek verzeichnet diese Publikation in der Deutschen Nationalbibliografie; detaillierte bibliografische Daten sind im Internet über http://dnb.d-nb.de abrufbar.

Glashüttenstraße 28, 20357 Hamburg
Telefon 040/4018000 · Fax 040/40180020
verlag@argument.de · www.argument.de
Druck: docupoint magdeburg
Gedruckt auf säure- und chlorfreiem Papier
ISBN 978-3-88619-373-8
Neunte Auflage 2025

Inhalt

Vorwort

Seit nunmehr drei Jahrzehnten spielt Stuart Hall eine führende Rolle im Spektrum der britischen Linken. Anders als seine etwas älteren Mitstreiter Raymond Williams oder E.P. Thompson hat ihn allerdings nicht die Veröffentlichung eines Klassikers – der Kulturtheorie oder Sozialgeschichtsschreibung – bekannt gemacht. Die publizistische Tätigkeit des 1932 auf Jamaika Geborenen, erst als Stipendiat Anfang der fünfziger Jahre nach England Gekommenen verlief weniger spektakulär, ohne deswegen weniger ertragreich oder anregend zu sein. Ob als Zeitschriftenherausgeber oder Projektleiter, stets wusste Hall seine Person in den Hintergrund zu stellen. Mit selbstverleugnender Bescheidenheit reihte er sich in Arbeitszusammenhänge und Autorenkollektive ein, weil, wie er es einmal in einer Bilanz seiner Tätigkeit am *Centre for Contemporary Cultural Studies* formulierte, ihm die »einsame, isolierte, individualisierte und konkurrenzbesessene Arbeitsweise« ein Gräuel war. Ähnlich dem Prinzip des »forschenden Lernens«, mit dem hierzulande in den siebziger Jahren einzelne Reformuniversitäten angetreten sind, organisierte und praktizierte er die Arbeit in Projekten und Forschungsgruppen, im strikten Gegensatz zu jener verbreiteten Spezies Einzelkämpfer unter den Geisteswissenschaftlern, »die ihre Arbeitsthemen wie Schlagstöcke im Gepäck herumtragen«. Diese Einstellung erklärt zum Teil, weshalb es auch in Großbritannien bis 1988 nicht ein einziges Buch gab, in dem der Autor als Alleinverfasser firmierte.

Als sich im Gefolge der krisenhaften Ereignisse des Jahres 1956 (20. Parteitag der KPdSU mit der berühmten Chruschtschow-Rede, Suez-Invasion, Ungarnaufstand) die New Left herauskristallisierte, gehörte Stuart Hall zu den Aktivisten der ersten Stunde. Dank seiner glänzenden Rhetorik war der Mitbegründer und -herausgeber der Oxforder *Universities and Left Review* ein gefragter Redner auf vielen Tribünen und Veranstaltungen. In der New Left kamen ehemalige Kommunisten – die britische Partei hat 1956-58 fast zehntausend Mitglieder verloren – und Labour-Linke zusammen, Kritiker der Konsumgesellschaft und Anhänger der Kampagne für nukleare Abrüstung, engagierte Schriftsteller und radikale Akademiker. Als sich die *Universities and Left Review* 1960 mit dem u.a. von Thompson edierten *New Reasoner* zur heute noch erscheinenden *New Left Review* zusammenschloss, hieß der Herausgeber wiederum Stuart Hall.

Die erste akademische Position, die Hall bekleidete, war eine Dozentur für Medienwissenschaft am Chelsea College in London (1961–64). Hier entstand das gemeinsam mit Paddy Whannel geschriebene Buch *The Popular Arts* (1964), eine Gegenstandsbeschreibung und Analyse massenhaft verbreiteter Kulturformen von Film und Fernsehen bis zu Groschenheften und Popmusik, unter Berücksichtigung ihrer möglichen Einbindung in den schulischen und universitären Unterricht. Anlage und Ergebnisse dieses Werks ebenso wie die Teilnahme an den Kulturdiskussionen der New Left prädestinierten Hall für die Arbeit an dem 1964 von Richard Hoggart an der Universität Birmingham eröffneten *Centre for Contemporary Cultural Studies.*[1] Die Untersuchungen von Hoggart *(The Uses of Literacy,* 1957) und Williams *(Culture and Society 1780–1950,* 1958, sowie *The Long Revolution,* 1961) hatten das materiale und theoretische Fundament gelegt, die Aufbruchsstimmung der späten fünfziger und frühen sechziger Jahre das geistige Klima geschaffen, in dem gegen beträchtliche Widerstände ein kulturwissenschaftlicher Aufbaustudiengang und ein neues Forschungsparadigma inauguriert werden konnten. Die inhaltliche Ausrichtung und der konzeptionelle Rahmen von *Cultural Studies,* wie wir sie heute in Großbritannien an vielen Polytechnics und einigen wenigen Universitäten finden, sind jedoch untrennbar mit dem Namen Stuart Hall verbunden. Erst unter seiner Leitung – Hoggart war 1969 zur Unesco nach Paris gegangen – hat das Centre die an seine literaturwissenschaftliche Herkunft gemahnende Orientierung an »Texten« zugunsten der Konzeptualisierung von kulturellen Praxen abgelegt, die Gesellschaftstheorie gegenüber der funktionalistischen Soziologie in den Vordergrund gerückt und die Parteinahme zugunsten marginalisierter und unterprivilegierter sozialer und ethnischer Gruppen an den Tag gelegt, die vielen argwöhnischen Beobachtern ein Dorn im Auge war und ist.

Mit der Entstehung einer neuen pluralen marxistischen Kultur in Großbritannien, entschieden gefördert durch den massiven Import kontinentaler Denkansätze seitens der neuen Mannschaft der *New Left Review* um Perry Anderson, wuchs dem Centre zumindest im Bereich der Kulturanalyse eine Avantgarde-Position zu. Es gab eine Zeit, in der ersten Hälfte der siebziger Jahre, als das Erscheinen eines Heftes der Institutszeitschrift *Working Papers in Cultural Studies* an manchen linken Fachbereichen besonders der Polytechnics mit der gleichen Ungeduld erwartet wurde wie hier während der Studentenbewegung das Neueste aus den Redaktionszimmern des *Argument,* der *alternative* oder des *Kursbuch.* Zwar hatten die *Working Papers* zunächst eine ungleich niedrigere Auflage. Das sollte sich

1 Stuart Hall blieb bis 1979 am CCCS in Birmingham. Danach war er Professor für Soziologie an der Open University.

jedoch in dem Augenblick ändern, als die Bände in das Verlagsprogramm von Hutchinson übernommen wurden: Der erste Titel *Resistance through Rituals* (1976) – deutsch in veränderter Fassung 1979 als *Jugendkultur im Widerstand* – musste gleich mehrfach nachgedruckt werden.

Eingeleitet worden ist die Rezeption der Arbeiten Stuart Halls in der BRD durch ein vom WDR ausgestrahltes Rundfunkinterview 1977, das noch im gleichen Jahr in *Gulliver* 2 (Argument-Sonderband 18) abgedruckt wurde. Frühere Präsentationen des Centre in *Ästhetik und Kommunikation* 24 (1976) und *Literaturmagazin* 5 (1976) hatten weniger Resonanz. Waren es zunächst die ethnografischen Arbeiten, die hier in die Jugendkulturdiskussion Eingang fanden, so hat *Das Argument* (seit Heft 118, 1979) vor allem an die Ideologieforschung angeknüpft. In *On Ideology* (1978; zugleich auch zehnter und letzter Band der *Working Papers*, 1977) hatten Hall und seine Mitarbeiter Althussers Bestimmung von Ideologie als real existierendes gesellschaftliches Verhältnis, verankert und reproduziert in Institutionen, zwar gewürdigt, zugleich aber auch wegen ihrer funktionalistischen Schlagseite, die kaum Platz für Widerspruch und Opposition ließ, kritisiert.

Für das Projekt Ideologie Theorie (1977–1985) wurden diese Arbeiten zu einer Art von Gründungstexten. Von hierher las man Althusser und Gramsci neu, arbeitete schließlich die marxistischen Positionen in der Ideologiefrage auf. In den daraus resultierenden *Theorien über Ideologie* (1979, Argument-Sonderband 40) ist Stuart Halls Einfluss nicht nur durchweg zu spüren, sondern von ihm stammt auch der historische Abriss über Ideologie und Wissenssoziologie in bürgerlicher Tradition (Kapitel 7). In der *Camera obscura der Ideologie* (1984, Argument-Sonderband 70), einem Band mit drei Bereichsstudien des Projekts Ideologie-Theorie über Philosophie, Ökonomie und (Natur-) Wissenschaft, taucht Stuart Hall wiederum als einer der drei Autoren auf. Man kann sagen, dass die Veröffentlichung des vorliegenden Bandes eine späte Folge dieser Zusammenarbeit ist.

In der Kampagnenanalyse, die das Buch *Policing the Crisis: Mugging, the State, and Law and Order* (1978) liefert, verbindet sich das den Jugendkulturarbeiten eignende Moment der Empathie mit der These von den hegemonialen Strukturen der Ideologietheorie. Ausgangspunkt war hier die in den britischen Medien geschürte, rassistisch besetzte Hysterie vor der gewalttätigen Straßenkriminalität, die hauptsächlich jungen Schwarzen angelastet wurde. Hall, wie erwähnt selbst Westinder, und seine Ko-Autoren zeigen, wie der durch die Wirtschaftskrise brüchig gewordene gesellschaftliche Konsens durch die Panikmache vor dem *mugging* zusammengekleistert wird, wobei reale Erfahrungen und irreale Ängste gerade auch

»kleiner Leute« mobilisiert und zielverschoben eingesetzt werden: In der Abschottung von den stigmatisierten Schwarzen Jugendlichen wird die Nation erneut auf die staatstragende Eigentumsideologie eingeschworen, so als hätten die Mugger mit ihren bei brutalen Überfällen entwendeten Brieftaschen die Institution des Privateigentums überhaupt in Frage gestellt. (Begriffe wie »Konsens« und »Hegemonie« signalisieren den Bezug auf Gramsci, der hier gewissermaßen als Korrektiv zu Althusser fungiert.)

Staatstheoretische Ableitung und aktuelle politische Analyse fließen auch in den Schriften über den Thatcherismus zusammen, den Hall schon früh als äußerst ehrgeiziges Projekt begriffen hat, die gesamten sozialen Errungenschaften der Nachkriegszeit zurückzurollen und unter geschicktem Einsatz populistischer Rhetorik längst residual geglaubte viktorianische Werte wie Eigeninteresse, Konkurrenz, Strebsamkeit, Nation, Familie, Pflichtgefühl usw. wiederzubeleben und aggressiv durchzusetzen. Zunächst in der Zeitschrift *Marxism Today* erschienen, deren ständiger Mitarbeiter Hall ist, sind diese Aufsätze zum Teil in *The Politics of Thatcherism* (1983) gesammelt. Durch die Zugehörigkeit zum »advisory board« von *Marxism Today*, der attraktiv gestalteten und monatlich in 17000 Exemplaren vertriebenen Zeitschrift des eurokommunistischen Mehrheitsflügels der britischen KP, bekennt Hall auch politisch Farbe, wobei sich die Einschätzung, eine sozialistische Alternative zum Stalinismus wie zur Sozialdemokratie zu finden, bis auf das gemeinsam mit Williams und Thompson 1967/68 verfasste *May Day Manifesto* zurückverfolgen lässt.

Februar 1989 *H. Gustav Klaus*

Das »Politische« und das »Ökonomische« in der marxschen Klassentheorie

Die Grenzen dieses Artikels liegen auf der Hand. Ein umfassender oder systematischer »Überblick« über die marxsche Klassentheorie kann hier nicht geboten werden. Erstens, weil Klassen, Klassenverhältnisse und Klassenkampf Begriffe sind, die im Zentrum von allem standen, was Marx geschrieben hat – einschließlich natürlich des *Kapitals,* seinem Hauptwerk über die »Bewegungsgesetze« der kapitalistischen Produktionsweise, in dem das Thema »Klassen« ganz ans Ende verlegt ist und auf geradezu peinigende Weise unvollständig bleibt. Eine umfassende Würdigung von »Marx zum Thema Klassen« würde daher auf die Rekonstruktion seines gesamten Werkes hinauslaufen. Zweitens, weil es *die* »Klassentheorie« im Sinne einer homogenen Einheit oder eines homogenen Gegenstandes bei Marx gar nicht gibt. Marx hat in jeder wichtigen Phase seiner Arbeit über Klasse und Klassenkampf geschrieben. Wir wissen, dass diese Texte einen unterschiedlichen Stellenwert haben und mit unterschiedlichen Absichten geschrieben wurden, und dass dies entscheidend dafür ist, auf welcher Ebene, unter welchem Aspekt und auf welchem Abstraktionsgrad die Frage behandelt wurde. Die Polemik gegen den Linkshegelianismus in der *Deutschen Ideologie,* die programmatische Absicht und rhetorische Vereinfachung im *Kommunistischen Manifest,* die Analyse der politischen Konstellation in den *Klassenkämpfen in Frankreich,* die theoretische Arbeit in den *Grundrissen* und im *Kapital* – in jeder dieser Schriften wird das Problem der Klassen aufgrund der verschiedenen Stoßrichtungen und Adressaten in unterschiedlicher Weise gestellt.

Aus Marx' eigenen Kommentaren und seiner Korrespondenz – zum Beispiel in Bezug auf den unterschiedlichen Aufbau in den »Arbeitsheften« der *Grundrisse* und im *Kapital* – wissen wir, dass er die Frage der Darstellungsweise sehr ernst nahm. So schrieb er z.B. in seinem Brief an Weydemeyer am 1. Februar 1859 über die beabsichtigte Publikationsfolge der ersten vier Abschnitte des ersten Bandes des *Kapital:*

> »Du begreifst die *politischen* Gründe, die mich bewogen, mit dem 3. Kapitel über ›Das Kapital‹ zurückzuhalten, bis ich wieder Fuß gefasst habe.« (Marx & Engels 1972, 195)

Drittens wissen wir, dass all diese verschiedenen Texte bis zu einem gewissen Grad auch durch die Problematiken begrenzt und geprägt wurden, in deren Rahmen Marx zum jeweiligen Zeitpunkt dachte und schrieb. Mit der Entwicklung des marxschen Denkens wandelten und veränderten auch sie sich. Althusser konstatiert zu Recht, dass Marx' »Entdeckungen« zum Teil entscheidend mit den »Brüchen« zwischen den jeweiligen Problematiken zusammenhängen. Wir müssen nicht unbedingt die Rigidität und Totalität akzeptieren, in der Althusser mit Hilfe des »epistemologischen Einschnitts« das marxsche Werk »periodisiert« – zumal sich Althusser selbst später davon distanziert hat (vgl. die Haupt»revisionen« in Althusser 1976). Aber seine Intervention *verhindert*, dass wir Marx jemals wieder in einer Weise lesen, die, mittels eines prospektiv-retrospektiven Taschenspielertricks, einen einzigen, homogenen »Marxismus« konstituiert, der sich stets auf einer vorgezeichneten Bahn bewegt, von den ökonomisch-philosophischen *Manuskripten* über den *Bürgerkrieg in Frankreich* bis zu seinem vorgegebenen teleologischen Ziel. Eine derartige Lesweise tut nicht nur Marx Unrecht, sie gibt auch ein falsches und irreführendes Bild von der Art, wie theoretische Arbeit auszusehen hat, und sie verschleiert die Rückzüge und Umwege, durch die diese voranschreitet und sich entwickelt. Sie fördert in uns einen »faulen« Marxismus, da sie ja nahelegt, für uns gäbe es keine kritische Arbeit mehr zu leisten, wir brauchten uns nicht ernsthaft mit den Differenzen und Entwicklungen im marxschen Werk auseinanderzusetzen – alles, was uns zu tun bleibt, ist, uns auf die »Offensichtlichkeit« des »Marxismus« zu verlassen, die in allen Texten von Marx latent schlummert. Diese Art marxistischen »gesunden Menschenverstandes« hat dem Marxismus als einer lebendigen und sich entwickelnden Praxis enorm geschadet, ebenso dem notwendigen Streit *innerhalb* der Theorie selbst.

Teilweise wird es also um eine spezifische Praxis des Lesens gehen – eine, die versucht, die Logik der Argumentation und des Aufbaus eines Textes festzuhalten, und zwar vor dem Hintergrund der Thesen und Begriffe, die den Diskurs des Textes ermöglichen, ihn hervorbringen. Vieles von dem, was anhand einer begrenzten Anzahl von Passagen und Texten hier diskutiert werden wird, beruht auf der Entwicklung einer solchen theoretischen Arbeitsweise. Sie beinhaltet auch, einen Text nicht einfach als solchen, als etwas Geschlossenes hinzunehmen. Das gilt sowohl für die Stellen, an denen der Text offensichtlich »ins Auge springt«, als auch für die, an denen er offensichtlich komplex oder dunkel ist. Der Klassenkampf ist in jeder Zeile und in jedem Abschnitt des *Kommunistischen Manifests* geradezu handgreiflich *präsent*. Aber der Klassenbegriff, auf dem dieser Text beruht, ist, wie wir hoffentlich werden zeigen können, nicht von der glänzenden Oberfläche her unmittelbar fassbar. *Das Kapital* ist das genaue Gegenteil – ein komplexer theoretischer Text, dessen zentraler Gegenstand die kapitalistische Produktionsweise ist, und der über weite Strecken hinweg den Klassenkampf auf eine andere Ebene, auf ein anderes Moment »verschoben« zu haben scheint. Es gehört mit zu den schwersten Übungen, aus dem *Manifest* herauszu»lesen«, wie das Verhältnis von Klassen und Produktionsweise gefasst wird, und umgekehrt die Gesetze und die Bewegung des Kapitals im *Kapital* unter der Perspektive des Klassenkampfes zu »lesen«. Was Letzteres angeht, so gibt uns Marx selbst (wiederum in einem Brief, diesmal an Engels vom 30. April 1868) einen wunderbaren Einblick in die Art der Beziehung beider zueinander. Im Wesentlichen fasst er seine Argumentation aus dem dritten Band zusammen. Er geht einige der komplexesten – technischen – Theoreme durch: die Konstituierung der »Durchschnittsprofitrate«, das Verhältnis zwischen den verschiedenen Produktionszweigen, das Problem der Transformation »von Wert in Produktionspreis«, den tendenziellen Fall der Profitrate. Danach kehrt er schließlich zu dem zurück, was den »Ausgangspunkt der Vulgärökonomie« ausmacht: zur berühmten Trinitarischen Formel (deren vernichtende Entlarvung *in extenso* im dritten Band eine der reichhaltigsten Abschnitte dieses Werkes ist). Gemeint ist die Formel, die die Verteilung des Profits als harmonischen Rückfluss jedes seiner Teile zu dem ihm zugehörigen Faktor in der kapitalistischen Produktion »erklärte«: die Grundrente entspringt dem Boden, der Profit (Gewinn) dem Kapital, der Lohn aus der Arbeit. Indem Marx die »wirkliche« Bewegung hinter dieser Verteilung enthüllte, entlarvte er ihre »Erscheinungsform«; aber das ist keine bloße »theoretische« Entmystifizierung:

> »Endlich, da jene drei (Arbeitslohn, Grundrente, Profit [Zins]) die Einkommensquellen der drei Klassen von Grundeigentümern, Kapitalisten und Lohnarbeitern – der *Klassenkampf* als Schluss, worin sich die Bewegung und Auflösung der ganzen Scheiße auflöst.« (Marx & Engels 1972, 172)

Althusser hat uns vorgeführt, wie theoretische Texte zu »lesen« sind – mit der Methode des »symptomatischen Lesens«. Meine eigenen Anmerkungen oben gehen nicht so weit. Die Idee des »symptomatischen Lesens« ist natürlich Freuds Theorie der Symptombildung im Diskurs des Patienten entnommen, wie er sie in seinem wichtigen Werk über *Die Traumdeutung* entwickelt hat. Wendet man diese ausgereifte Theorie nun auf theoretische Texte an, dann entsteht das Problem ihrer Kontrollierbarkeit. Es ist *eine* Sache, einen komplexen Text mit einem stets offenen Auge für die Matrix der begrifflichen Prämissen und Sätze zu lesen, die diesen Text tragen und ihm seine wie auch immer geartete theoretische Konsistenz geben – und uns helfen, sein »Schweigen«, seine Leerstellen, zu identifizieren. Das Herauslesen von Leerstellen ist mit Sicherheit ein tragendes Fundament einer kritischen theoretischen Praxis. Eine ganz *andere* Sache aber ist es, das »symptomatische Lesen« als eine Art theoretischer Guillotine zu benutzen, mit der jeder Begriff, der die Tollkühnheit besitzt, vom vorgezeichneten Weg abzuweichen, einfach geköpft wird. Leider ist die Grenze zwischen beiden Lesarten fließend.

Es ist nicht immer leicht, zwischen einem »symptomatischen Lesen« zu unterscheiden, mit dem wir die theoretische Struktur eines marxschen Textes aus den Oberflächenformulierungen herauslesen können, in denen die Begriffe in ihrem – wie es manchmal etwas dubios genannt wird – »praktischen Zustand« erscheinen, und einem »symptomatischen Lesen«, das in Wirklichkeit nur einen Deckmantel dafür liefert, diese »praktischen Begriffe« in ihren »reinen« theoretischen Zustand zu versetzen, so dass der Text dazu gebracht wird, auch »tatsächlich« das zu sagen, was immer der Leser von vornherein hören wollte. *Das Kapital lesen* (Althusser 1971), das sich dieser Methode in ihrer radikalsten und extremsten Form bedient, bewahrt uns einerseits vor einem »unschuldigen« Lesen von Marx, andererseits aber macht es sich selbst schuldig, das, »was Marx wirklich gesagt hat«, so zu *transformieren,* dass es – natürlich – das produziert, was die Autoren von Anfang an entdecken wollten. Um es ganz klar zu sagen: Wenn »praktische Begriffe« bei Marx mit Hilfe strukturalistischer Instrumente und Begriffe systematisch auf eine abstraktere theoretische Ebene gehoben werden, dann ist es nicht weiter schwierig, am Ende einen »strukturalistischen« Marx zutage zu fördern. Die Frage – die enorm wichtige Ausgangsfrage von *Das Kapital lesen* –, was für ein »Strukturalist« der reife Marx denn tatsächlich gewesen ist, kann nicht in dieser zirkulären Weise beantwortet werden. Althusser selbst weiß das. Schließlich war *er* es, der – in *Für Marx* – die notwendig geschlossene Zirkularität eines »Lesens«, das seine »Antworten« bereits in Form der Fragestellung vorwegnimmt, klipp und klar demonstriert hat. Er nannte diese Zirkularität – ideologisch.

Im Folgenden werde ich versuchen, beides zu vermeiden – die »Unschuld« eines »Lesens«, das an der Oberflächenform der Argumentation kleben bleibt, und die spezifische »Schuld«, die einer Interpretationsweise anhaftet, die schlicht meine vorgefasste Meinung bestätigt. Mein Ziel ist eine bestimmte Art der *Befragung* einiger zentraler Passagen bei Marx darüber, was sie über Klassen und Klassenkampf aussagen. Ich spreche von Klassen und Klassenkampf im Zusammenhang, weil mich diese Verknüpfung in diesem Artikel am meisten interessiert und sie die Auswahl der Passagen bestimmte, die ich untersuchen will. Mir wird es speziell darum gehen, zu zeigen, warum und worin sich Marx Vorstellungen von Klassen und Klassenkampf in verschiedenen Phasen seiner Arbeit verändert haben und welche Entwicklung sie durchliefen. Ich möchte einige der Frühschriften und Texte des »Übergangs« neu überdenken – viele von ihnen wurden allzu rasch auf den begrifflichen Schrotthaufen geworfen. Aber ich werde sie natürlich aus dem Blickwinkel der reifen und entwickelten marxschen Theorie untersuchen – ich werde versuchen, sie nicht »unschuldig«, sondern *im Lichte des Kapitals* zu betrachten.

I

Das Kommunistische Manifest wurde von Marx und Engels für den Bund der Kommunisten verfasst:

> »… um ihre Zwecke, ihre Tendenzen vor der ganzen Welt offen dar[zu]legen und dem Märchen vom Gespenst des Kommunismus ein Manifest der Partei selbst entgegenzustellen« (MEW 4, 461).

Es wurde am Vorabend der großen revolutionären Erhebung von 1848 veröffentlicht – zum Zeitpunkt seines Erscheinens befand sich Marx bereits auf Einladung der liberal-radikalen Regierung von Frankreich, die Louis-Philippe gestürzt hatte, in Paris. Es sollte eine revolutionäre Sturmglocke sein; viele, wenn nicht alle der darin enthaltenen Vereinfachungen müssen in diesem Zusammenhang gesehen werden. Im Sommer 1848 begann die Konterrevolution sich zu entfalten; Marx und Engels waren zu der Einsicht gezwungen, dass sie die Geburtswehen der bürgerlichen Gesellschaft als deren Totengeläut missverstanden hatten. Marx änderte seine Ansichten, und zwar über weitaus mehr als über die Geschwindigkeit, mit der es zum revolutionären Endkampf kommen sollte. Gwyn Williams (1976) hat gezeigt, wie dieser »Einschnitt« in der Perspektive – ein *politischer* Einschnitt – seinen Niederschlag in der *theoretischen* Struktur eines der wichtigsten Texte von Marx fand, im *Achtzehnten Brumaire des Louis Bonaparte.* Ja, man kann, ohne die Zusammenhänge vereinfachen zu wollen, durchaus sagen, dass der historische Zusammenbruch der Achtundvierziger Revolution einen enormen theoretischen Fortschritt im marxschen Verständnis von Klassen und ihrem Verhältnis zum politischen Kampf bewirkt hat. Welche Entfernung er zurückgelegt hat und welche Entdeckungen er gemacht hat, lässt sich ermessen, wenn man die Unterschiede – und Gemeinsamkeiten – bei der Darstellung von Klassen im *Manifest* von 1847 einerseits und im *Achtzehnten Brumaire* und den *Klassenkämpfen in Frankreich* von 1850 und 1852 andererseits herausarbeitet.

> »Die Geschichte aller bisherigen Gesellschaft ist die Geschichte von Klassenkämpfen. Freier und Sklave, Patrizier und Plebejer, Baron und Leibeigener, Zunftbürger und Gesell, kurz, Unterdrücker und Unterdrückte standen in stetem Gegensatz zueinander, führten einen ununterbrochenen, bald versteckten, bald offenen Kampf, einen Kampf, der jedes Mal mit einer revolutionären Umgestaltung der ganzen Gesellschaft endete oder mit dem gemeinsamen Untergang der kämpfenden Klassen.« (MEW 4, 462)

> »… mit der Entwicklung der Industrie vermehrt sich nicht nur das Proletariat; es wird in größeren Massen zusammengedrängt, seine Kraft wächst, und es fühlt sie mehr. Die Interessen, die Lebenslagen innerhalb des Proletariats gleichen sich immer mehr aus, indem die Maschinerie mehr und mehr die Unterschiede der Arbeit verwischt und den Lohn fast überall auf ein gleich niedriges Niveau herabdrückt. Die wachsende Konkurrenz der Bourgeois […] machen den Lohn der Arbeiter immer schwankender; die immer rascher sich entwickelnde, unaufhörliche Verbesserung der Maschinerie macht ihre ganze Lebensstellung immer unsicherer; immer mehr nehmen die Kollisionen zwischen dem einzelnen Arbeiter und dem einzelnen Bourgeois den Charakter von Kollisionen zweier Klassen an. Die Arbeiter beginnen damit, Koalitionen gegen die Bourgeois zu bilden« (ebd., 470).

> »Die Organisation der Proletarier zur Klasse, und damit zur politischen Partei, wird jeden Augenblick wieder gesprengt durch die Konkurrenz unter den Arbeitern selbst. Aber sie entsteht immer wieder, stärker, fester, mächtiger: Sie erzwingt die Anerkennung einzelner Interessen der Arbeiter in Gesetzesform, indem sie die Spaltungen der Bourgeoisie unter sich benutzt. So die Zehnstundenbill in England.« (Ebd., 471)

Was diesen Text so fatal verführerisch macht, das ist sein vereinfachender revolutionärer Schwung – sein Elan und die zuversichtliche Gewissheit, mitten in der heranrollenden unaufhaltbaren Welle revolutionären Kampfes und proletarischen Sieges zu sein, und vor allem sein ungebrochener Glaube an die historische Zwangsläufigkeit. Diese Äußerungen reiben sich mit unserem inzwischen geläuterten Wissen über die unendlich »lange Verzögerung« der Revolution – und unserem Wissen, um wie viel komplexer und ungewisser ihr Ausgang geworden ist. Damit verbunden ist die Ablehnung einer der zentralen Thesen, die diese Vorstellung der Entwicklung-durch-Revolution offenbar befördert und stützt: die fortschreitende Vereinfachung der Klassenantagonismen (entlang eines gradlinig gezeichneten Geschichtsverlaufes) in *zwei* prinzipiell feindliche Lager – Bourgeoisie und Proletariat, die sich in einem »Auflösungsprozess« von einem »so heftigen, so grellen Charakter« (MEW 4, 471) gegenüber stehen. Die gesamte Logik in diesem Teil des Textes ist durch die historische Konstellation, in der er verfasst wurde, überdeterminiert. Die Klassen werden in diesem Text zweifellos, auf recht simple Weise historisch konstruiert: Auflösung des Feudalismus, revolutionäre Rolle der aufkommenden Bourgeoisie, »freie Konkurrenz« und »freie Arbeitskraft«, bei Marx die beiden Voraussetzungen für die Errichtung der kapitalistischen Produktionsweise auf erweiterter Stufenleiter, gigantische Entwicklung der produktiven Möglichkeiten des Kapitals, dann die Industrie- und Handelskrisen, fortschreitende Verelendung, Klassenpolarisierung, revolutionärer Bruch und Umsturz.

Diese *Linearität,* dieser unverhüllte historische Evolutionismus, wird wesentlich nur durch das Spiel eines einzigen Widerspruchs unterbrochen oder verschoben: durch den Widerspruch zwischen der Entwicklung der Produktivkräfte und den »fesselnden« Produktionsverhältnissen, in die sie eingebettet sind. Dieser Grundwiderspruch bestimmt die Zuspitzung des Klassenkampfes in der kapitalistischen Produktionsweise. Sein Verlauf ist natürlich auch Verzögerungen unterworfen, aber seine Haupttendenz strebt vorwärts – zum Zusammenstoß. Das liegt daran, dass die beiden Ebenen zusammengespannt werden – der Klassenkampf »reift« in dem Maße, wie der Kapitalismus sich »entwickelt«. Ja, Letzterer entwickelt und vollendet den Ersteren: der Kapitalismus ist sein eigener Totengräber. Der Kapitalismus produziert also seine eigene »Negation«: die unterdrückten Klassen, deren aufstrebende Kämpfe diese Phase zu ihrer Vollendung und die Gesellschaft vorwärts in das nächste Stadium ihrer Entwicklung treiben. Da die Konstellation Bourgeoisie versus Proletariat als die »allgemeinste« Form des Klassenkampfes bestimmt wird – das Proletariat als die letzte zu emanzipierende Klasse, als die, die »nichts zu verlieren hat als ihre Ketten« –, umfasst die proletarische Revolution zugleich die Emanzipation aller Klassen oder die Abschaffung der Klassengesellschaft *an sich.*

Die Grundproblematik des *Manifests* ist klar. Ihre Präsenz scheint durch die Transparenz der Schreibweise hindurch – eine stilistische Transparenz, die wiederholt, wie die Verhältnisse und Zusammenhänge, von denen der Text handelt, aufgefasst und weiterentwickelt werden: Das *Manifest* behandelt Klassen als »ganze« Subjekte – kollektive Subjekte oder Akteure. Die Übertragung des Klassenkampfes von der ökonomischen auf die politische Ebene wird als völlig problemlos behandelt. Beide Ebenen sind austauschbar: die eine führt unweigerlich auf die andere. Ihr Zusammenhang stellt sich über das her, was Althusser die »transitive Kausalität« genannt hat. In ihr wird die Geschichte als eine sich entfaltende Abfolge von Kämpfen gefasst – eingeteilt in Epochen, zugespitzt durch den Klassenkampf, der ihr Motor ist. Sie fasst die kapitalistische Gesellschaftsstruktur als eine ihrem Wesen nach einfache Struktur: Ihre unmittelbaren Formen mögen zwar komplexer Art sein, ihre Dynamik und Gliederung werden jedoch als einfach und essentialistisch begriffen. Ihre Gliederung ist grundsätzlich durch einen einzigen Widerspruch (Produktivkräfte versus Produktionsverhältnisse) »gegeben«, der sich von der ökonomischen »Basis« aus problemlos, gleichmäßig und unverändert durch alle verschiedenen Ebenen der Gesellschaft hindurch entfaltet. Von daher führt der Bruch auf einer Ebene früher oder später zu einem parallelen Bruch auf anderen Ebenen. Diese Auffassung wurde als »historizistisch« definiert (Althusser 1969), da sie eine gesellschaftliche Formation als eine, wie Althusser es nannte, »expressive Totalität« auffasst. Aber hinter diesem »Historizismus« findet sich noch die Spur einer früheren Problematik – die Auffassung der proletarischen Revolution als Befreiung der ganzen Menschheit, als der »Moment«, in dem die Herrschaft der Vernunft in der Geschichte errichtet wird. Diese Problematik erinnert an die humanistische Stoßrichtung z.B. im Abschnitt »Über den Kommunismus« in den *Manuskripten* von 1844 mit seinen unverhüllt feuerbachschen und hegelschen Obertönen. Eine heroische, humanistische Vision, die sich aber sowohl in ihren wesentlichen Voraussagen als auch in der Art ihrer Begriffsbildung als brüchig erwiesen hat.

Die klarste und entschiedenste Demontage dieser gesamten Problematik findet man ohne Zweifel in Althussers Aufsatz »Widerspruch und Überdeterminierung« in *Für Marx* (1986). Das *Manifest* lässt sich heute nicht mehr anders als im Lichte dieser Intervention lesen. Althusser legt darin, kurz gesagt, dar, dass in der konkreten Analyse eines jeden historisch spezifischen Augenblicks der Grundwiderspruch der kapitalistischen Produktionsweise – der zwischen den Produktivkräften und den sie »fesselnden« Produktionsverhältnissen – zwar »letztendlich« determinierend ist, dass aber dieser Widerspruch allein nicht ausreicht, um zu erklären, wie die *verschiedenen Ebenen des Klassenkampfes* zu einem revolutionären Bruch führen. Denn da sich die Ebenen einer Gesellschaftsformation nicht so glatt aneinanderfügen wie das *Manifest* unterstellt, entfalten sich auch die Widersprüche nicht unmittelbar und unvermittelt von der ökonomischen Basis aus, um einen auf allen Ebenen gleichzeitig stattfindenden Bruch zu initiieren. Ja, wie Lenin zu Recht im Hinblick auf 1917 meinte, die entscheidende Frage ist eher, wie sich

»völlig verschiedene Ströme, völlig ungleichartige Klasseninteressen, völlig entgegengesetzte politische und soziale Bestrebungen vereinigten, und zwar bemerkenswert ›einmütig‹ vereinigten« als Resultat »einer außerordentlich originellen historischen Situation« (LW 23, 316). Diese verschiedenen Ströme lassen sich also nicht auf die determinierenden »Gesetze« der ökonomischen Basis reduzieren. »[...] der Widerspruch Kapital-Arbeit [ist] niemals einfach [...], sondern [...] immer durch die Formen und die konkreten historischen Umstände spezifiziert [...], in denen er sich auswirkt. Spezifiziert durch die Formen des Überbaus [...], durch die äußere und innere historische Situation [...], da eine Reihe dieser Phänomene vom ›Gesetz der ungleichmäßigen Entwicklung‹ im leninistischen Sinn abhängen kann.« (Althusser 1986, 72)

Das bedeutet, wir müssen uns verschiedene Widersprüche vorstellen, von denen jeder seine eigene Spezifik hat, sein eigenes Entwicklungstempo, eine eigene innere Geschichte und eigene Existenzbedingungen – zugleich »determiniert und determinierend« ist, womit, kurz gesagt, die Frage nach der relativen Autonomie und der spezifischen Wirksamkeit der verschiedenen Ebenen einer Gesellschaftsformation gestellt ist. Bezogen auf das oberste Prinzip des Marxismus – ohne das er theoretisch nicht von irgendeiner anderen »Soziologie« unterscheidbar wäre –, nämlich der »Determination in letzter Instanz durch die (ökonomische) Produktionsweise«, heißt das: Man kann eine entscheidende Wende im Kräfteverhältnis einer Gesellschaftsformation nicht adäquat als *Reduktion* aller Nebenwidersprüche auf den Hauptwiderspruch »denken«. Kurz, der Marxismus braucht eine Form der Determination, die *nicht* gleichzusetzen ist mit einem ökonomischen Reduktionismus. Die »Vereinigung« dieser »heterogenen Ströme«, so Althusser, sollte man sich nicht als Reduktion, sondern als einen *komplexen Effekt* »denken« – eine Anhäufung aller Instanzen und Wirksamkeiten, eine »Fusion«, ein Bruch – eine »Überdeterminierung«. Daraus folgt, dass eine Gesellschaftsformation keine »Totalität« im essentialistischen Sinne ist, in der eine einfache »Identität« zwischen ihren verschiedenen Ebenen besteht und die Überbauebenen bloße »Epiphänomene«, bloße Begleiterscheinungen der objektiven Gesetze sind, die »die ökonomische Basis« regieren. Es handelt sich vielmehr um eine notwendig komplexe Einheit – ein »Ensemble«, das selbst bereits das Resultat vieler Determinationen ist, eine Einheit, die vor allem durch ihre *Ungleichheit* charakterisiert ist.

In seiner 1857 geschriebenen Einleitung zu den *Grundrissen* erklärt Marx, dass, obwohl das Kapital für seinen anhaltenden Kreislauf sowohl der Produktion als auch der Distribution und des Austausches bedarf, diese nicht als »gleiche«, sondern als verschiedene »Momente« eines Kreislaufs zu denken sind, die in eine »Einheit« *eingegliedert* [articulated into] sind – eine Einheit, die ihre notwendigen Unterschiede nicht verwischt, sondern »in ihren Unterschieden« zu »denken« ist. Und obwohl es die »Produktion« ist, die letztendlich den Gesamtkreislauf determiniert, ist jedes einzelne »Moment« selbst determinierend, spielt seine notwendige, nicht-reduzierbare Rolle im Prozess der Selbstverwertung des Kapitals und gehorcht seinen eigenen Existenzbedingungen. Auch und vor allem das Verhältnis des Ökonomischen zum Politischen muss begrifflich gefasst werden als das Verhältnis zweier Momente, die durch ihre notwendigen Unterschiede und Verschiebungen in eine Einheit eingegliedert sind. Von daher gibt es *keine notwendige, unmittelbare* Entsprechung zwischen der »ökonomischen« und der »politischen« Konstituierung der Klassen. Die Begriffe, in denen man diese »komplexe Einheit« denken konnte, waren freilich noch zu entwickeln. Zweifellos führte dies dazu, dass das Terrain der weiteren Arbeit von Marx sich radikal von dem im *Manifest* unterschied.

So wichtig es ist, die Grenze zu markieren, die diejenige Phase des marxschen Denkens, die ihren definitiven Ausdruck im *Manifest* findet, von seiner späteren Entwicklung trennt, so wichtig ist es auch, uns an das zu erinnern, was wir nicht preisgeben dürfen. Es wird erkennbar, wenn wir das *Manifest* ein wenig aus seiner unmittelbaren Umgebung herauslösen und seine »Fortschritte« im, wie ich es auszudrücken versucht habe, »Licht des *Kapitals*« neu bedenken. Nehmen wir erstens die Erklärung, dass »die Geschichte aller bisherigen Gesellschaften [...] die Geschichte von Klassenkämpfen [ist]«; sie ist heute ein ebenso selbstverständlicher Bestandteil des Marxismus wie sie damals, als sie zum ersten Mal vorgebracht wurde, eine »aufsehenerregende These« war. Ohne sie ist der Marxismus undenkbar. Die Betonung liegt hier fast genauso stark auf »Klassen« wie auf »Kämpfe«. Die unmittelbar darauf folgende, knappe Entwicklung dieser These – Freier und Sklave, Feudalherr und Leibeigener, Bourgeois und Proletarier – ist ein absolut notwendiger Ausgangspunkt, wenn auch keine *adäquate* Darstellung der komplexen Klassenstrukturen der Produktionsweisen, auf die sie sich jeweils beziehen. Die Vorstellung, dass »die Menschen« zuerst biologische Individuen oder »nackte Individuen« der Marktgesellschaft sind und sich erst dann zu Klassen zusammenschließen – Klasse als eine sozusagen sekundäre Formation –, lässt sich durch diesen Text oder durch irgendeinen späteren Text von Marx nicht stützen. Dies deutet deshalb bereits auf die vielen späteren Passagen hin, in denen Marx den scheinbar natürlichen und selbstverständlichen Rekurs auf die »Individuen« als Basis einer Klassentheorie entthronte.

Vom Standpunkt des Marxismus sind die Menschen stets durch das antagonistische Klassenverhältnis, in das sie hineingeworfen werden, präkonstituiert. Historisch gesehen sind sie nie in ihrer unergründlichen und einzigartigen Individualität, sondern stets durch das »Ensemble der gesellschaftlichen Verhältnisse« artikuliert – das heißt als Träger des Klassenverhältnisses. Diese vorangegangene Konstituierung bringt unter spezifischen Bedingungen als *Resultat* einen spezifischen Typ von Individualität hervor: das nach Besitz strebende Individuum der bürgerlichen politischen Theorie, das bedürftige Individuum der Marktgesellschaft, das Verträge schließende Individuum der Gesellschaft der »freien Arbeit«. Außerhalb dieser Verhältnisse kann das Individuum (dieser »Robinson Crusoe« der klassischen politischen Ökonomie, der selbstgenügsam in seiner Welt lebt, die nur vom Standpunkt »seiner« Bedürfnisse und Wünsche betrachtet wird), das der natürliche, enthistorisierte Ursprungsort der bürgerlichen Gesellschaft und Theorie bildete, in keiner Weise einen theoretischen Ausgangspunkt bilden. Es ist nichts als die »Zusammenfassung vieler Bestimmungen«. Die Geschichte seiner Produktion ist, wie Marx bemerkte, »in die Annalen der Menschheit eingeschrieben mit Zügen von Blut und Feuer« (MEW 23, 743). Und weiter:

> »Die Gesellschaft besteht nicht aus Individuen, sondern drückt die Summe der Beziehungen, Verhältnisse aus, worin diese Individuen zueinander stehen. Als ob einer sagen wollte: Vom Standpunkt der Gesellschaft aus existieren Sklaven und Citizens nicht: sind beide Menschen. Vielmehr sind sie das außer Gesellschaft. Sklave sein und Citizen sein, sind gesellschaftliche Bestimmungen, Beziehungen der Menschen A und B. Der Mensch A ist als solcher nicht Sklave, Sklave ist er in der und durch die Gesellschaft.« (Grundrisse, 176)

> »Wie alle seine Vorgänger, geht der kapitalistische Produktionsprozess unter bestimmten materiellen Bedingungen vor sich, die aber zugleich Träger bestimmter gesellschaftlicher Verhältnisse sind, welche die Individuen im Prozess ihrer Lebensproduktion eingehen. Jene Bedingungen, wie diese Verhältnisse, sind einerseits Voraussetzungen, andererseits Resultat und Schöpfungen des kapitalistischen Produktionsprozesses; sie werden von ihm produziert und reproduziert.« (MEW 25, 827)

Diese Formulierungen widersprechen allem, was sich als soziologischer »gesunder Menschenverstand« über Gesellschaftsklassen äußert – und ihre Kernaussage ist implizit bereits im *Manifest* vorhanden.

Wichtig ist zweitens die Prämisse, die Marx selbst als springenden Punkt seines eigenen Beitrages sah (Marx an Weydemeyer, 5.3.1852, Marx &

Engels 1972) und die Marx und Engels in ihrem gemeinsamen Vorwort zur deutschen Ausgabe des *Manifestes* von 1872 erneut bekräftigten:

> »dass die Existenz der Klassen bloß an bestimmte historische Entwicklungsphasen der Produktion gebunden ist« (ebd., 59).

Die Produktionsbedingungen und -verhältnisse sowie ihre Spezifik in verschiedenen Phasen der widersprüchlichen Kapitalentwicklung bilden den grundlegenden und zentralen Rahmen der marxistischen Klassentheorie. Diese Prämisse unterscheidet den Marxismus als »wissenschaftliche« Theorie von allen vorangegangenen und folgenden Formen des utopischen Sozialismus. Von nun an war der Klassenkampf nicht mehr länger eine moralische Aussage über die Unmenschlichkeit des kapitalistischen Systems, und die Zerstörung des Kapitalismus wurde nicht mehr länger als bloßes Wünschen und Hoffen von außen auf das System projiziert.

So verstanden, produziert und reproduziert sich der Kapitalismus selbst als eine antagonistische Struktur von Klassenverhältnissen; er spaltet die »Bevölkerung« unerbittlich wieder und wieder in antagonistische Klassen. Man beachte aber gleichzeitig, dass es die Entwicklungsphasen in *der Produktionsweise* sind, die für eine marxistische Klassentheorie die notwendigen, wenn auch nicht hinreichenden Bedingungen bilden – es ist nicht »das Ökonomische« im handgreiflichen Sinne, das hier »determiniert«. Hier ist die marxsche Theorie absolut konsistent: von den ersten Formulierungen über die *Deutsche Ideologie* bis zum Schluss. Da aber die Herrschaft des gesunden, bürgerlichen Alltagsbewusstseins derart mächtig ist und derart hartnäckig immer wieder aufs Neue bis ins Herz der marxistischen Theorie selbst vordringt, sollten wir diesen Punkt nochmals klarstellen: Es sind die materiellen und sozialen Verhältnisse, in denen die Menschen ihre materiellen Existenzbedingungen produzieren und reproduzieren, die »determinierend« sind – *wie,* das bleibt zu klären. Die ungleiche Verteilung von ökonomischem Reichtum, Gütern und Macht, die die Grundlage für eine »sozio-ökonomische« Auffassung der »Gesellschaftsklassen« bildet, ist für Marx nicht die Basis, sondern das *Resultat* der *vorausgegangenen* Einteilung der Träger der kapitalistischen Produktion in Klassen und ihre Einordnung in Klassenverhältnisse sowie die vorangegangene Verteilung der Produktionsmittel zwischen »Eigentümern« und »Enteigneten«.

Auch die Vereinfachung der Klassen, eine Grundthese des *Manifestes,* ist nicht ganz so simpel, wie sie aussieht. Das Argument, im Kapitalismus sei der Kampf Bourgeoisie versus Proletariat die grundlegende Form des Klassenkampfes, bedeutet nicht – wie manchmal gesagt wird –, dass im

Manifest die Existenz anderer Klassen und Klassenfraktionen vernachlässigt wird. Tatsächlich findet sich ein summarisches Urteil über das revolutionäre Potenzial, zu dem unter anderem »die Mittelstände, der kleine Industrielle, der kleine Kaufmann, der Handwerker, der Bauer« ebenso wie »das Lumpenproletariat« gehören, von dem Marx niemals abweichen sollte. Was er sagt, ist, dass »von allen Klassen, welche heutzutage der Bourgeoisie gegenüberstehen [...] nur das Proletariat eine wirklich revolutionäre Klasse [ist]« (MEW 4, 472). Eine problematische Aussage, die weiterer Analyse bedarf.

Marx gründet seine Aussage auf der objektiven Stellung des Proletariats innerhalb einer Produktionsweise, die auf der Enteignung der Produktionsmittel und der Ausbeutung seiner Arbeitskraft beruht. In *diesem* Sinne hat der Satz seine Gültigkeit: die revolutionäre *Stellung* des Proletariats ist durch seine Verortung in einer bestimmten Produktionsweise »gegeben« (spezifiziert). Damit aber lässt sich das Proletariat tendenziell als ein homogenes und undifferenziertes »Klassensubjekt« auffassen – ein Subjekt, das eine Rolle *in* der Geschichte spielt, aber selbst keine eigene, innere, widersprüchliche Geschichte hat, zumindest nicht in der kapitalistischen Epoche. Diese Prämisse, die von Marx später modifiziert wurde, muss von uns zurückgewiesen werden. Man kann diese Passage freilich auch noch anders lesen, so, als behaupte sie, dass, *weil* das Proletariat in der ökonomischen Struktur der kapitalistischen Produktion eine objektiv revolutionäre *Stellung* einnimmt, es *deshalb* auch und immer empirisch ein revolutionäres politisches Bewusstsein und eine revolutionäre Form politischer Organisation aufweisen muss. Diesen weiteren »Schritt« machte Lukács in *Geschichte und Klassenbewusstsein;* und wo er anerkennen muss, dass dieses Proletariat sich »empirisch« nicht immer zu der ihm zugewiesenen Bewusstseinsform emporschwingt, behandelt er sie »abstrakt«, als sei sie ein ihm zugeschriebenes Schicksal – sein »potenzielles Bewusstsein« –, angesichts dessen die tatsächlichen, konkret historischen Divergenzen bloße zeitweilige Irrtümer sind. Von dieser Position aus lässt sich das für den Marxismus gewaltige historische Problem des »Ökonomismus«, des trade-unionistischen Bewusstseins und des Eingebundenseins der westeuropäischen Arbeiterbewegungen in die Schranken des sozialdemokratischen Reformismus nicht systematisch erklären. Damit kehren wir zu einer der entscheidendsten Schwächen des *Manifestes* zurück, die in der einen oder anderen Form immer wieder im Text auftaucht, eine Schwäche, die man jetzt zusammenfassend kennzeichnen kann:

Das *Manifest* hat recht mit seiner (offenkundig und notwendig schematischen) Behandlung der ökonomischen Konstitution der Klassen im Rahmen der Entwicklungsphasen der Produktionsweise. Aber es hat fatale Mängel, wo die Beziehungen zwischen dem Ökonomischen und dem Politischen systematisch behandelt werden. Hier erhält man entweder nur unbefriedigende Antworten (z. B., Politik und Ökonomie seien mehr oder weniger richtungsgleich, würden sich mehr oder weniger »entsprechen«), oder es bleibt eine Lücke stehen, die dann später immer wieder mit der fehlerhaften Abstraktion eines Lukács'schen Historizismus gefüllt werden kann. Kurz, all das, was notwendig ist, um die Spezifik des politischen Klassenkampfes und seine Beziehung zur ökonomischen Sphäre zu denken – wovon unsere Fähigkeit, »das Ensemble« als ein Ganzes zu erklären, abhängt –, ist zu diesem Zeitpunkt im marxschen Denken als verwendbares begriffliches Instrumentarium noch nicht vorhanden. Die »Entdeckung« dieser Begriffe wurde geradezu *erzwungen* durch die historische und politische Konstellation, zu deren Erklärung sie benötigt wurde – den Zusammenbruch der 1848er Revolution. Ihre klarste und gehaltvollste Formulierung findet sich denn auch in den Schriften über Frankreich, eher flüchtig (und weniger befriedigend) in den Randbemerkungen zu England – Texte, die, ausgelöst durch die Niederlage der Revolution, in einem Augenblick der theoretischen Reflexion und Klärung geschrieben wurden. Hier befinden wir uns auf dem Boden wirklicher Entdeckungen und eines revolutionären theoretischen *Durchbruchs.* Dieser Durchbruch findet zwar »im Denken« statt, lässt sich aber wohl kaum angemessen als »epistemologisch« bezeichnen.

Wir sind jedoch dem *Manifest,* diesem Text mit seiner blendenden Oberfläche, noch nicht auf den Grund gegangen. Warum und wie haben Marx und Engels sich diese »Klassenvereinfachung« als *impliziten* Bestandteil der sich entfaltenden kapitalistischen Entwicklung vorgestellt (mit den entsprechend folgenschweren Konsequenzen für die Entzifferung der Bewegungen des Klassenkampfes)?

II

Diese »Vereinfachung« wird durch den wachsenden Umfang und die steigende Stufenleiter der kapitalistischen Produktion hervorgerufen. Es ist nützlich, die Umstände, die das Proletariat zunächst hervorbringen, dann entfalten und schließlich alle Mittelschichten in seine wachsenden Reihen treiben, kurz aufzulisten (vgl. MEW 4, 468f.): a) die Formierung einer Klasse ohne Eigentum an den Produktionsmitteln, die nur ihre Arbeitskraft zu verkaufen hat, den »Wechselfällen der Konkurrenz und allen Schwankungen des Marktes« ausgesetzt; b) die Arbeitsteilung als Folge der extensiven Anwendung von Maschinerie, die den Arbeiter »dequalifiziert«, ihn zum bloßen Zubehör der Maschine degradiert; c) die wachsende Ausbeutung der Arbeitskraft, »sei es durch Vermehrung der in einer gegebnen Zeit geforderten Arbeit, beschleunigten Lauf der Maschine usw.«; d) die Zusammenfassung der Arbeiterschaft als »industrielle Armee« in der Fabrik unter dem Kommando von »Unteroffizieren und Offizieren des Kapitals«; e) die Entwertung der Arbeit durch die Senkung des Wertes der Arbeitskraft – die Einstellung von Frauen und Kindern zu niedrigeren Löhnen; f) die Auslieferung der Klasse zur Ausbeutung auf dem Subsistenzmittelmarkt – durch den Hausbesitzer, den Krämer, den Pfandleiher. In diesem Kontext steht g) die These, dass die untere Schicht des Mittelstandes schrittweise »ins Proletariat hinabfällt« – teilweise durch ihren verlorenen Kampf gegen h) das konzentrierte Großkapital. Die Mittelschichten sind das, was Gramsci die »subalternen« Fraktionen der Mittelschichten nennen würde. Sie sind ihrem Wesen nach konservativ und reaktionär, es sind diejenigen, die »suchen das Rad der Geschichte zurückzudrehen«. »Revolutionär« sind oder werden sie nur »im Hinblick auf den ihnen bevorstehenden Übergang ins Proletariat« (MEW 4, 472) – im Hinblick auf ihre »Proletarisierung«.

Dem aufmerksamen Leser wird nicht entgangen sein, dass alle diese rasch skizzierten Gedanken im 13. Kapitel des ersten Bandes des *Kapital,* dem Kapitel über »Maschinerie und große Industrie«, wieder auftauchen und dort ausführlich entwickelt werden. Die historische Bildung einer Klasse »freier Lohnarbeiter«, die nichts zu verkaufen hat als ihre Arbeitskraft und aus dem Geflecht der feudalen Beziehungen hervorgegangen ist, ist im *Kapital* beständiger Bezugspunkt als die »historische Basis« des Kapitals. Die zunehmende Reduktion des Arbeiters auf ein »Zubehör der Maschine« steht im Mittelpunkt der marxschen Beschreibung des Arbeitsprozesses und seiner qualitativen Unterscheidungen zwischen der Phase der »Maschinerie« und der der »großen Industrie«. Die Beschreibung der wachsenden Ausbeutung der Arbeitskraft deutet auf die wichtige Unterscheidung im *Kapital* zwischen absolutem (Verlängerung des Arbeitstages) und relativem Mehrwert (Zunahme der »toten« im Verhältnis zur »lebendigen« Arbeit) hin. Die Darstellung der zunehmenden Hierarchisierung und des wachsenden »Despotismus« des Kapitals führt dann weiter zur Unterscheidung zwischen »formeller« und »reeller« Subsumtion der Arbeit. Die »Entwertung« der qualifizierten Arbeitskraft und die Bildung einer »Reservearmee« sind zwei entscheidende, dem »tendenziellen Fall der Profitrate« »entgegenwirkende Ursachen«, die beide im ersten Band des *Kapital* (z. B. in Kapitel 24) diskutiert werden und dann wieder im dritten Band, in dem die wachsenden Konzentrations- und Zentralisationsprozesse des Kapitals ausführlicher dargestellt sind. In diesem Kontext wird auch die Entstehung des »Gesamtarbeiters« beschrieben und zum ersten Mal auf die *Ausbreitung* der *neuen* Zwischenschichten als Folge der sich entwickelnden Arbeitsteilung verwiesen, da das alte Kleinbürgertum und seine materielle Basis in »Klein«- und Handelskapital zerfallen. Im Rahmen dieser ausführlichen theoretischen Darstellung wird die Skizze im *Manifest,* die kaum mehr als einen *Hinweis* darauf enthält, wie die kapitalistische Produktion die Grundlage für diese *Bildung* und *Neugruppierung* der Klassen bildet, erweitert und transformiert. Wir müssen also wiederum die für die Entwicklung einer Theorie der Klassen notwendigen Kontinuitäten *und* Brüche beachten.

Die von Marx im *Kapital* verwandten Formulierungen, dort, wo er die allgemeine Tendenz der ganzen Entwicklung – in konzentrierter Form – darstellen will, sind denen, die er im *Manifest* anwendet, *auffallend ähnlich.* Man braucht sich nur dem zusammenfassenden Überblick in dem kurzen Abschnitt über die »Geschichtliche Tendenz der kapitalistischen Akkumulation« im 24. Kapitel des ersten Bandes zuzuwenden, um die vertrauten Sätze erneut zu hören:

> »Auf einem gewissen Höhegrad bringt sie die materiellen Mittel ihrer eignen Vernichtung zur Welt. Von diesem Augenblick regen sich Kräfte und Leidenschaften im Gesellschaftsschoße, welche sich von ihr gefesselt fühlen. [...] Sobald dieser Umwandlungsprozess nach Tiefe und Umfang die alte Gesellschaft hinreichend zersetzt hat, sobald die Arbeiter in Proletarier, ihre Arbeitsbedingungen in Kapital verwandelt sind, sobald die kapitalistische Produktionsweise auf eignen Füßen steht, gewinnt die weitere Vergesellschaftung der Arbeit [...] eine neue Form. [...] Diese Expropriation vollzieht sich durch das Spiel der immanenten Gesetze der kapitalistischen Produktion selbst, durch die Zentralisation der Kapitale. [...] Hand in Hand mit dieser Zentralisation oder Expropriation vieler Kapitalisten durch wenige entwickelt sich die kooperative Form des Arbeitsprozesses auf stets wachsender Stufenleiter, die bewusste technische Anwendung der Wissenschaft, die planmäßige Ausbeutung der Erde, die Verwandlung der Arbeitsmittel in nur gemeinsam verwendbare Arbeitsmittel, die Ökonomisierung aller Produktionsmittel durch ihren Gebrauch als Produktionsmittel kombinierter, gesellschaftlicher Arbeit, die Verschlingung aller Völker in das Netz des Weltmarkts ...« Damit zugleich aber »wächst [...] auch die Empörung der stets anschwellenden und durch den Mechanismus des kapitalistischen Produktionsprozesses selbst geschulten, vereinten und organisierten Arbeiterklasse.« (MEW 23, 789ff.)

Das ist das Echo, die »Stimme« des *Manifestes* im *Kapital.* Aber neben dieses Resümee müssen wir die Einzelheiten setzen, mehr noch, wir müssen uns die *Methode* ansehen, mit der die einfache Skizze im *Manifest* in die Ausdrücke und Begriffe der im *Kapital* dargestellten Untersuchung übersetzt wird. Ein »Lesen« des Textes, das den Gehalt dieser theoretischen Transformation im Einzelnen nachweisen könnte, ist im Rahmen dieses Artikels unmöglich. Aber anhand von einigen Beispielen lässt sich zeigen, wie der im *Manifest* skizzierte Prozess – der dort größtenteils als eine lineare Entwicklung konzipiert ist, die sich durch die Beschleunigung des Klassenkampfes zuspitzt – in seiner Umarbeitung im *Kapital* durch die konsequente Anwendung der Konzeption des *Widerspruchs* und durch ein dialektisches Entwicklungsdenken *von Grund auf transformiert* wird.

Zwei Beispiele sollten ausreichen. Im ersten Unterabschnitt des 13. Kapitels markiert Marx den technischen Unterschied zwischen einerseits der Natur der Arbeitswerkzeuge (und der daraus folgenden Arbeitsteilung im Arbeitsprozess selbst), durch die die *erste* Phase der kapitalistischen Entwicklung – die Maschinenära – gekennzeichnet ist, und andererseits der weiteren qualitativen Entwicklung – der des Maschinensystems –, in dem nicht der Arbeiter die Maschinen, sondern umgekehrt, die Maschinen den Arbeiter »anwenden«, charakteristisch für die Phase der »großen Industrie«. Im vierten Unterabschnitt über »Die Fabrik« untersucht Marx dann die vielfältigen und widersprüchlichen Auswirkungen dieses Übergangs auf die materielle Basis des Kapitalismus. Er erläutert unter anderem die Zerlegung der traditionellen Qualifikationen der Arbeiterklasse, die zunehmend auf die Maschinen selbst »übergehen« – an dieser Stelle spricht er von der »Tendenz der Gleichmacherei oder Nivellierung der Arbeiten« (442). Das hat unmittelbare Auswirkungen auf die *gesellschaftliche* Organisation der Produktion: Sie zieht eine Neugliederung der Produktion in »Hauptarbeiter« und »bloße Handlanger« nach sich, und parallel dazu entsteht eine neue »höhere, teils wissenschaftlich gebildete [...] Arbeiterklasse«, die »mit der Kontrolle der gesamten Maschinerie und ihrer beständigen Reparatur beschäftigt ist« (443).

Wo die Maschinerie die Organisation des Arbeitsprozesses zu diktieren beginnt, bringt sie weitere widersprüchliche Entwicklungen hervor: die leichtere Ersetzbarkeit einer Arbeiterschaft durch eine andere; die Einführung des kontinuierlichen Produktionsprozesses und des Schichtsystems (des »Relaissystems«); die Entwertung der Arbeitskraft und die Erosion der traditionellen Qualifikationen, die aus einer früheren Arbeitsteilung stammen – »traditionelle Gewohnheiten« werden jetzt »systematisch umgeformt«. Die Einverleibung des Arbeiters in die Maschine, das systematische »Auspumpen« der lebendigen Arbeit durch die tote Arbeit schreitet in einem enormen Tempo fort: »Das Detailgeschick des individuellen, entleerten Maschinenarbeiters verschwindet als ein winzig Nebending vor der Wissenschaft, den ungeheuren Naturkräften und der gesellschaftlichen Massenarbeit, die im Maschinensystem verkörpert sind« (446). Und auch das hat weitere Konsequenzen für die Arbeitsdisziplin, die Hierarchie und das Kommando über die Arbeit – die Spaltung der Arbeiter in »Handarbeiter und Arbeitsaufseher« (in »gemeine Industriesoldaten und Industrieoffiziere«, 447) – und für die Verwaltung eines differenzierteren und auf Zwang beruhenden Fabriksystems. Dr. Andrew Ure selbst, der »Poet« der großen Industrie, sah, wie die Revolutionierung der Produktionsmittel die Wegnahme aller Arbeiten, welche spezifische Qualifikationen und ein spezifisches Geschick verlangten, aus den »Armen des zu geschickten und oft zu Unregelmäßigkeiten aller Art geneigten Arbeiters« und »ihre Verlagerung auf einen sich selbst regulierenden Mechanismus«, den sogar ein Kind überwachen kann, ebenso *erforderte* wie *ermöglichte.* Auf diese Weise hatte die »technische« Revolutionierung der Arbeitsmittel unerwartete Auswirkungen auf die Regulierung der Arbeit, die Unterdrückung von Streiks und anderen »periodischen Arbeiteraufständen« gegen die Lebensbedingungen (456, 459). Und erneut mit den Worten von Ure konstatiert Marx, »dass das Kapital, indem es die Wissenschaft in seinen Dienst presst, stets die rebellische Hand der Arbeit zur Gelehrigkeit zwingt« (460).

Schon in diesem Abschnitt können wir sehen, wie das, was im *Manifest* als einfacher Antagonismus erscheint, hier zu einem komplexen und widersprüchlichen Antagonismus verknüpft ist: notwendige Bedingungen erweisen sich als nicht intendierte *Effekte,* die selbst wiederum widersprüchliche Auswirkungen haben; Auswirkungen auf *Ebenen,* an die man nicht gedacht hatte; *Tendenzen,* die sofort von ihrem Gegenteil durchkreuzt werden; Fortschritte, die an anderer Stelle zu Rückschritten werden. Vor allem aber ist das das Proletariat, das in dem früheren Text als eine wesentlich homogene Kraft vorgestellt wurde, nunmehr selbst dauernd und unablässig den Einwirkungen der widersprüchlichen Kapitalgesetze ausgesetzt, wird umdefiniert, reorganisiert und umgeformt. Bereits im *Manifest* hatte Marx vorausgesehen, wie die wachsende Vereinheitlichung des Proletariats unter den Bedingungen der Fabrikarbeit beständig durch die tendenzielle »Konkurrenz der Arbeiter untereinander« durchbrochen wird. Aber nur, wenn wir den Entwicklungsprozess, der zur Grundlage der wachsenden Vereinheitlichung wird, genauer untersuchen, können wir verstehen, *warum* das Kapital notwendig *beides* hervorbringt: die Tendenz zur Vermassung und »Vereinfachung« der Arbeit *und,* genauso »notwendig«, die Tendenz zur inneren Spaltung in gelernte und ungelernte ArbeiterInnen, die Verteilung der Qualifikationen auf verschiedene Produktionszweige, von denen die »große Industrie« *ungleichmäßig* Besitz ergreift und sie ungleichmäßig transformiert. Und wir können sehen, wie durch die »Entwertung« der traditionellen Arbeitskraft auf Grund der massenhaften Einstellung von Frauen und Kindern (eine Entwicklung, die ausschließlich durch die Revolutionierung des Arbeitsprozesses selbst möglich wurde) eine Gruppe von Arbeitskräften gegen die andere gestellt und ein weiterer Widerspruch eingeführt wird: »die natürlichen Unterschiede des Alters und Geschlechts«, das heißt die Einführung der geschlechtsspezifischen Arbeitsteilung in die gesellschaftliche Arbeitsteilung; und wieso das Kapital dazu in der Lage ist, diese neuen Formen der Arbeitsteilung (oder die parallel dazu verlaufende zwischen Aufsehern, der »qualifizierteren Arbeiterklasse«, und Maschinenarbeitern) zu seinem Vorteil zu nutzen. Kurz, wie die Produktion zweier gegensätzlicher *Tendenzen* in der widersprüchlichen Entwicklung des Kapitals jeder simplen Vorstellung von dem »zwangsläufigen Zusammenhalt des Proletariats« zuwiderläuft und stattdessen die wirkliche Realisierung dieses Zusammenhalts unter den historisch neuen Bedingungen der kapitalistischen Organisation auf die Tagesordnung setzt.

Ein für Form und Charakter des Klassenkampfes unter den modernen Produktionsbedingungen absolut zentrales Element findet sich bereits in der folgenden, scheinbar einfachen Bemerkung:

> »Soweit in der automatischen Fabrik die Teilung der Arbeit wiedererscheint, ist sie zunächst Verteilung von Arbeitern unter die spezialisierten Maschinen und von Arbeitermassen, die jedoch keine gegliederten Gruppen bilden, unter die verschiednen Departements der Fabrik, wo sie an nebeneinander gereihten gleichartigen Werkzeugmaschinen arbeiten, also nur einfache Kooperation unter ihnen stattfindet. Die gegliederte Gruppe der Manufaktur ist ersetzt durch den Zusammenhang des Hauptarbeiters mit wenigen Gehilfen.« (442f.)

Diese Tendenz bringt die andere nicht zum Verschwinden – sie bereitet sowohl die wachsende Basis für die »Vergesellschaftung der Arbeit« als auch für die technische Abhängigkeit der verschiedenen kapitalistischen Produktionszweige voneinander, und sie ist die gesellschaftliche Grundlage für die Bildung des modernen Proletariats. Die Entwicklung des Kapitalismus reproduziert *beide* Tendenzen zugleich: Indem das Kapital, kurz gesagt, seine »technischen« Grenzen hinter sich lässt, indem es eine der materiellen Schranken überwindet, die seiner revolutionierenden Selbstexpansion im Wege stehen, produziert es neue Widersprüche auf einer höheren Entwicklungsstufe. Sein Fortschreiten ist – ganz im Gegensatz zum Haupteindruck, den das *Manifest* vermittelt – im *vollen* Sinne dialektisch.

Das lässt sich auch an einer anderen Stelle zeigen, an der ebenfalls ein scheinbar direktes »Echo« aus dem *Manifest* widerhallt. Im *Manifest* erwähnt Marx die beiden »Wege«, die dem Kapital offen stehen – Verlängerung des Arbeitstages und »Vermehrung der in einer gegebenen Zeit geforderten Arbeit, beschleunigter Lauf der Maschinen usw.« (MEW 4, 469) In einem anderen Zusammenhang erwähnt er auch die wachsende politische Stärke des Proletariats – »sie entsteht immer wieder, stärker, fester, mächtiger« (471) –, die die Anerkennung »einzelner Interessen der Arbeiter« erzwingt; in diesem Kontext führt er dann die Zehnstundenbill in England an. Wieder ist nicht zu übersehen, welche tiefe und durchgehende Transformation diese Vorstellungen erfahren haben, wenn sie im *Kapital* wieder auftauchen. Die erweiterte Anwendung von Maschinen hat eine Zunahme der Arbeitsproduktivität zur Folge – »Verkürzung der für die Produktion einer Ware notwendigen Arbeitszeit«. Sie hat aber auch zur Folge, dass der Widerstand der Arbeiter gegen die Verlängerung des Arbeitstages abnimmt. Hier entsteht sofort ein Widerspruch, da die Maschinerie, »indem sie von den beiden Faktoren des Mehrwerts, den ein Kapital von gegebener Größe liefert, den einen Faktor, die Rate des Mehrwerts, nur dadurch vergrößert, dass sie den andren Faktor, die Arbeiterzahl verkleinert« (MEW 23, 429). Diese Wirkungen sind daher ebenso widersprüchlich wie »unbewusst« (Fn. 153, 430). Wenn die Maschinerie den Arbeitstag verlängert, »die Arbeitsweise selbst wie den Charakter des gesellschaftlichen Arbeitskörpers in einer Art umwälzt, die den Widerstand gegen diese Tendenz bricht, produziert sie andrerseits, teils durch Einstellung dem Kapital früher unzugänglicher Schichten der Arbeiterklasse, teils durch Freisetzung der von der Maschine verdrängten Arbeiter, eine überflüssige Arbeiterpopulation«. (430) Diese schrankenlose Ausbeutung der Arbeitskraft ruft in Teilen der herrschenden Klasse »eine Reaktion« hervor, die zur »Spaltung der Bourgeoisie selbst« führt, eine Spaltung, die die Arbeiter in ihrem Kampf ausnutzen, indem sie die Fabrikgesetzgebung mit der gesetzlichen Beschränkung des Arbeitstages erzwingen. Ferner erwähnt Marx, dass die Kapitalisten diese Begrenzung politisch vehement bekämpften; sie erklärten, die Produktion sei unter diesen Umständen »unmöglich«. Aber es war genau der Zwang zur Begrenzung, zu der »die anschwellende Empörung der Arbeiterklasse den Staat zwang« (432), der das Kapital dann dazu antrieb, »durch gesteigerte Produktivkraft der Arbeit den Arbeiter zu befähigen, mit derselben Arbeitsausgabe in derselben Zeit mehr zu produzieren« (432). Damit überschritt das Kapital – in unterschiedlicher Weise und ungeplant – die entscheidende Schwelle von der Ära des absoluten zur Ära des relativen Mehrwerts.

Die Auswirkungen sind ungeheuer: Erhöhung der organischen Zusammensetzung des Kapitals; Senkung des Wertanteils in jeder einzelnen Ware; Intensivierung des Arbeitsprozesses; »dichtere Ausfüllung der Poren der Arbeitszeit« (432); »erhöhte Anspannung der Arbeitskraft« (ebd.); Beschleunigung des Produktionsprozesses; gewaltiger Anreiz zum technischen Fortschritt und zur Anwendung der Wissenschaft als materieller Produktivkraft; die Vorteile, die die Herrschaft der »Regelmäßigkeit, Gleichförmigkeit, Ordnung und Kontinuität der Arbeit« für das System der Kontrolle hat. So weit nur *einige* der Auswirkungen, wie Marx sie beschreibt. 1858, hält Marx fest, berichtete der Fabrikinspektor: »Die großen in Maschinen jeder Art eingeführten Verbessrungen haben die Produktivkraft sehr gesteigert. Ohne allen Zweifel gab die Verkürzung des Arbeitstags [...] den Stachel zu diesen Verbessrungen.« (438) Am Ende des 13. Kapitels kehrt Marx zu den Auswirkungen der um die Jahrhundertmitte verabschiedeten Fabrikgesetzgebung zurück; hier beschäftigt er sich ausführlich sowohl mit ihren technischen als auch mit ihren sozialen Folgen (Erziehung, Kinder, Familie). Was also im *Manifest* als eine einfache Abkoppelung der Ebene der Produktionsweise von der des politischen Kampfes erscheint, wird hier in eine widersprüchliche »Einheit« zusammengebracht: eine Einheit, die zeigt, wie, während sich das Wertgesetz durchsetzt, das Kapital blind und unbewusst voranschreitet, wie es gezwungen ist, sich weiterzuentwickeln, indem es seine eigenen selbstgesetzten Grenzen und Schranken durchbricht; wie sein »politisches« Bewusstsein oftmals von seinem inneren Trieb und seinen inneren Notwendigkeiten abweicht. Damit ist die *Regenerationsfähigkeit* des Kapitals sehr anschaulich beschrieben: Wie es permanent dazu gezwungen ist, seine eigenen widersprüchlichen Impulse mit sozialen und ökonomischen Organisationsformen zu verknüpfen, die es zum Vorteil seiner eigenen »Logik« entsprechend zurechtbiegen kann. Damit zeigt sich auch, wie das Kapital, um die Interessengegensätze innerhalb der eigenen Reihen zu meistern – vor allem aber auch, um jene »spezifischen« Fortschritte, die die Arbeiterklasse ihm aufzwingen kann, im Rahmen seines Systems zu halten und unter Kontrolle zu bringen –, ein anderes *Repertoire* entwickelt: es entdeckt neue »Lösungen«. In diesem Kapitel verabschiedet sich Marx entschieden von jeder Vorstellung, die die »Logik des Kapitals« als ein simples, gradliniges, funktionales »sich Entfalten« sieht, oder als etwas, das von der »Logik des Klassenkampfes« zu trennen sei, als handele es sich um zwei unverbundene Fäden.

Aus dieser historisch-analytischen Darstellung löst Marx den fruchtbaren theoretischen Keim heraus, um ihn im folgenden Kapitel in einer theoretisch »reineren« Form zu entwickeln: die »Produktion des absoluten und relativen Mehrwerts«. Die gesamte Entwicklungstendenz wird knapp und präzise zusammengefasst:

> »Die Verallgemeinerung der Fabrikgesetzgebung als physisches und geistiges Schutzmittel der Arbeiterklasse« – das Ergebnis eines unmittelbar politischen Kampfes – »verallgemeinert und beschleunigt [...] die Verwandlung zerstreuter Arbeitsprozesse auf Zwergmaßstab in kombinierte Arbeitsprozesse [...], also die Konzentration des Kapitals und die Alleinherrschaft des Fabrikregimes.« (525f.) »Sie zerstört alle altertümlichen und Übergangsformen, wohinter sich die Herrschaft des Kapitals noch teilweise versteckt, und ersetzt sie durch seine direkte, unverhüllte Herrschaft. Sie verallgemeinert damit auch den direkten Kampf gegen diese Herrschaft.« (526)

Sie erzwingt Gleichförmigkeit, Regelmäßigkeit, Ordnung und Ökonomie, spornt zu technischen Innovationen an und steigert damit auch die Intensität der Arbeit und die »Konkurrenz der Maschinerie mit dem Arbeiter« (ebd.). Sie zerstört die materielle Basis des Kleinbetriebes und der häuslichen Produktion. »Mit den materiellen Bedingungen und der gesellschaftlichen Kombination des Produktionsprozesses reift sie die Widersprüche und Antagonismen seiner kapitalistischen Form« (ebd.). Wenn dies aussieht wie eine in letzter Minute erfolgte Rückkehr zum *Manifest,* dann nur, weil der widersprüchliche, doppelte Druck der kapitalistischen Entwicklung und sein ihm innewohnendes antagonistisches Wesen den Kern in beiden Konzepten ausmacht. Der Fluchtpunkt *Kapital* zeigt, dass die sogenannte »Vereinfachung der Klassen und des Klassenkampfes« – oder das, was wir jetzt die *komplexe Vereinfachung* der Klassen und die Logik des Klassenkampfes innerhalb der »Logik« der historischen Entwicklung des Kapitals nennen müssen – vollständig und unwiderruflich transformiert wurde. Was die marxistische »Klassentheorie« angeht, haben wir damit ein ganz neues Terrain betreten.

III

Wie wir gesehen haben, ist das Verhältnis zwischen dem ökonomischen und dem politischen Aspekt des Klassenkampfes einer der wichtigen Punkte, die im *Manifest* nicht zufriedenstellend geklärt werden. Marx fragt tatsächlich nach der »Organisation der Proletarier zur Klasse, und damit zur politischen Partei« (MEW 4, 471) – als seien die politischen Aspekte nur eine fortgeschrittenere Form des »Ökonomischen«, als bedürften sie keinerlei begrifflicher Veränderung oder Ausweitung des theoretischen Rahmens. In der *Deutschen Ideologie* sagt Marx über die Kapitalistenklasse, dass »die einzelnen Individuen nur insofern eine Klasse [bilden], als sie einen gemeinsamen Kampf gegen eine andere Klasse zu führen haben; im Übrigen stehen sie einander selbst in der Konkurrenz wieder feindlich gegenüber.« (MEW 3, 54) Im *Elend der Philosophie* bezeichnet Marx den utopischen Sozialismus als typisch für eine Zeit, in der »das Proletariat noch nicht genügend entwickelt ist, um sich als Klasse zu konstituieren und daher der Kampf des Proletariats mit der Bourgeoisie noch keinen politischen Charakter trägt« (MEW 4, 143). Er nennt das Proletariat »diese Masse«, die bereits als Klasse im Gegensatz zum Kapital steht, aber noch keine »Klasse für sich« ist. Im *Achtzehnten Brumaire* schreibt Marx:

> »Insofern Millionen von Familien unter ökonomischen Existenzbedingungen leben, die ihre Lebensweise, ihre Interessen und ihre Bildung von denen der andern Klassen trennen und ihnen feindlich gegenüberstellen, bilden sie ein Klasse. Insofern ein nur lokaler Zusammenhang unter den Parzellenbauern besteht, die Dieselbigkeit ihrer Interessen keine Gemeinsamkeit, keine nationale Verbindung und keine politische Organisation unter ihnen erzeugt, bilden sie keine Klasse. Sie sind daher unfähig, ihre Klasseninteressen im eigenen Namen [...] geltend zu machen.« (MEW 8, 198)

1871 schrieb Marx in einem Brief an Friedrich Bolte, der wiederum die Frage der Fabrikgesetzgebung berührte:

> »Das political movement der Arbeiterklasse hat natürlich zum Endzweck die Erobrung der political power für sie, und dazu ist natürlich eine bis zu einem gewissen Punkt entwickelte previous Organisation der working class nötig, die aus ihren ökonomischen Kämpfen selbst erwächst.
>
> Andrerseits ist aber jede Bewegung, worin die Arbeiterklasse als *Klasse* den herrschenden Klassen gegenübertritt und sie durch pressure from without zu zwingen sucht, ein political movement. Z. B. der Versuch, in einer einzelnen Fabrik oder in einem einzelnen Gewerk durch strikes etc. von den einzelnen Kapitalisten eine Beschränkung der Arbeitszeit zu erzwingen, ist eine rein ökonomische Bewegung; dagegen die Bewegung, ein Achtstunden-etc. *Gesetz* zu erzwingen, ist *eine politische* Bewegung. Und in dieser Weise wächst überall aus den vereinzelten ökonomischen Bewegungen der Arbeiter eine *politische* Bewegung hervor, das heißt eine Bewegung der *Klasse,* um ihre Interessen durchzusetzen in allgemeiner Form, in einer Form, die allgemeine gesellschaftlich zwingende Kraft besitzt. Wenn diese Bewegungen eine gewisse previous Organisation unterstellen, sind sie ihrerseits ebensosehr Mittel der Entwicklung dieser Organisation.« (MEW 33, 332f.)

Marx ging es hier darum, bestimmte Beschlüsse des Generalrats der Internationale, dessen Statuten er formuliert hatte, zu klären. Wenige Tage später schrieb Engels mit einer ähnlichen Absicht in der Turiner Zeitschrift *Proletario Italiano:*

»... dass die ökonomische Emanzipation der Arbeiterklasse der große Endzweck ist, dem jede politische Bewegung, als Mittel, unterzuordnen ist. [...] dass in dem streitenden Stand der Arbeiterklasse ihre ökonomische Bewegung und ihre politische Betätigung untrennbar verbunden sind.« (MEW 17, 468f.)

Marx und Engels überdenken hier also genau das, was sie im *Manifest* zu vereinfacht skizziert hatten: die notwendigen Verschiebungen und die Konstellationen im Verhältnis zwischen den politischen und den ökonomischen Formen des Klassenkampfes. Die Zeitspanne, die dazwischen liegt, ist ziemlich lang – vom *Elend der Philosophie* bis zur Pariser Kommune, ein Zeitraum, in dem das marxsche Nachdenken über dieses entscheidende Thema »weiteren Schwankungen« – wie Poulantzas (1973, 58) es genannt hat – unterlag. Diese ›Schwankungen‹ sind sorgfältig zu betrachten.

Die in dem obigen Zitat aus dem *Elend der Philosophie* gezogene Unterscheidung zwischen Klasse »an sich« und Klasse »für sich« erstarrte später zu einer Art Standardformel. Sie setzt das Ökonomische und Politische auf falsche Weise ins Verhältnis. Sie unterstellt, dass es eines Tages einen Moment geben könnte, in dem das ganze Proletariat das revolutionäre Klassenbewusstsein entwickelt haben wird, das ihm durch eine gegebene, ökonomisch-objektive Bestimmung vorgeschrieben ist; und dass man überhaupt erst dann von einer *Existenz* der Klasse auf der Ebene des politischen Kampfes sprechen kann. Wir haben bereits zuvor auf die Schwächen dieser säuberlichen Aufspaltung hingewiesen: einer Aufspaltung, die den »politischen Klassenkampf« ausschließlich für diesen Moment erfüllten Bewusstseins zu reservieren scheint; die dieses Bewusstsein zu direkt aus der ökonomischen Determiniertheit der Klassen ableitet; die das Erlangen einer »autonomen« Form von Klassenbewusstsein zum einzigen Prüfstein der politischen Existenz, einer Klasse macht und die Klassen als einheitliche historische Subjekte fasst.

Die Unterscheidung zwischen »an sich/für sich« ist *dann* nützlich, wenn unterschiedliche Momente und Formen des Klassenbewusstseins definiert werden sollen, und vielleicht sogar dann, wenn man in ganz großen Zügen die Entwicklung weg von einer »korporativen« Form des Klassenkampfes markieren will. Dann müssten wir aber eine gelegentliche Äußerung von Marx in einer Weise weiterentwickeln, die mit der Stoßrichtung dieses Passus im Widerstreit läge. Denn die Unterscheidung zwischen »korporativ« und dem, was Marx später einen Kampf nennt, der eine »allgemeine, gesellschaftliche zwingende Kraft besitzt« (MEW 33, 333) ist *keine* Unterscheidung zwischen der Anwesenheit oder Abwesenheit von politischen Kämpfen und der »entsprechenden« Form von Klassenbewusstsein, sondern das genaue Gegenteil: eine Unterscheidung zwischen *zwei verschiedenen Formen* des Klassenkampfes, zwei Arten von Klassenbewusstsein, von denen jedes seine eigenen determinierenden Bedingungen hat, die in den materiellen Verhältnissen der Klassen im Kapitalismus begründet sind. Wie Marx und Engels gesehen haben – und wie Lenin noch genauer ausführte –, hat der Reformismus der Arbeiterklasse, das »trade-unionistische Bewusstsein« (oder was Lenin in *Was tun?* die »bürgerliche Politik der Arbeiterklasse« nannte [LW 5, 452]), seine eigenen Existenzbedingungen, seine eigene materielle Basis in der ökonomischen Lage der Arbeiterklasse im Kapitalismus. Es ist keineswegs eine Ebene oder Form des Klassenkampfes sozusagen »unterhalb« des politischen Horizontes; man könnte eher sagen, dass es die natürliche – oder wie Lenin es nannte, die »spontane« – Form des Kampfes der Arbeiterklasse ist, und dann, wenn es keine Mittel gibt, diesen Kampf auf eine »allgemeinere« Ebene zu heben. Wie solche Bedingungen allerdings aussehen, und wodurch die Formen des ökonomischen und politischen Kampfes auf ihre »allgemeinere« Ebene gehoben werden könnten, das ist in der Unterscheidung »an sich/für sich« nicht erfasst.

Der Brief an Bolte hat einen ganz anderen Ansatzpunkt. Hinter der Formulierung »die Erobrung der political power« (MEW 33, 333) durch die Arbeiterklasse steht die marxsche Überzeugung, dass die politische Macht des von der Bourgeoisie errichteten Staates gebrochen werden müsse; und seine Betonung der »Diktatur des Proletariats«, die aus seiner Analyse der Pariser Kommune stammte, erhielt im *Bürgerkrieg in Frankreich* konkrete Gestalt. Aber noch interessanter ist, dass die Begriffe »ökonomisch« und »politisch« hier offenbar dazu verwandt werden, um zu kennzeichnen, *wo* der Klassenkampf in jeder spezifischen Konstellation sich jeweils auswirkt. Die Organisierung des Proletariats in der Produktion, zur Abwehr von Versuchen des Kapitals, die Ausbeutung durch die Verlängerung des Arbeitstages zu intensivieren, wird als eine »ökonomische Bewegung« definiert, während Versuche, das Gesetz über die Beschränkung des Arbeitstages zu verändern (deren Adressat daher der bürgerliche Staat selbst sein muss), eine »politische Bewegung« konstituieren. Hier wird alles in eine konkrete, historisch-spezifische Situation übersetzt, in der der Klassenkampf »wirksam wird«. Es fehlt jede Spur von Automatismus, wo über die Bewegung von einer Ebene zur anderen gesprochen wird. In allen diesen Zitaten wird die Frage auf die Tagesordnung gesetzt, unter welchen weiteren Bedingungen – und in welchen Formen – die antagonistischen Produktionsverhältnisse der kapitalistischen Produktionsweise auf die Bühne der Politik treten und die jeweils entsprechende Wirkung haben können. Die Begriffe, die es uns ermöglichen, die Quellen und die Mechanismen der »relativen Autonomie« der politischen Ebene des Klassenkampfes im Verhältnis zur ökonomischen zu begreifen, finden wir vor allem in *Klassenkämpfe in Frankreich* und im *Achtzehnten Brumaire*.

Die ersten Kapitel der *Klassenkämpfe* wurden unmittelbar nach 1848 geschrieben. Obwohl Marx bereits hier davon überzeugt war, das Proletariat sei noch nicht »reif« zum Sieg, konzentriert sich dieser Teil der Analyse darauf, wie die bürgerlichen politischen Kräfte durch ihre eigenen inneren Widersprüche dazu getrieben werden, die Basis ihrer »reifen« politischen Herrschaft – das allgemeine Männerwahlrecht – zu zerstören und sich in der Folge vor der einzigen Alternative wiederfinden: Rückzug unter den Schutz von Napoleons Bajonetten oder proletarische Revolution. Das letzte Kapitel wurde jedoch später entworfen und veröffentlicht; sein Wechsel der Perspektive markiert einen zentralen und unumkehrbaren »Einschnitt«, den Fernbach den »vielleicht wichtigsten [Einschnitt] seiner gesamten politischen Arbeit als Kommunist« bezeichnet. Den Kern dieses Einschnitts hat Gwyn Williams so zusammengefasst:

> »Im Sommer 1850 kehrte Marx zu seinen ökonomischen Studien zurück, die ihn viele Jahre lang im British Museum untertauchen ließen. Er kam zu dem Schluss, dass der Revolutionskreis von 1848 durch eine spezifische Krise der neuen kapitalistischen Gesellschaft in Gang gesetzt worden war [...], dass die Rückkehr zum Wachstum eine neue Welle von Revolutionen extrem unwahrscheinlich machte, und, wichtiger noch, dass eine proletarische Revolution auf dem Kontinent so lange unmöglich sei, wie sich die kapitalistische Ökonomie und die kapitalistischen Produktionsverhältnisse nicht viel vollständiger entfaltet hätten. [...] Seine neue Perspektive gründete sich auf eine bedeutend reichhaltigere, die Strukturen mehr ins Zentrum rückende Analyse, die dann siebzehn Jahre später im *Kapital* ihren Höhepunkt erreichen sollte.« (1976, 112)

Der Unterschied zu den Ausführungen im *Manifest* – wohl am klarsten ersichtlich in der Analyse, die Marx im *Achtzehnten Brumaire* bietet – liegt nicht darin, dass nunmehr die »Politik« auf Kosten der »objektiven Bedingungen«, die durch den Entwicklungsstand der Produktivkräfte und der Produktionsverhältnisse im Kapitalismus bestimmt sind, hervorgehoben wird. Das Gegenteil ist der Fall. Die objektiven Determinationen und die Schranken dafür, welche Lösungen auf politischer Ebene »möglich« sind und welche nicht, werden in den späteren Arbeiten weitaus *rigoroser* formuliert, zusammenhängender erfasst und systematischer zur Geltung gebracht als in den früheren Texten. Die Herausarbeitung des »praktischen Begriffs« des Politischen, für die der *Achtzehnte Brumaire* zu Recht berühmt ist, wird durchgehend strukturiert von der Bedeutung, die Marx der »Determiniertheit« der politischen Entscheidungen durch die objektiven Bedingungen gibt. An dieser Stelle bricht Marx mit der Annahme, die beiden Ebenen würden einander genau entsprechen, so dass die Formen und Inhalte der einen vollständig im Rahmen der Bedingungen und Schranken der anderen gegeben seien. Indem Marx die Formen, die der Klassenkampf bei (wie Gramsci es nannte) »seinem Übergang auf die Ebene des komplexen Überbaus« annimmt, im Einzelnen und auf provozierende Weise verfolgte, gebrauchte er zum ersten Mal jene Begriffe, die uns allein dazu befähigen, die *Spezifik des Politischen* zu »denken«.

In knappen Worten: Die Krise von 1851 wird, in ihrer Gesamttendenz und ihrem Verlauf, grundlegend und entscheidend durch die objektive Entwicklung des französischen Kapitalismus überdeterminiert. Dieser setzt den äußeren Rahmen, innerhalb dessen die Formen des Politischen entstehen und auftreten. Die französische Gesellschaftsformation befindet sich noch in einem relativ frühen Stadium der kapitalistischen Entwicklung. Das Proletariat steht mit seinen Parolen und Forderungen bereits »auf der Bühne«, aber es kann noch keine entscheidende, vor allem keine autonome Rolle spielen. Die Bourgeoisie hat sich bereits voll herausgebildet und ist in ihren Hauptfraktionen auf der politischen Bühne vertreten, wobei jede Fraktion bald die eine, bald die andere Partei oder Gruppierung gegeneinander ausspielt, bald die eine, bald die andere mögliche Lösung ausprobiert. Sie hat ihre *historische* Rolle jedoch noch lange nicht erfüllt; vor allem hat sie bis jetzt noch keineswegs jene Klassen, die aus früheren Produktionsweisen hervorgegangen sind, in ihren hegemonialen Bann »geschlagen«. Von daher ist die Bourgeoisie noch nicht in der Lage, von sich aus und auf eigene Faust von der französischen Gesellschaft Besitz zu ergreifen und deren kulturelle und politische Strukturen den Bedürfnissen der sich entwickelnden kapitalistischen Produktionsweise »anzupassen«. So stolpert die Republik von einer instabilen Koalition zur anderen; sie durchläuft das gesamte Repertoire der republikanischen und demokratischen Formen: gesetzgebende Versammlung, parlamentarische Demokratie, bürgerlich-republikanische, republikanisch-sozialistische Demokratie. Jede »Form« ist der Versuch einer der Fraktionen der Bourgeoisie, ihre jeweilige politische Hegemonie – stets im Rahmen eines zeitweiligen *Bündnisses* – zu sichern. In dem Maße, wie sich die einzelnen Bündnisse erschöpfen oder besiegt werden, verringert sich die soziale Basis für eine mögliche Lösung – das Proletariat ist in jedem dieser Bündnisse entweder ein zweckdienlicher und untergeordneter Partner oder – als sich das Ende nähert – die isolierte Kraft. Und schließlich, nachdem sich alle möglichen Lösungen erschöpft haben, wirkt das labile Gleichgewicht der Kräfte auf der Bühne zugunsten von Napoleon Bonaparte, der »gerne als der patriarchale Wohltäter aller Klassen« auftreten möchte, aber nur weil er sie bereits *besiegt* hatte: »Frankreich braucht vor allem Ruhe.«

Wir müssen uns hier auf zwei Aspekte dieser Beweisführung beschränken: auf die Frage der Klassen und ihrer politischen »Erscheinungsformen« sowie auf das Problem der »Determination in letzter Instanz« der Formen und Ergebnisse des politischen Kampfes durch die ökonomische Produktionsweise.

Zunächst fällt auf: Obwohl die Strukturanalyse der Hauptklassen der kapitalistischen Produktionsweise durchgehend den *analytischen Rahmen* der gesamten Darstellung bildet – das und nichts anderes verleiht der gesamten, verwirrenden und dramatischen Erzählung ihren logischen Zusammenhang –, treten auf dieser Bühne keine »Klassen als solche« auf. Das Proletariat ist die Klasse, die am häufigsten als »Block« vorgeführt wird, aber selbst hier durchkreuzt die Bestimmung der spezifischen und problematischen Rolle des »Lumpenproletariats« die Tendenz, das Proletariat im Zusammenstoß der Positionen als eine einheitliche Kraft darzustellen. In Bezug auf das Kapital unterscheidet Marx stets dessen vorherrschende *Fraktionen:* »das große Grundeigentum«, »die große Industrie«, »der große Handel« (MEW 8, 138f.), die »zwei großen Interessen« des Kapitals (ebd.), »Finanzaristokratie«, »industrielle Bourgeoisie« (121) etc. Das Kleinbürgertum – »eine Übergangsklasse, worin die Interessen zweier Klassen sich zugleich abstumpfen« (144) – wird de facto zum Dreh- und Angelpunkt. Und wenn Marx schließlich zur Kennzeichnung der Klassenposition Napoleons kommt, verweist er auf die Präsenz einer Klasse, die eigentlich eine niedergehende historische Kraft war, und schält ihre Hauptfraktion heraus: die »kleinen Parzellbauern«.

Zweitens muss erwähnt werden, dass keine dieser Fraktionen auf der politischen Bühne jemals isoliert agiert. Der Schlüsselbegriff, der die verschiedenen Klassenfraktionen mit den politischen und konstitutionellen Formen verbindet, ist das Bündnis oder, genauer gesagt, das wechselnde und sich ständig neu zusammensetzende Bündnis oder der Klassenblock. Die erste verfassungsmäßige Form der »Krise« ist die der *bürgerlichen Republik.* Sie wurde durch den Juni-Aufstand des Pariser Proletariats hervorgerufen, das aber, obwohl es die Hauptlast des Kampfes trug, in dem politischen Bündnis nur eine *untergeordnete* Rolle spielte. Eine Zeitlang sind die *führenden Fraktionen* des Bündnisses die Finanzaristokratie und die industrielle Bourgeoisie mit Unterstützung des Kleinbürgertums.

Auf der politischen Bühne stehen noch andere entscheidende Kräfte, die klassenmäßig nicht eindeutig einzuordnen sind: die Armee, die Presse, Intellektuelle, die Priester, die ländliche Bevölkerung. Gelegentlich deutet Marx den Klasseninhalt dieser unterstützenden Schichten und Cliquen an: So nennt er zum Beispiel die Mobilgarde das »organisierte Lumpenproletariat« (121). Hier taucht das Pariser Proletariat zum letzten Mal als ein bestimmender Faktor auf; danach wird die Sache »hinter dem Rücken der Gesellschaft« geregelt. Das Proletariat befindet sich jedoch bereits in einem Bündnis, dessen führende Fraktion aus einer anderen Klasse herkommt. Die Republik offenbart somit nur »die uneingeschränkte Despotie einer Klasse über andre Klassen« (122). Dennoch hat diese instabile politische Form eine strukturelle und historische Funktion: Sie ist die klassische »politische Umwälzungsform der bürgerlichen Gesellschaft« (ebd.). Ihre »Geschichte« ist zu diesem Zeitpunkt die »Geschichte der Herrschaft und der Auflösung der republikanischen Bourgeoisfraktion« (124). In Opposition zu ihr steht die »Partei der Ordnung«, die sich hinter den alten Parolen von Eigentum, Familie, Religion und Ordnung sammelt. In dieser Situation tritt dieses Bündnis in seiner zweifachen royalistischen Verkleidung auf – als legitimistische Bourbonen und als Orleanisten. Indes hat auch dieser labile Block seine Klassenzusammensetzung: Hinter den »verschiedenen Schattierungen des Royalismus« vereinigen sich die »großen Grundeigentümer« mit ihren Cliquen und Truppen (Pfaffen und Lakaien), »die hohe Finanz, die große Industrie, der große Handel, d. h. das *Kapital* mit seinem Gefolge von Advokaten, Professoren und Schönrednern« (138f.). Auch hier versteckt sich der Kampf um die Vorherrschaft hinter der notwendigen Einheit angesichts der »Partei der Anarchie«. Was sie grundsätzlich spaltet – und sie dazu trieb, »jedes seine eigne Suprematie und die Unterordnung des anderen zu restaurieren« (139) – waren *nicht nur* ihre materiellen Existenzbedingungen (»zwei verschiedene Formen des Eigentums«), sondern auch die ideologischen Traditionen, durch die sie jeweils geformt worden waren. Das ist eine von vielen Stellen, an denen Marx die spezifische Wirkung der jeweiligen *ideologischen* Dimension des Klassenkampfes auf das Politische zeigt, wobei er allerdings noch eine weitere komplexe Ebene hinzugefügt hat: »Auf den verschiedenen Formen des Eigentums, auf den sozialen Existenzbedingungen erhebt sich ein ganzer Überbau verschiedener und eigentümlich gestalteter Empfindungen, Illusionen, Denkweisen und Lebensanschauungen.« (139) Man muss ferner klar »die Phrasen und

Einbildungen der Parteien von ihrem wirklichen Organismus und ihren wirklichen Interessen, ihre Vorstellung von ihrer Realität unterscheiden« (ebd.). Was diese Fraktionen von sich selbst in der Situation des Mai »dachten«, lässt sich zwar in letzter Instanz auf ihre materielle Existenzgrundlage zurückführen, hatte aber reale und eigenständige Auswirkungen – wie der *Achtzehnte Brumaire* auf dramatische Weise vorführt. Marx führt für jedes »Moment« der Situation im *Brumaire* die gleiche Analyse durch: die Bildung komplexer Koalitionen, die auf Klassenfraktionen beruhen, ihre inneren Widersprüche, die »Notwendigkeit« der politischen Positionen, zeitweiligen Programme und ideologischen Formen, in denen jene »Interessen« auftreten.

Der dritte Punkt bezieht sich auf die Frage, wie diese politischen Fraktionen und Schichten im Verlauf des Kampfes sich *politisch* darstellen. Die beiden Hauptfraktionen der Großbourgeoisie erscheinen auf der politischen Bühne in ihren jeweiligen royalistischen Gewändern, aber das »Stück«, das dieses Bündnis objektiv auffuhrt, ist nicht die Restauration ihrer jeweiligen Herrschaftshäuser. Ihre Vereinigung zur »Partei der Ordnung« und ihre Repräsentation durch diese Partei wirft die Frage nach der Herrschaft der Klasse »als solcher« auf und nicht die nach der Vorherrschaft einer Fraktion über die andere. Objektiv gesehen macht gerade diese zeitweilige und unheilige Allianz sie zu »Repräsentanten der bürgerlichen Weltordnung«. Marx kehrt immer wieder zu dieser zentralen Frage des »Klasseninhaltes« und seiner *politischen Repräsentationsweise* zurück. Es geht nicht einfach darum, dass die Repräsentation von Klasseninteressen durch politische Bündnisse und »Parteien« niemals eine geradlinige Sache ist. Das politische Interesse einer Klassenfraktion kann auch durch die Rolle, die eine andere Fraktion auf der politischen und ideologischen Bühne spielt, vertreten werden. Marx' Darstellung der Koalition zwischen Proletariat und Kleinbürgertum in der »sogenannten sozial-demokratischen Partei« (141) bietet dafür ein hervorragendes Beispiel. Diese »Partei« handelt zunächst unmittelbar im Interesse derjenigen, die *durch* die erzwungene Umgruppierung der bürgerlichen Truppen zu kurz gekommen waren. Ihre innere Struktur ist widersprüchlich: Indem es sich einordnet, wird dem Proletariat »die revolutionäre Spitze« gebrochen und seine sozialen Forderungen erfahren »eine demokratische Wendung«. Die »Sozial-Demokratie« hat auch einen objektiven *politischen* Inhalt, der nicht darin besteht, »Kapital und Lohnarbeit [...] aufzuheben, sondern [...] ihren Gegensatz abzuschwächen und in Harmonie zu verwandeln« (141). Eine »demokratische« Reform im Rahmen der bürgerlichen Gesellschaft.

In diesem Zusammenhang warnt Marx uns vor einer allzu *reduktiven* Auffassung der politischen Repräsentation. Diese zeitweilige »Lösung« ist nicht deshalb kleinbürgerlich, weil sie die engen Interessen dieser Übergangsklasse vertritt. Ihre »Repräsentanten« lassen sich analytisch nicht fassen, wenn man sie auf ihre Klassenzugehörigkeit reduziert – sie sind nicht alle »Krämer«. Dieses Bündnis hat deshalb einen »kleinbürgerlichen« Charakter, weil, zumindest übergangsweise, die *allgemeine* Lösung der Krise, die sie anstrebt und verkörpert, mit den objektiven Schranken der *besonderen* materiellen Interessen und der *besonderen* sozialen Lage des Kleinbürgertums als Klasse korrespondiert. Die politischen Repräsentanten, wer immer sie sind und was immer ihre eigene besondere materielle Bestimmung ist, nehmen in jenem Moment die politische *Position* des Kleinbürgertums ein; sie spielen eine kleinbürgerliche politische Rolle und tragen kleinbürgerliche politische Lösungen vor. Von verschiedenen Ausgangspunkten aus findet im Rahmen objektiver Schranken ein Zusammentreffen statt, das – so Marx – die Grundlage für die Entzifferung des »Verhältnisses der politischen und literarischen Vertreter einer Klasse zu der Klasse, die sie vertreten«, bildet (142). Obwohl also die sozialen und materiellen Schranken sowie der objektive Klasseninhalt die Bedingungen und den Horizont bestimmen, innerhalb dessen in einer bestimmten Situation eine »kleinbürgerliche Lösung« entstehen kann, so hängt doch alles von den Mitteln und Bedingungen ab, die es einer solchen Lösung erst erlauben, in den Vordergrund zu treten und im Krisentheater *ah politische* Kraft konkrete Gestalt anzunehmen.

Dieser Begriff der *Repräsentation* – die Analyse der Repräsentation objektiver Klasseninhalte einander entgegengesetzter Kräfte und der Mittel und Bedingungen des politischen Kampfes, eines Kampfes mit eigenen Erscheinungsformen und eigener, spezifischer Wirksamkeit –, erlaubte es Marx, eine verblüffende Antwort auf die zentrale Frage des *Achtzehnten Brumaire* zu geben. Wen repräsentiert Napoleon, wer wird von dieser außergewöhnlichen Form, den Kampf zu beenden (mittels Staatsstreich) repräsentiert? Wir wissen, zu welcher Erklärung sich Marx entschloss: Napoleon »vertritt« den Parzellenbauern – den konservativen, nicht den revolutionären Bauern, den Bauern, der nicht über den Status quo hinausgehen, sondern ihn befestigen will. Wir können hier die Art, wie diese »Lösung« konstruiert wird, nur grob umreißen (vgl. 198ff.). Sie umfasst, erstens, eine Untersuchung der spezifischen bäuerlichen Produktionsweise, die auf der kleinen Parzelle gründet, und der Form des gesellschaftlichen Lebens, das aus ihr hervorgeht: die Isolierung voneinander, die erzwungene Selbstgenügsamkeit, die Struktur der Dorfgemeinschaft, die fehlende

Entwicklungsvielfalt, die Armut der gesellschaftlichen Beziehungen. Marx verfolgt die entscheidende Transformation der ökonomischen Rolle der Bauernschaft – vom halbhörigen Bauern zum freien Grundeigentümer – unter der Regentschaft Napoleon I. und ihre unmittelbaren Folgen: die Zersplitterung des bäuerlichen Eigentums, den Durchbruch von freier Konkurrenz und Marktwirtschaft, die Rolle von Wucherern, Hypothek und Schulden in diesem zurückgebliebenen, traditionellen Sektor. Marx zeigt hier detailliert die verheerenden Auswirkungen der durch den kapitalistischen Einbruch auf dem Land hervorgebrachten Desorganisierung der bäuerlichen Gesellschaft. Dieser Vorgang bereitete den Boden für den zunehmenden Antagonismus zwischen Bauernschaft und Bourgeoisie – ein Antagonismus, der Napoleon zu seiner »Unabhängigkeit« verhalf. Die Parzellenbauern werden nicht nur in ein Meer von Schulden gestürzt, die versteckte Steuerlast verbindet ihre Verelendung schicksalhaft mit den erstarkten Armen der Regierung und dem staatlichen Exekutivapparat.

Im Weiteren stellt Marx auf meisterhafte Weise dar, wie die *ideologischen* Anschauungen der Bauernschaft in der Ideologie von Louis Napoleon – in den »idées napoléoniennes« – weniger eine Entsprechung als einen *ergänzenden* Widerhall finden. Ihrem objektiven Gehalt nach sind die »idées napoléoniennes« nichts als »Ideen der unentwickelten, jugendfrischen Parzelle« (203). Es gibt eine »Homologie der Formen« zwischen ihnen. Bedeutet dies nun, dass Napoleons Lösung letztendlich nicht der sich entwickelnden bürgerlichen Produktionsweise in Frankreich entspricht, kein Rettungsanker der Bourgeoisie ist? Tatsache ist, so Marx, dass Napoleon nicht mehr einen bestimmten Teil der Bourgeoisie vertreten kann, denn er ist nur durch die sukzessive Niederlage oder den sukzessiven Rücktritt der einzelnen Hauptfraktionen der Bourgeoisie an die Macht gekommen. Diese fortschreitende Liquidierung bietet nur eine unsichere und widersprüchliche Grandlage für einen Staatsstreich. Das führt Napoleon dazu, seine politischen Ansprüche am Ende auf die Klasse der Parzellenbauern zu stützen, die »sich nicht vertreten [können], sie müssen vertreten werden. Ihr Vertreter muss zugleich als ihr Herr, als eine Autorität über ihnen erscheinen, als eine unumschränkte Regierungsgewalt, die sie vor den anderen Klassen beschützt und ihnen von oben Regen und Sonnenschein schickt« (198f.). An genau dieser Stelle aber – an der eine ganze Klassenfraktion politisch nur durch die politische Ausnahmeform einer Ein-Mann-Diktatur in Erscheinung tritt – vollzieht Marx eine letzte ironische Wendung. Denn durch Napoleon gerät die Parzellenbauernschaft in direkte Abhängigkeit von der Exekutivgewalt – vom *Staat*.

Durch diesen Reifeprozess der Staatsmacht, die Schaffung einer aufgeblähten aber »unabhängigen« Staatsmaschinerie, die durch das Napoleonische Regime perfektioniert wird, und gestützt auf die widersprüchliche Basis seiner »Unabhängigkeit« kann Napoleon schließlich nicht dieser oder jener Fraktion der Bourgeoisie, sondern der Entwicklung der kapitalistischen Verhältnisse in Frankreich überhaupt dienen.

> »Aber das materielle Interesse der französischen Bourgeoisie ist gerade auf das innigste mit der Erhaltung jener breiten und vielverzweigten Staatsmaschinerie verwoben. Hier bringt sie ihre überschüssige Bevölkerung unter und ergänzt in der Form von Staatsgehältern, was sie nicht in der Form von Profiten, Zinsen, Renten und Honoraren einstecken kann. Andererseits zwang ihr *politisches* Interesse sie, die Repression, also die Mittel und das Personal der Staatsgewalt, täglich zu vermehren [...]. So war die französische Bourgeoisie durch ihre Klassenstellung gezwungen, einerseits die Lebensbedingungen einer jeden, also auch ihrer eignen parlamentarischen Gewalt zu vernichten, andererseits die ihr feindliche Exekutivgewalt unwiderstehlich zu machen.« (150f.)

Das ist langfristig ihre »Leistung«, und sie wird durch die »Krise« von 1851, durch Umschwünge und Umwege, durch Fortschritte und Rückschritte hindurch zur Reife gebracht und vollendet, zugunsten der sich entfaltenden kapitalistischen Kräfte der französischen Gesellschaft. Das ist die objektive Leistung der Revolution, die sie »auf der Reise durch das Fegefeuer« vollbringt (196).

Der politische Klassenkampf hat also seine eigene Wirksamkeit, seine eigenen Formen und Existenzbedingungen, sein eigenes Moment, sein Tempo und seine Richtung, seine eigenen inneren Widersprüche, seine »eigentümlichen« Ergebnisse und Resultate. Auch wenn alles in letzter Instanz durch den Entwicklungsstand der materiellen und gesellschaftlichen Verhältnisse bestimmt ist, durch die sich die vorherrschende Produktionsweise reproduziert (wie auch die untergeordneten oder überlebenden Produktionsweisen, die in jeder konkreten Gesellschaft mit der in ihr vorherrschenden Produktionsweise verbunden existieren), können nur sehr wenige der tatsächlichen Verschiebungen in den politischen Beziehungen der Klassenkräfte dadurch entziffert werden, dass man sie auf die abstrakten Bedingungen des »Hauptwiderspruchs« reduziert. Das Politische *ist* mit der Ebene des Ökonomischen verknüpft; und beide sind – um die Unterscheidung ganz klar zu machen – durch die mit der »Produktionsweise« verbundenen Kräfte und Verhältnisse überdeterminiert (grundlegend durch sie konstituiert und in den möglichen Varianten und Ergebnissen durch sie begrenzt).

Sie als etwas Unverbundenes zu betrachten, als etwas, was in keiner Weise miteinander »korrespondiert«, hieße das oberste Prinzip des historischen Materialismus aufzugeben: das Prinzip der Gesellschaftsformation als »komplexe Einheit«, als »Ensemble der Verhältnisse«. Zu dieser Artikulation aber kommt es nur über eine Reihe von Verschiebungen und Desartikulationen. Zwischen die Klassen, die in den ökonomischen Produktionsverhältnissen konstituiert werden – sei es in ihrer »reinen« Form (da, wo die Produktionsweise als ein analytischer Rahmen fungiert) oder ihrer konkret-historischen Form (wo sie in komplexen Formen auftreten, verbunden mit den Formationen früherer Produktionsweisen), tritt eine Reihe von Formen, Prozessen, Bedingungen und Voraussetzungen (die mit einem spezifischen Satz von nicht reduktiven Begriffen fassbar werden), die die Ebene des Politischen in einer Gesellschaftsformation »ausfüllen«. Die Repräsentation des »Ökonomischen« auf der Ebene des »Politischen« läuft über diese Formen und Prozesse. Ohne diesen Prozess, diesen komplexen Zusammenhang von Praxen des politischen Klassenkampfes gäbe es überhaupt keine »politische« Ebene. Und sobald der Klassenkampf auf der Bühne des politischen Klassenkampfes dem Prozess der »Repräsentation« unterworfen ist, verewigt sich diese Verbindung: Sie gehorcht nicht nur den auf sie wirkenden Determinationen, sondern auch einer eigenen, inneren Dynamik; sie hält sich an ihre eigenen, spezifischen Existenzbedingungen. Sie wird unumkehrbar. Diese Transformation ist es, die die notwendige Ebene des Politischen produziert und stützt. In dem Moment, in dem die Klassenkräfte als politische Klassenkräfte auftreten, haben sie politische Konsequenzen; sie bringen »Lösungen« hervor – Resultate, Ergebnisse, Konsequenzen –, die nicht in die Ausgangsbedingungen *rückübersetzt* werden können.

Natürlich gewinnt der politische Klassenkampf seine einzelnen Elemente aus dem »Rohmaterial« der gesellschaftlichen Produktionsverhältnisse – auf der Ebene der Produktionsweise. Und die politischen Resultate und Folgerungen, die auf der Ebene des Politischen »gewonnen« oder gesichert werden, dienen nicht nur dazu, »das Politische« als eine dauerhafte Praxis in jeder Gesellschaftsformation zu verankern – eine Praxis, die *niemals* mehr ein »leerer Ort« sein kann –, sondern sie wirken sich auch auf die Weiterentwicklung der Kräfte und Verhältnisse der materiellen Existenzbedingungen selbst aus. Das heißt, sie wirken auf das zurück, was sie konstituiert: sie haben ihre eigenen Wirkungen. Die spezifische politische Form, in der der »Kompromiss« mit dem Staatsstreich 1851 geschlossen wurde, ist sowohl für das Tempo als auch für den Charakter der kapitalistischen Entwicklung in Frankreich wichtig. Sie beeinflusst sowohl das politische als auch das ökonomische Leben der französischen Gesellschaft. Diese »Rückwirkung« der politisch-ideologischen Überbauten auf die »Basis« bewegt sich nicht in einem »luftleeren Raum«. Aber ihre genaue Richtung und Tendenz ist nicht ausschließlich durch die Kräfte und Verhältnisse an der Basis, sondern *auch* durch die Kräfte und Verhältnisse des politischen und ideologischen Kampfes vorgegeben und durch alles, was an ihnen spezifisch – relativ autonom – ist. Die Auswirkungen des Überbaus können auf die Entwicklung der Basis entweder fördernd oder behindernd »zurückwirken«. So schrieb Althusser, »dass der ›überdeterminierte Widerspruch‹ überdeterminiert sein mag entweder im Sinn einer historischen Hemmung, einer echten Sperrung [...] oder im Sinn eines revolutionären Bruchs, dass er sich aber unter diesen Bedingungen nie im ›reinen‹ Zustand darbietet.« (1968, 72f.) In seinem berühmten Brief an Conrad Schmidt sprach Engels genau diese Frage an und erklärte: »Die Rückwirkung der Staatsmacht auf die ökonomische Entwicklung kann dreierlei Art sein: Sie kann in derselben Richtung vorgehen, dann geht's rascher. Sie kann dagegen angehn [...] oder sie kann der ökonomischen Entwicklung bestimmte Richtungen abschneiden und andre vorschreiben« (MEW 37, 490f.) »Die Charakteristik der beiden Grenzsituationen«, so Althusser, »ist hier gut aufgezeigt« (1968, 73, Fn. 32). (Man beachte, dass dieser Begriff von »Determinierung« sich von der weiter ausgebauten aber »formaleren« Konzeption einer Determination durch »strukturale Kausalität« unterscheidet, die Althusser und Balibar in *Das Kapital lesen* übernommen haben. Diese formalistischere Fassung war eine der Hauptquellen der »theorizistischen Abweichung« Balibars.)

In der Einleitung zu den *Grundrissen* schreibt Marx, dass, sobald wir das Verhältnis zwischen den verschiedenen »Momenten« eines Prozesses nicht mehr als ein *identisches* denken, wir notwendig von *Gliederung* sprechen müssen (Grundrisse, 29). Als Gliederung wird ein Beziehungstyp bezeichnet, in dem zwei Prozesse, die ihre jeweilige Spezifik behalten und ihren eigenen Existenzbedingungen gehorchen, sich zu einem »komplexen Ganzen« verschlingen. Dieses Ganze ist daher das Ergebnis »vieler Bestimmungen«, wobei die Existenzbedingungen des einen nicht genau mit denen des anderen zusammenfallen (Politik nicht mit Ökonomie, Zirkulation nicht mit Produktion), *auch wenn* Ersteres der »bestimmte Effekt« des Letzteren ist; denn Politik und Zirkulation haben auch ihre eigenen inneren »Bestimmungen«.

Die Begriffe, die Marx im *Achtzehnten Brumaire* zum ersten Mal herausarbeitet und einsetzt – Bündnis, Block, konstitutionelle Formen, Regime, politische Repräsentanten, politische Ideologien oder »Ideen«, Fraktionen, Gruppierungen etc. –, sind Begriffe, mit deren Hilfe wir die Komplexität dieser doppelten Determination »denken« können. Da diese politischen Formen und Verhältnisse ihrerseits durch die antagonistischen Klassenverhältnisse der kapitalistischen Produktionsweise, in der sie auftreten, konstituiert werden, sind sie selbst die konkreten Objekte der Praxen des Klassenkampfes – des Klassenkampfes auf der »politischen Bühne«. Der *repräsentative* Aspekt dieses Verhältnisses wird durch den Ausdruck »Bühne« und die durchgängige Dramaturgie der Darstellung im *Achtzehnten Brumaire* noch unterstrichen. Diese Ebene ist in jeder entwickelten Gesellschaftsformation präsent, sie wird stets auf die eine oder andere Weise »ausgefüllt«. Sie erfüllt für die Gesellschaftsformation als Ganzes eine »Funktion«, indem hier die Formen und Verhältnisse des Politischen auftauchen, in denen die verschiedenen Kapitalfraktionen und ihre jeweiligen politischen Verbündeten kämpfen können – sowohl gegeneinander als auch gegen die unterdrückten Klassen. Vermittels dieser Formen beherrschen sie den Klassenkampf und bringen die Kulturgesellschaft, Politik, Ideologie und den Staat mit den breiten »Grundbedürfnissen« der sich entfaltenden Produktionsweise in Einklang. Aber diese »Bedürfnisse« erscheinen nie in »Reinform«. Am Beispiel Großbritannien konnte Marx sogar sehen, dass die Hauptklassen des Kapitals nie in ihrer ganzen Pracht und vereint auftreten, um selbst und in ihrem eigenen Namen »für das Kapital« »die Aufsicht über die Gesellschaftsformation« zu übernehmen. Die Unterscheidung zwischen der »ökonomisch herrschenden Klasse« und der »politisch führenden oder regierenden Kaste« in den Schriften von Marx und Engels über Großbritannien wiederholt in knapper Form die Unterscheidungen, die im *Achtzehnten Brumaire* ausführlich dargestellt wurden; sie liefern den Schlüssel zur Entzifferung des Klassenkampfes in Großbritannien: »Die regierende Kaste [...] ist unter keinen Umständen mit der herrschenden Klasse identisch« (»Parties and Cliques«, in: Survey From Exile, 279). Die politische Ebene bietet daher auch den notwendigen Repräsentationsraum, in dem die Verhandlungen stattfinden, die Koalitionen und »labilen Gleichgewichte« gebildet und aufgelöst werden, die den »Kapitalgesetzen« ihre einschlägigen Auswirkungen ermöglichen. Folglich kann die Arbeiterklasse auch in diesem »Raum« – aber auch dessen spezifische Formen und Beziehungen nutzend – mit ihren politischen Kräften und Repräsentanten darum kämpfen, die Kapitalmacht zu kontrollieren, um so in einer günstigen politischen Situation die *ökonomische* Struktur der Gesellschaft zu transformieren. Dabei wird sie genau den Punkt zum Gegenstand ihres

Kampfes machen, in dem sich die Struktur *verdichtet* – in der Form des bürgerlichen Staates, das heißt in der *politischen* Macht. Wir dürfen uns also »den Klassenkampf« nicht so vorstellen, als seien die Klassen auf der Ebene des Ökonomischen zunächst als einfache und homogene Einheiten konstituiert und erst auf der Ebene des Politischen gespalten. Die politische Ebene ist »abhängig« – determiniert –, denn ihr »Rohmaterial« stammt aus der Produktionsweise *als ganzer.* In einem Prozess der »Repräsentation« muss etwas zu repräsentieren sein. Aber die Konstituierung der Klassen ist ein *komplexer* Vorgang, der auf allen Ebenen der Gesellschaftsformation stattfindet – auf der ökonomischen, der politischen, der ideologischen. In der spezifischen Situation einer konkreten historischen Formation den »Stand« des Kräfteverhältnisses zwischen den Klassen zu erfassen, *bedeutet,* die notwendige Komplexität und die notwendigen Verschiebungen in dieser »Einheit« zu erfassen. Nur in der einzigartigen Ausnahmesituation eines revolutionären Bruchs werden die Instanzen auf diesen verschiedenen Ebenen einander entsprechen. Man kann also die »Einheit« des so konstituierten Klassenkampfes nur dann erfassen, wenn man die Klassenfrage *in ihrer widersprüchlichen Form* begreift.

IV

Zwanzig Jahre liegen zwischen dem *Achtzehnten Brumaire* und dem *Bürgerkrieg in Frankreich,* wo Marx einige der damals entwickelten Begriffe ausbaut. Die begrifflichen Weiterentwicklungen in diesem Text stehen in direktem Zusammenhang mit einer revolutionären politischen Konstellation, die einer ernsthaften Analyse bedurfte (die Pariser Kommune), wie auch unter dem starken Einfluss der erneuten politischen Arbeit von Marx und Engels im Rahmen der Internationalen (einschließlich des Kampfes gegen Bakunin und die Anarchisten). An dieser Stelle können nur drei wichtige Punkte aus dem politischen Schrifttum angeführt werden, die innerhalb der marxistischen Bewegung viel zu wenig bedacht und studiert werden.

Der erste Punkt betrifft die absolute Notwendigkeit für die Arbeiterklasse, sich als »Partei« zu konstituieren, deren Ziel »die Eroberung der politischen Macht« ist, deren Zweck das Zerbrechen des bürgerlichen Staates und der Staatsmacht ist: dieses »nationale[n] Kriegswerkzeug[s] des Kapitals gegen die Arbeit«, dieser »öffentliche[n] Gewalt zur Unterdrückung der Arbeiterklasse«, dieser »Maschine der Klassenherrschaft« (MEW 17, 336f.). Diese »Lektion« wurde nachdrücklich im Vorwort zur deutschen Ausgabe des *Manifests* von 1872 festgehalten: »Namentlich hat die Kommune den Beweis geliefert, dass die Arbeiterklasse nicht die fertige Staatsmaschine einfach in Besitz nehmen und sie für ihre eignen Zwecke in Bewegung setzen kann.« (MEW 4, 574) Die detaillierte Analyse der Kommune ist nicht nur Marx' ausführlichste Schrift über die Formen der politischen Macht des Proletariats, sie enthält auch das entscheidende Argument für das, was Marx in seiner *Kritik des Gothaer Programms* die »revolutionäre Diktatur des Proletariats« (MEW 19, 28) nennt, die einzige und notwendige Form, in der die Arbeiterklasse »lange Kämpfe und eine Reihe historischer Prozesse durchlaufen muss, in denen sie die Verhältnisse und die Menschen verändert.« (MESW, 291, aus dem engl. Orig. übersetzt)

In diesem Kontext kehrt Marx zu der bereits im *Achtzehnten Brumaire* aufgeworfenen Frage zurück, welche Klassenkräfte durch die Gestalt und Formation des Napoleonischen Staates repräsentiert wurden und in welcher Beziehung die napoleonische »Lösung« zur ökonomischen Entwicklung des Kapitalismus in Frankreich stand. Im *Bürgerkrieg in Frankreich* arbeitet Marx ausführlich die zunehmende Verselbständigung der »zentralisierten Staatsmacht« heraus (MEW 17, 336f.); er fasst die konstitutionellen Formen der 1851er Krise zusammen, in denen diese Staatsmacht heranreifte und sich entwickelte – das »objektive Werk« der Revolution und das politische Werk der Herrschaft über die unterentwickelten Fraktionen, die es Napoleon ermöglichten, das Werk zu vollenden.

Hier findet sich die Grundlage für jene Theorie, die den Staat als »Klassenstaat« fasst, als *politische Verdichtung;* eine Theorie, der Lenin später zu einem so hohen Stellenwert verhelfen sollte (durch seinen Kommentar in *Staat und Revolution* zu den fragmentarischen Einsichten von Marx und Engels). Auf eine der Konsequenzen, die diese neue Theorie für unser Verständnis vom Verhältnis zwischen dem politischen und dem ökonomischen Aspekt des Klassenkampfes hat, werde ich sogleich eingehen.

Zunächst aber kehrt Marx zur Frage der »Repräsentation« zurück. Napoleon, so schreibt er, »gab vor, sich auf die Bauern zu stützen, auf jene große Masse der Produzenten, die nicht unmittelbar in den Kampf zwischen Kapital und Arbeit verwickelt waren« (MEW 17, 337). Dieses Klasseninteresse, das scheinbar außerhalb des unmittelbaren Schauspiels der Hauptklassen stand, diente dazu, das vermeintliche Kampfgeschehen zu bestätigen – es sicherte seinem Staatsstreich den Schein der Autonomie. Damit war es ihm möglich, seine politische Intervention als Verwirklichung des »Allgemeininteresses« auszugeben – eine klassische ideologische Funktion des Staates –, als »Repräsentation« aller Klassen (weil sie keine einzelne vertrat), »der Nation«. Napoleons Intervention »gab [...] vor, alle Klassen zu vereinigen durch die Wiederbelebung des Trugbildes des nationalen Ruhms« (ebd., 338).

Marx weist dann daraufhin, auf welche Weise und warum diese politische Lösungsform mit dem direkten Kräfteverhältnis im Zentrum des Kampfes verknüpft war: auf *indirekte* Weise, als eine Repräsentation, *als ihre eigene Zurückstellung.* »In Wirklichkeit war es die einzig *mögliche Regierungsform zu einer Zeit, wo die Bourgeoisie* die Fähigkeit, die Nation zu beherrschen, schon verloren und wo die Arbeiterklasse diese Fähigkeit noch nicht erworben hatte.« (Ebd.) Die »Zurückstellung« einer politischen Lösung, die auf dem politischen Feld als einstweilige aber verschobene »Herrschaft« einer *abwesenden* Klasse auftritt (einer Klasse, die nicht in ihrem eigenen Namen auftreten konnte), war eine *Form,* die dem unterentwickelten Stand der Klassenverhältnisse in der kapitalistischen Produktion Frankreichs entsprach (aber keineswegs »unmittelbar«). Denn dieses »labile Gleichgewicht« war die Bedingung dafür, dass der Staat »scheinbar hoch über der Gesellschaft schweben« (338) konnte – als Verkörperung, aber zugleich auch *Maskierung* des Klassenkampfes. Und in genau dieser Form – der Form eines »nationalen Kriegswerkzeugs des Kapitals gegen die Arbeit« (337) – entwickelte sich der Kapitalismus in Frankreich, natürlich mit all seinen widersprüchlichen Auswirkungen. Diese Auswirkungen zeigen sich noch heute in der eigentümlichen Form des »Etatismus«, in der sich die kapitalistische Entwicklung in der französischen Gesellschaftsformation manifestiert hat. Deutlicher lassen sich die mächtigen Auswirkungen des Politischen *auf das* Ökonomische kaum zeigen. Und ebenso deutlich zeigt sich, dass das Politische und das Ökonomische *miteinander verkoppelt* sind, aber nicht im Sinne einer *identischen* Beziehung.

In diesem Zusammenhang sollten wir erwähnen, dass Marx zu einer Stelle im *Manifest* zurückkehrt, die wir oben angeführt haben, und einen Punkt klarstellt, der – im Licht des *Achtzehnten Brumaire* – zugleich eine notwendige Korrektur ist. In seiner *Kritik des Gothaer Programms* geht Marx auf Lassalles Fehlinterpretation ein, alle anderen Klassen bildeten gegenüber der Arbeiterklasse »nur eine reaktionäre Masse« (MEW 19, 22) (das heißt, die These von der »Vereinfachung der Klassen« im politischen Kampf). Er führt zur Klarstellung zwei Punkte an. Erstens wiederholt er, dass die Bourgeoisie aufgrund ihrer historischen Rolle »als Trägerin der großen Industrie« zu *der* revolutionären Klasse gegenüber den feudalen Klassen wurde. Auch das Proletariat erhält seine revolutionäre Stellung durch seine objektive Lage. Das aber heißt nicht, dass man alle anderen

Klassen auf einen Haufen zusammenwerfen kann. Die Überreste der feudalen Klassen können objektiv reaktionär sein, aber »sie bilden [...] nicht zusammen mit der Bourgeoisie nur eine reaktionäre Masse« (ebd., 23). Das heißt, kurz gesagt: Die politische Analyse *erfordert* eine Theorie der komplexen Formierung von Klassenfraktionen zu Klassenbündnissen. Diese Bündnisse – und nicht eine undefinierbare Verschmelzung ganzer Klassen – konstituieren das Terrain des politischen Klassenkampfes. – Marx und Engels betonen immer wieder – auf Grundlage der Thesen der Internationale – die Notwendigkeit »der politischen Bewegung« als Mittel zur »ökonomischen Emanzipation der Arbeiterklasse« (Rede auf der Feier zum siebten Jahrestag der Internationale, MEW 17, 432). Je mehr die Theorie des Staates und die der zentralen Bedeutung der Staatsmacht für die Expansion des Kapitalismus weiterentwickelt wurde, desto wichtiger wurde die Rolle des politischen Kampfes im Vorfeld der »Sozialen Revolution«. Fernbach hebt zu Recht hervor, dass Marx und Engels keine Theorie der korporativen Formen des politischen und ökonomischen Kampfes der Arbeiterklasse ausgearbeitet haben. Und er hat Recht, wenn er ihr Fehlurteil über das Wesen der Arbeiterbewegung in Großbritannien dieser theoretischen Lücke zuschreibt (Fernbach 1973, 22–24). Man muss sich schon Lenins Polemik gegen Martynow und die »Ökonomisten« zuwenden, um eine adäquate Theoretisierung dieser Tendenz zu erhalten. Das gesamte Kapitel über »Trade-unionismus und sozialdemokratische Politik« in Lenins *Was tun?* sollte im Zusammenhang mit diesem Problem gelesen werden – denn die Verwirrung, der Lenin dort entgegentritt, ist heute eher noch gewachsen (LW 5, 409–455). Lenin demontiert überzeugend die Ansicht, dass der Kampf, der auf *der Ebene des Ökonomischen geführt wird,* das (wie Martynow erklärt hatte) »weitest anwendbare Mittel« sei, nur weil die Formen und Ergebnisse des Klassenkampfes in letzter Instanz durch die ökonomischen Grundlagen und Verhältnisse bestimmt werden. Lenin nennt diese Behauptung die »Quintessenz des Ökonomismus«; und diese Bestimmung führt ihn zur Analyse des korporativen Charakters eines Kampfes, der sich auf den Kampf »für günstige Bedingungen des Verkaufs der Arbeitskraft, für die Verbesserung der Arbeits- und Lebensbedingungen der Arbeit« beschränkt, was direkt ins Zentrum des sozialdemokratischen Reformismus und »Ökonomismus« führt – zu dem »gründlich gelehrten (und ›gründlich‹ opportunistischen) Ehepaar Webb« und zu den englischen Gewerkschaften (ebd., 471). Lenins Intervention (und die folgende Weiterentwicklung seiner Position im Rahmen seiner Imperialismustheorie) markiert weitaus klarer als die marxsche den *Schaden,* der – von Marx und von späteren Marxisten – dadurch angerichtet wurde, dass sie denselben Begriff – »das Ökonomische« – dazu benutzten, *zwei* völlig unterschiedliche Dinge zu bezeichnen: die Produktionsverhältnisse und Produktivkräfte der Produktionsweise *und* den Ort der Praxen und Kampfformen, deren spezifischer Gegenstand ökonomische Beziehungen sind (wie etwa Arbeitsbedingungen oder Lohn).

V

Zum Schluss will ich kurz skizzieren, wie wir diese Begriffe und ihre Auswirkungen auf die Konstituierung von Klassen und Klassenkampf fassen könnten. »Hauptbegriff« ist der Begriff der Produktionsweise. Die »Produktionsweise« ist zunächst die begriffliche und analytische Matrix, die es uns erlaubt, die Grundstrukturen der Verhältnisse zu denken, in denen die Menschen – unter bestimmten historischen, determinierenden Bedingungen – ihre materiellen Lebensbedingungen produzieren und reproduzieren. Sie besteht aus »Kräften« und »Verhältnissen« – was allerdings nur eine zusammenfassende Formulierung ist. Mit diesen scheinbar simplen Bestimmungen werden verschiedene Gruppen von Verhältnissen erfasst: Verhältnisse sowohl zwischen den Agenten der Produktion und ihren Werkzeugen als auch unter den Produktionsagenten selbst: die technische und gesellschaftliche Arbeitsteilung unter den sich entwickelnden kapitalistischen Bedingungen, wobei Marx dem »Gesellschaftlichen« gegenüber dem »Technischen« den Vorrang gibt. Aber die »gesellschaftlichen« Verhältnisse sind nicht einfach: Sie verweisen sowohl auf das Eigentum an den Produktionsmitteln, die Organisation des tatsächlichen Arbeitsprozesses und auf die Macht, Menschen und Produktionsmittel auf bestimmte Weise miteinander zu kombinieren.

Unsere Zusammenfassung des 13. Kapitels des *Kapital* über »Maschinerie und große Industrie« sollte ausreichend gezeigt haben, auf welche verschiedenen Gruppen von Verhältnissen, in verschiedener Kombination, die griffige Formel »Kräfte und Verhältnisse« hinweist. Hinzuzufügen wäre noch das »korrespondierende Verhältnis« zwischen Zirkulation und Austausch, das den Kreislauf zur Realisierung des Kapitals vervollständigt. Wenn wir sagen, der Begriff »Produktionsweise« sei zunächst eine analytische Matrix, dann meinen wir damit nur, dass Bedingungen und Verhältnisse, Orte und Umstände näher bestimmt sein müssen, wenn wir einen Vorgang als »Produktion unter kapitalistischen Verhältnissen« erkennen wollen. Er bezeichnet die zentralen Orte und Räume, auf die die Produktionsagenten und -mittel verteilt werden und wo sie miteinander kombiniert werden müssen, damit die kapitalistische Produktion voranschreiten kann. Er bezeichnet die ökonomische Struktur des Kapitalismus, als den zentralen *Ort* des *Klassenverhältnisses,* weil hier jede Position antagonistische Beziehungen beinhaltet. Antagonismen, für die Marx in der Analyse im Kapital die »Personifikationen« von Kapitalist und Lohnarbeiter anführt. Die Klassenpositionen beinhalten keine Bestimmung »ganzer« Klassen als empirisch einheitlicher Gruppen von Männern und Frauen; sie verweisen vielmehr auf eine Funktion. Wie *jede* durchdachte Theorie über die Anatomie von Klassen in verschiedenen Phasen der kapitalistischen Entwicklung eindeutig zeigt, können Klassen in Bezug auf ihre Funktion zumindest einige ihrer Positionen verschieben, oder, anders ausgedrückt, sie können sozusagen »Funktionen« auf beiden Seiten des Klassenantagonismus ausüben.

Dieser Punkt spielt zum Beispiel bei der Bestimmung der neuen Mittelschichten eine große Rolle, die nicht alle, aber einige Funktionen sowohl des »weltweiten Kapitals« als auch »des Gesamtarbeiters« (um Carchedis Begriffe einmal zur Illustration zu benutzen, Carchedi 1975) ausüben. In der tatsächlichen, konkreten Funktionsweise einer spezifischen Produktionsweise in einer historisch konkreten Gesellschaft oder Gesellschaftsformation und in jeder spezifischen Phase ihrer Entwicklung ist also die Konstituierung von Klassen *bereits* auf dieser »ökonomischen« Ebene ein komplexer und in einigen, zum Teil entscheidenden Aspekten widersprüchlicher Vorgang. Die Vorstellung, wir könnten irgendwie durch die Verwendung des Begriffes der »Produktionsweise« empirisch konstituierte, »einheitliche Klassen« auf der Ebene des Ökonomischen zu Tage fördern, ist unhaltbar.

Es gibt noch zwei weitere Gründe, warum das so sein muss. Erstens erscheinen in realen, konkret-historischen Gesellschaftsformationen die Produktionsweisen nicht selbständig und in »reiner Form«. Sie sind stets mit vorangegangenen und untergeordneten Produktionsweisen – und deren korrespondierenden politischen und ideologischen Verhältnissen – auf komplexe Weise verknüpft, womit jede Tendenz einer »reinen« Produktionsweise, eine Reihe von »reinen« Klassen zu produzieren, durchkreuzt und überdeterminiert wird.

Der zweite Grund wurde bereits angesprochen. Gesellschaftsformationen bestehen nicht ausschließlich aus miteinander verknüpften Produktionsweisen, sie enthalten immer auch Überbauverhältnisse – das Politische, das Juristische, das Ideologische. Und da diese nicht bloße Blüten der »Basis« sind, haben sie auch eigene Auswirkungen – sie komplizieren die Konstituierung der Klassen zusätzlich. Sie haben in zweierlei Hinsicht einen überdeterminierenden Effekt: Zum einen haben das Politische, das Juristische und das Ideologische Auswirkungen *innerhalb* dessen, was wir grob »das Ökonomische« nennen. In bestimmten Phasen der kapitalistischen Entwicklung fallen das reale und das rechtliche Eigentum an den Produktionsmitteln zusammen. Aber im Monopolkapitalismus fallen die beiden Funktionen zum Beispiel *nicht* zusammen. Das Körperschaftseigentum kann juristisch gesehen gesellschaftlichen Gruppen »gehören«, die aber nicht die »reale« Macht besitzen, die Instrumente dieses Eigentums in der Produktion einzusetzen. Zum anderen aber haben das Politische, Juristische und Ideologische auch *ihre eigenen* Auswirkungen, wie sie auch ihre eigenen bestimmten Existenzbedingungen haben, die nicht auf »das Ökonomische« reduzierbar sind. Wie wir zu zeigen versucht haben, sind sie zwar aufeinander bezogene, aber »relativ autonome« Praxen, und damit die Orte bestimmter Formen des Klassenkampfes mit ihren eigenen Kampfzielen, die selbst wiederum relativ unabhängig auf die »Basis« zurückwirken. Deshalb haben die Formen, in denen Klasse, Klasseninteresse und Klassenkräfte auf jeder dieser Ebene *auftreten*, keineswegs notwendig ein und dieselbe Bedeutung oder entsprechen einander. Das Beispiel der Bauernschaft, Napoleons, der Pattsituation zwischen den Hauptklassen, der Expansion von Staat und Kapital im *Achtzehnten Brumaire* sollte uns genügend von der Nicht-Unmittelbarkeit, der Nicht-Transferierbarkeit zwischen beiden Ebenen überzeugt haben. Die Verallgemeinerbarkeit der Theorie über Klassen und Klassenkampf in ihren verschiedenen Aspekten wird von unserer Fähigkeit abhängen, die *globale* Auswirkung dieser komplexen, widersprüchlichen Auswirkungen zu erfassen. Das impliziert die These von der Nicht-Homogenität der Klassen, einschließlich etwa der Nicht-Homogenität des Kapitals, einem Kürzel für die verschiedenen Kapitalformen. Seine innere Zusammensetzung und jeweils unterschiedliche Stellung im Kreislauf führt dazu, dass es selbst auf der ökonomischen Ebene kein einheitliches, eindeutiges »Interesse« verfolgt. Von daher ist es höchst unwahrscheinlich, dass es auf der politischen Bühne als einheitliche Kraft auftritt, ganz zu schweigen davon, dass es auf der ideologischen Ebene erscheinen könnte, wenn es sich sozusagen »*selbst* dazu entschlossen hat«.

In den vorangegangenen Kapiteln habe ich versucht nachzuzeichnen, wie Marx bei den Bestimmungen dieser »Nicht-Homogenität« anlangte und dann, wie er sie begrifflich ausfüllte. Um die praktische Relevanz dessen zu sehen, brauchen wir nur an die Zeiten in der jüngeren europäischen Geschichte zu denken, in denen »das Kapital« auftrat und seine unwiderstehliche ideologische Gewalt ausübte, indem es (um zwei Bilder aus dem *Achtzehnten Brumaire* zu benutzen) sich die Maske des Kleinbürgertums aufsetzte bzw. sich in das Gewand des Kleinbürgertums kleidete (der Klasse, die, frei nach Marx, nichts zu verlieren hatte als ihre moralische Rechtschaffenheit).

Diese ideologischen Verschiebungen und Maskierungen sind keineswegs auf die Vergangenheit beschränkt. Man könnte die ökonomische und politische Situation in Großbritannien seit den frühen 60er Jahren als eine sich vertiefende Krise der ökonomischen Strukturen begreifen, die auf der politischen Ebene ihren »natürlichsten« Ausdruck in der Form einer Labour-Regierung annimmt – eine paradoxe Situation, in der die in Krisenzeiten vom Kapital am meisten favorisierte Partei die »Partei der Arbeiterklasse« ist. Das mag aber auch mit dem zu tun haben, was diese Partei tut, wenn sie an der Macht ist: Sie hält sich fast wörtlich an die Beschreibung, die Marx im *Achtzehnten Brumaire* von der historischen Rolle der Sozialdemokratie gegeben hat: Sie verlangt »demokratisch-republikanische Institutionen als Mittel [...], nicht um zwei Extreme, Kapital und Lohnarbeit, aufzuheben, sondern um ihren Gegensatz abzuschwächen und in Harmonie zu verwandeln« (MEW 8, 141). Wenn die Sozialdemokratie versucht, sowohl dem Kapital zu dienen als auch die Arbeiterklasse zu vertreten, dann geschieht das oft dadurch, dass sie das »Allgemeininteresse« zum Prinzip ihrer Macht erhebt: In der Rhetorik der Sozialdemokratie erscheint dieses Interesse dann in der ideologischen Personifikation »des Konsumenten«. Auf der anderen Seite der parlamentarischen Szene sehen wir die Thatcher-Führung, wie sie sich auf die Macht vorbereitet und einen autoritativen Massenkonsens konstituiert, indem sie versucht, das Kapital in der »ehrwürdigen Verkleidung und mit der erborgten Sprache«, mit den »Namen, Parolen und Kostümen« einer verschwindenden Klassenfraktion zu »vertreten« – denen der kleinen »Ladenbesitzer«. Das mag zwar anachronistisch anmuten, ist aber nichtsdestoweniger effektiv. Für jeden, der versucht, den roten Faden zu finden, der diese widerstreitenden Erscheinungen im Klassenkampf verbindet, kann es wohl kein zwingenderes Argument für die Entwicklung einer Theorie des Klassenkampfes geben. Und zwar einer Theorie, der »Einheit« dieser widersprüchlichen und verschobenen Repräsentationen der Klassenverhältnisse auf verschiedenen Ebenen oder in verschiedenen Instanzen: des Ökonomischen, des Politischen, des Ideologischen. Kurz, es geht um die Notwendigkeit einer marxistischen Theorie der Repräsentation, der *Darstellung*.

In dem Bemühen, auch den letzten Funken von Reduktionismus aus dem Marxismus zu verbannen, scheint Hirst die These der Nicht-Übertragbarkeit, der Nicht-Homogenität zwischen den ökonomischen und politischen Ebenen des Klassenkampfes in ihr *extremes Gegenteil* zu verkehren. Daraus folgt Hirsts verwegene Formulierung der »notwendigen Nicht-Entsprechung« – ein Begriff, der sich erheblich von dem der *»nicht notwendigen Entsprechung«* unterscheidet. Und mir scheint, der Unterschied zwischen beiden ist der zwischen *Autonomie* und *relativer Autonomie.* »Relative Autonomie« scheint – im Hinblick auf die von uns untersuchten Texte – die Richtung auszugeben, in der Marx die *komplexe Einheit* einer Gesellschaftsformation denkt (wobei *Komplexität* und *Einheit* gleichermaßen wichtig sind). »Autonomie« oder die »notwendige Nicht-Entsprechung« dagegen, scheint mir aus dem theoretischen Rahmen des Marxismus vollständig herauszufallen. Marx gelangte – so haben die von mir untersuchten Passagen gezeigt – nicht auf irgendeine einfache, reduktionistische oder vereinheitlichende Weise zur Vorstellung der Nicht-Entsprechung. Er entwickelte die Begriffe, mit deren Hilfe wir in den historisch spezifischen Konstellationen die Verschiebungen denken können. Ebenso klar ist, dass Marx – wie auch Althusser (1975) offen anerkannt hat – nach wie vor die ökonomische Struktur als »determinierend« denkt, wenn auch nicht im reduktionistischen Sinne, und dass damit das – neue und originelle – Problem einer »Einheit« aufgeworfen wurde, die sich *nicht* als eine einfache oder reduktionistische fassen lässt. Diese doppelte Bewegung ist das Thema des *Achtzehnten Brumaire.*

Dieses Theorem braucht die marxistische »Topografie« von Basis und Überbau. Ohne sie verliert der Marxismus seine Spezifik und wird zu etwas anderem – zu einer Theorie der absoluten Autonomie von allem und jedem. Im Lichte dieser fortdauernden Debatten schien es sinnvoll zu untersuchen, wie Marx selbst das Feld des Essentialismus und der Vereinfachung verlassen hat und wie er gezwungen wurde, Begriffe zu entwickeln, die es ihm – und im Gefolge uns – ermöglichten, die notwendig komplexe Praxis des Klassenkampfes zu begreifen.

Übersetzung: Gabriela Mischkowski

Antonio Gramscis Erneuerung des Marxismus und ihre Bedeutung für die Erforschung von Race und Ethnizität

Teil I

Im Folgenden möchte ich näher bestimmen, was ein Studium Gramscis zur Erforschung des Rassismus und zur Entwicklung von neuen Begriffen und Paradigmen auf diesem Feld beitragen kann. In meinen Augen ist Gramscis Werk keine *universelle Sozialwissenschaft*, mit der man die sozialen Phänomene in Gesellschaften unterschiedlichster historischer Epochen analysieren kann. Sein möglicher Nutzen ist beschränkter, dennoch bleibt sein Beitrag fruchtbar und wichtig. Er bewegt sich im marxistischen Paradigma, aber er hat viele Aspekte dieses theoretischen Gedankengebäudes erneuert, weiterentwickelt und überarbeitet, um es für die gesellschaftlichen Realitäten des 20. Jahrhunderts nutzbarer zu machen. Bevor wir ein inhaltliches Resümee ziehen und die theoretischen Leistungen Gramscis einschätzen können, müssen wir die Frage nach dem Status seines Werkes noch weiter klären.

Gramsci war nie ausschließlich ein Theoretiker. Er hat nie berufsmäßig als Wissenschaftler oder Gelehrter gearbeitet. Von Anfang bis Ende blieb er ein politischer Intellektueller und sozialistischer Aktivist in der politischen Szene Italiens. Seine theoretischen Arbeiten hat er aus diesem organischen Engagement für die Gesellschaft seiner Zeit entwickelt. Er wollte nicht einem abstrakten akademischen Zweck dienen, sondern theoretisches Wissen für die Fundierung der politischen Praxis bereitstellen. Alles kommt darauf an, die Ebene, auf der die Begriffe Gramscis operieren, nicht misszuverstehen. Zuallererst sah er sich als jemanden, der im weit gesteckten Rahmen des historischen Materialismus arbeitet, wie er in der Tradition der marxistischen Schule von Marx und Engels und in den ersten Jahrzehnten des 20. Jahrhunderts von Leuten wie Lenin, Luxemburg, Trotzki, Togliatti etc. ausgearbeitet wurde. (Ich führe diese Namen an, um Gramscis Bezugsrahmen innerhalb des marxistischen Denkens aufzuzeigen, und nicht etwa, um seine Position zu diesen Personen zu bestimmen. Das wäre ein weit komplexeres Unterfangen.) Das heißt, alle theoretischen Weiterentwicklungen, Verfeinerungen, Überarbeitungen, Fortschritte, weitergehenden Gedanken, neuen Begriffe und eigenen Formulierungen Gramscis operieren innerhalb der weit gefassten Grenzen des Marxismus und müssen so gelesen und verstanden werden. Dennoch war Gramsci nie ein Marxist im doktrinären, orthodoxen oder »religiösen« Sinn. Er wusste, dass der allgemeine Bezugsrahmen der marxschen Theorie ständig erweitert und den von Marx und Engels nicht vorhersehbaren neuen historischen Bedingungen und gesellschaftlichen Entwicklungen angepasst werden musste.

Gramscis Werk ist also weder eine »Fußnote« zu dem schon fertigen Gebäude des orthodoxen Marxismus noch eine zirkuläre, rituelle Beschwörung längst bekannter »Wahrheiten«. Er praktiziert einen »offenen« Marxismus, der viele Einsichten der marxistischen Theorie auf die neuen Fragen und Entwicklungen hin weiterentwickelt. Er bringt vor allem neue Begriffe ins Spiel, die im klassischen Marxismus nicht enthalten waren, ohne die aber die komplexen gesellschaftlichen Phänomene unserer modernen Welt nicht verstanden werden können.

Gramscis Werk hat nicht den Status einer allgemeinen sozialwissenschaftlichen Theorie, wie etwa die Arbeiten solcher Gründungsväter, wie Max Weber oder Emile Durkheim. Es existiert auch nirgends in einer solchen erkennbaren, allgemeinen, zusammenhängenden Form. Der Hauptteil seiner theoretischen Ideen findet sich verstreut in Essays und in seinen polemischen Schriften (er war aktiver und produktiver politischer Journalist) und natürlich in der großen Sammlung von Heften, die er, ohne Zugang zu Bibliotheken oder anderen Quellen, während seiner erzwungenen Freizeit in Mussolinis Gefängnis in Turin (1928–33) oder, nach seiner Entlassung (allerdings schon todkrank), in der Formia-Klinik (1934–35) geschrieben hat.[2]

2 Diese fragmentarischen Schriften, einschließlich der *Gefängnishefte*, befinden sich im Wesentlichen im Gramsci-Institut in Rom, wo eine zusammenfassende kritische Ausgabe seines Werkes immer noch für die Veröffentlichung vorbereitet wird. Während dies geschrieben wird, sind vier Bände der geplanten achtbändigen Ausgabe von Einaudi in Turin schon als »Scritti« veröffentlicht. – In englischer Sprache gibt es eine Reihe von Sammlungen seiner Werke unter verschiedenen Titeln, darunter die ausgezeichnete Ausgabe der *»Selections from the Prison Notebooks«*, herausgegeben von Nowell-Smith und Hoare (1971), und die zwei Bände ausgewählte *»Political Writings«*, 1910–1920 (1985), herausgegeben von Nowell Smith und Forgoes. (S.H.) – In deutscher Übersetzung liegen ebenfalls einige Schriften vor. Die hier zitierten Passagen finden sich zum größten Teil in der Ausgabe von Riechers. Da mir die Übersetzung meist inadäquat schien, habe ich die entsprechenden Stellen aus der italienischen Ausgabe von Einaudi direkt übersetzt. Hinter jedem Zitat ist jeweils (soweit zu finden) die Seitenzahl in Riechers mit einem vorangestellten »D« und die der italienischen Ausgabe mit einem vorangestellten »I« aufgeführt. (N.R.)

Anm. des Verlags: Antonio Gramscis *Gefängnishefte* liegen auf Deutsch vollständig in einer 10-bändigen kritischen Ausgabe vor. Hg. Deutsches Gramsci-Projekt unter der wissenschaftlichen Leitung von Klaus Bochmann und Wolfgang Fritz Haug, eine Veröffentlichung des Instituts für kritische Theorie (InkriT) im Argument Verlag.

Gramscis Gedanken sind nicht nur in verschiedenen Schriften verstreut, auch die Texte sind häufig eher fragmentarisch als durchgearbeitet und »fertig«. Er schrieb oft unter den schlechtesten Bedingungen, z. B. unter dem wachsamen Auge des Gefängniszensors, ohne Bücher, um sein Gedächtnis aufzufrischen. Unter diesen Umständen stellen die Kerkerhefte eine bemerkenswerte intellektuelle Großtat dar. Trotzdem waren die »Kosten« dieser Produktionsweise, bei der er niemals die Möglichkeit hatte, zu den Texten zurückzugehen, um sie nach kritischer Reflexion abzurunden, beträchtlich. Die Hefte bestehen aus Notizen – kürzeren oder längeren –, die aber nicht zu einem ausgearbeiteten Diskurs oder einem kohärenten Text verwoben sind. Manche seiner Hauptargumente finden sich außerhalb des Haupttextes in langen Fußnoten. Einige Passagen sind neu formuliert worden, aber ohne dass es Anhaltspunkte dafür gäbe, welche der vorhandenen Versionen Gramsci für den »definitiven« Text hielt.

Als ob dieser »Fragmentcharakter« uns nicht mit genügend Schwierigkeiten konfrontieren würde, erscheint Gramscis Arbeit noch in einem tieferen Sinn fragmentarisch. Er hat die Theorie immer benutzt, um konkrete, historische Fälle oder politische Fragen zu beleuchten; er hat über umfangreiche Konzepte unter dem Gesichtspunkt nachgedacht, wie sie für konkrete, spezifische Situationen nutzbar gemacht werden könnten. Infolgedessen erscheint Gramscis Werk manchmal *zu* konkret, zu historisch-spezifisch, zu »beschreibend« analytisch, zu zeit- und kontextgebunden, sein Bezugsrahmen zu eng begrenzt. Gerade seine inspirierendsten Ideen und Formulierungen sind in dieser typischen Weise kontextgebunden. Um allgemeineren Nutzen daraus zu ziehen, müssen sie vorsichtig aus ihrem spezifischen, historischen Zusammenhang herausgenommen und mit besonderer Sorgfalt und Geduld in neuen Boden verpflanzt werden.

Einige Kritiker haben behauptet, Gramscis Begriffe operierten auf dieser Konkretionsebene, weil er weder die Zeit noch die Lust gehabt hätte, sie auf ein höheres Niveau begrifflicher Allgemeinheit zu heben – auf das erhabene Niveau, auf dem »theoretische Ideen« vermeintlich zu wirken haben. Daher haben Althusser und Poulantzas unabhängig voneinander vorgeschlagen, die nicht ausreichend theoretisierten Texte Gramscis zu »theoretisieren«. Diese Sichtweise scheint mir verfehlt. Wir müssen hier aus epistemologischer Sicht argumentieren, um zu verstehen, dass theoretische Konzeptionen auf sehr verschiedenen Abstraktionsebenen operieren und dass dies oft beabsichtigt ist. Es kommt darauf an, die eine Abstraktionsebene nicht mit der anderen zu verwechseln. Wir setzen uns schwerwiegenden Fehleinschätzungen aus, wenn wir versuchen, Konzepte, die für ein höheres

Abstraktionsniveau entwickelt wurden, auf eine niedrige Konkretionsebene zu übertragen, als würden sie dort automatisch dasselbe theoretische Resultat produzieren. Im Allgemeinen waren Gramscis Begriffe explizit für die »unteren« historischen Konkretionsebenen konzipiert. Er zielte nicht auf das »Höhere« und verfehlte sein Ziel. Im Gegenteil: wir müssen diese historisch-konkrete Beschreibungsebene als Form verstehen, in der Gramsci sich auf den Marxismus bezog.

Wie wir eingangs gesagt haben, blieb Gramsci in dem Sinne Marxist, dass er seine Ideen innerhalb der marxistischen Theorie entwickelte. Konzepte wie »kapitalistische Produktionsweise«, »Produktivkräfte« und »Produktionsverhältnisse« waren sein Ausgangspunkt. Diese Begriffe waren von Marx auf der allgemeinsten Abstraktionsebene entwickelt worden. Das heißt, sie erlauben uns, die allgemeinen Prozesse zu begreifen, die die kapitalistische Produktionsweise – reduziert auf ihre grundlegendsten Merkmale – *auf jeder* Stufe und in *jedem* Augenblick ihrer Entwicklung organisieren und strukturieren.

Diese Begriffe sind »epochal«, was ihre Reichweite und ihr Bezugssystem angeht. Aber Gramsci wusste, dass ein Theoretiker gezwungen ist, von der Ebene der »Produktionsweise« auf konkretere Bedeutungsebenen herabzusteigen, sobald er diese Begriffe auf spezifische historische Gesellschaftsformationen, auf konkrete Gesellschaften, die sich in einem bestimmten Entwicklungsstadium des Kapitalismus befinden, anwenden will. Dieser »Abstieg« erfordert nicht lediglich detailliertere historische Spezifikationen, sondern, wie Marx selbst gesagt hat, die Entwicklung neuer Begriffe und weiterer Determinationsebenen, zusätzlich zu denen, die bloß das Ausbeutungsverhältnis von Kapital und Arbeit betreffen. Denn dieses dient nur dazu, die Besonderheit der »kapitalistischen Produktionsweise« auf ihrem höchsten Abstraktionsniveau zu bestimmen. In der »Einleitung in die Grundrisse« von 1857, in der Marx seine Methode am genauesten ausgearbeitet hat, stellte er sich die »Produktion des Gedankenkonkretums« als eine Schrittfolge analytischer Annäherungen vor, bei der in jedem Schritt zusätzliche Bestimmungen zu den zwangsläufig skelettartigen und abstrakten Begriffen hinzugefügt werden. Er war der Meinung, dass wir das Konkrete nur in solchen aufeinander aufbauenden Abstraktionsebenen denken können. Den Grund sah er darin, dass die konkrete Realität aus vielen »Bestimmungen und Beziehungen« (MEW 13, 631) besteht, denen sich die Abstraktionsebenen, in denen wir zu denken pflegen, nur schrittweise gedanklich annähern können (vgl. zu diesen Fragen Hall 1977).

Wenn Gramsci das allgemeine Feld der entwickelten marxschen Begrifflichkeit (wie es zum Beispiel im »Kapital« vorliegt) verlässt und zu spezifischen historischen Zusammenhängen übergeht, kann er daher nach wie vor innerhalb ihres Bezugssystems arbeiten. Aber wenn er beginnt, im Einzelnen, sagen wir die *italienische* politische Situation der 30er Jahre oder die sich verändernden, komplexer werdenden, demokratischen Klassengesellschaften des »Westens« nach dem Imperialismus und dem Entstehen der Massendemokratie zu untersuchen, oder wenn er die spezifischen Unterschiede zwischen »Östlichen« und »westlichen« Gesellschaftsformationen in Europa, oder den Politiktyp, der den aufkommenden faschistischen Kräften etwas entgegensetzen kann, untersucht, oder wenn er die neuen Politikformen zeigt, die der moderne kapitalistische Staat entwickelt, dann sieht er die Notwendigkeit, die marxschen Begriffe anzupassen, weiter zu entwickeln und sie durch neue, eigenständige zu *ergänzen*. Erstens, weil Marx seine Anstrengungen darauf konzentrierte, seine Begriffe auf der höchsten Abstraktionsebene (vgl. das »Kapital«) und nicht auf der konkreten historischen Ebene zu entwickeln. (So gibt es z.B. keine wirkliche Analyse der besonderen Strukturen des englischen Staates im 19. Jahrhundert, obwohl es anregende Hinweise gibt.) Zweitens, weil die historischen Bedingungen, unter denen Gramsci schrieb, nicht dieselben waren, wie die, unter denen und für die Marx und Engels geschrieben haben. (Gramsci hatte einen scharfen Sinn für die historischen Bedingungen theoretischer Produktion.) Drittens, weil Gramsci spürte, wie notwendig theoretische Konzepte auf genau der Ebene waren, auf der die theoretische Arbeit von Marx am unvollständigsten und skizzenhaftesten war, z.B. was die Analyse spezifischer, historischer Wendepunkte oder die politischen und ideologischen Aspekte angeht – Dimensionen, die der klassische Marxismus bei der Analyse von Gesellschaftsformationen stark vernachlässigt hat.

Diese Gesichtspunkte helfen uns nicht nur, Gramsci innerhalb der marxistischen Tradition zu verorten, sondern sie machen auch deutlich, auf welcher Ebene das Werk Gramscis positiv anzusiedeln ist. In ihm werden vor allem neue theoretische Entwürfe, Ideen und Paradigmen entwickelt, die die politischen und ideologischen Aspekte von Gesellschaftsformationen in der Periode nach 1820 betreffen. Gramsci hat *niemals* die entscheidenden ökonomischen Verhältnisse, die Grundlage der Gesellschaft, vergessen oder vernachlässigt. Aber zu dieser Analyseebene hat er relativ wenig Eigenständiges beigetragen. Er hat jedoch enorm viel beizutragen zu den darauf aufbauenden, häufig vernachlässigten Bereichen wie Politik, Ideologie und Staat: der Charakter verschiedener Typen politischer

Herrschaft, die Bedeutung der Kultur und national populärer Fragen sowie die Rolle der Zivilgesellschaft in dem sich verschiebenden Gleichgewicht unterschiedlicher gesellschaftlicher Kräfte waren Gegenstand seiner Untersuchung. Er ist einer der ersten schöpferischen, unabhängigen, marxistischen Theoretiker der historischen Bedingungen, die in der zweiten Hälfte des 20. Jahrhunderts bestimmend geworden sind.

Dennoch kann Gramscis eigenständiger Beitrag, insbesondere was den Rassismus betrifft, nicht ohne weiteres als Ganzes aus dem Kontext seiner Arbeit herausgerissen und übertragen werden. Gramsci hat *nicht* darüber geschrieben, was Rassismus, Ethnizität und Race heute bedeuten und wie sie sich heute darstellen. Genauso wenig hat er eine tiefgreifende Analyse der kolonialen Erfahrungen mit dem Imperialismus vorgelegt, aus denen sich so viele Erfahrungen und Verhältnisse entwickelt haben, die für den Rassismus in der modernen Welt charakteristisch sind. Er beschäftigt sich vor allem mit seinem Heimatland Italien und darüber hinaus mit den Problemen des Aufbaus des Sozialismus im westlichen und östlichen Europa, mit dem Scheitern der Revolution in den entwickelten kapitalistischen Gesellschaften Westeuropas, mit der Bedrohung durch das Aufkommen des Faschismus in der Periode zwischen den Kriegen und mit der Rolle der Partei bei der Gewinnung von Hegemonie. Oberflächlich gesehen mag dies so erscheinen, als gehöre Gramsci zur erlesenen Zunft der sogenannten »westlichen Marxisten«, wie Perry Anderson sie definiert hat, die zu den großen Problemen in der nicht-europäischen Welt oder zur »ungleichen Entwicklung« zwischen den imperialistischen, herrschenden Nationen des kapitalistischen »Zentrums« und den weltweit kolonisierten Ländern der Peripherie nichts Wesentliches zu sagen haben, weil sie befangen sind in ihrer Beschäftigung mit den »entwickelteren« Gesellschaften.

Liest man Gramsci in *dieser* Weise, macht man den Fehler, ihn zu buchstabengetreu zu lesen. Doch genau so liest ihn – mit einigen Abstrichen – Anderson. Wenn Gramsci auch nicht direkt über Rassismus schreibt, können uns seine theoretischen Entwürfe bei unseren Versuchen, die Adäquatheit bestehender theoretischer Paradigmen in diesem Bereich zu durchdenken, doch nützlich sein. Auch hatten seine eigenen Erfahrungen und seine persönliche Entwicklung ebenso wie seine Arbeitsschwerpunkte viel mehr mit diesen Fragen zu tun, als es auf den ersten, oberflächlichen Blick scheinen mag. Gramsci wurde 1891 in Sardinien geboren. Sardinien stand in einer »kolonialen« Beziehung zum italienischen Festland. Seinen ersten Kontakt mit radikalen, sozialistischen Ideen hatte er im Zusammenhang mit dem wachsenden sardischen Nationalismus, der von den Truppen des italienischen Festlandes brutal unterdrückt wurde. Obwohl er nach seinem Umzug nach Turin und durch sein Engagement in der Turiner Arbeiterklasse seinen frühen »Nationalismus« ablegte, verlor er doch niemals seine in den ersten Jahren gewonnene Anteilnahme an den Problemen der Landarbeiter und sein Interesse für die komplexe Dialektik von Klassenlage und regionalem Faktor (vgl. Nowell-Smith & Hoare 1971).

Gramsci war sich der scharfen Trennungslinie bewusst, die den sich industrialisierenden und modernisierenden »Norden« Italiens vom ländlichen, unterentwickelten und abhängigen Süden trennte. Er trug sehr viel zu der als »Süditalienische Frage« bekannt gewordenen Debatte bei. Es ist ziemlich sicher, dass er bei seiner Ankunft in Turin die sogenannte »Südländer-Position« einnahm. Zeit seines Lebens blieb er an den Beziehungen der Ungleichheit und Abhängigkeit zwischen »Norden« und »Süden« interessiert. Er beobachtete die komplexen Beziehungen zwischen Stadt und Land, Bauern und Proletariat, Klientelsystem und offenem Arbeitsmarkt, feudalen und industriellen gesellschaftlichen Strukturen. Er kannte das Ausmaß, in dem die von den Klassenverhältnissen diktierten Spaltungen mit den quer dazu liegenden Beziehungen regionaler, kultureller und nationaler Unterschiede durchsetzt waren.

Als Gramsci, einer der Gründer der italienischen kommunistischen Partei, 1923 den Titel *Unita* für die offizielle Parteizeitung vorschlug, war sein Argument: »Weil wir der Frage des Südens besondere Aufmerksamkeit schenken müssen.« In den Jahren vor und nach dem Ersten Weltkrieg vertiefte er sich in jeden Aspekt des politischen Lebens der Turiner Arbeiterklasse. Dadurch erwarb er intime Kenntnisse über eine der am weitesten entwickelten Formationen des industriellen »Fabrik«-Proletariats in Europa. Er war ununterbrochen innerhalb dieses fortgeschrittenen Sektors der modernen Arbeiterklasse aktiv: zuerst als politischer Journalist in der Redaktion der Wochenzeitung der sozialistischen Partei »Il Grido Del Popolo« (Der Schrei des Volkes), dann als Aktivist während der Welle von Unruhen (den sogenannten »roten Jahren«) in Turin bei den Fabrikbesetzungen und der Organisierung von Arbeiterräten, schließlich, bis zur Gründung der Kommunistischen Partei Italiens, als Herausgeber der Zeitschrift »Ordine Nuovo« (Die neue Ordnung). Darüber hinaus dachte er weiterhin über Strategien und Formen politischer Aktion und Organisation nach, die die verschiedenen Kämpfe *vereinheitlichen* könnten. Er verfolgte die Frage, welche Basis sich in den vielfältigen Bündnissen und Beziehungen zwischen den verschiedenen sozialen Schichten finden ließe, auf der ein spezifisch italienischer, *moderner* Staat aufgebaut werden könnte. Die Beschäftigung mit Fragen der regionalen Besonderheiten, der sozialen Bündnisse und der sozialen Fundamente des Staates sind unmittelbare Anknüpfungspunkte für Problemstellungen, die wir heute mit dem Stichwort »Nord-Süd«- oder »Ost-West«-Beziehung bezeichnen würden.

Die frühen 20er Jahre begannen für Gramsci mit der schwierigen Aufgabe, eine Theorie neuer Parteiformen zu entwickeln und einen Entwicklungsweg für die besonderen nationalen Bedingungen Italiens zu finden, in Opposition zu dem Druck, der von der sowjetisch dominierten Komintern ausging. Daraus ergab sich schließlich der wichtige Beitrag, den die italienische KP zur Theoretisierung der »nationalen Besonderheiten« geleistet hat. Diese Besonderheiten bestanden in den sehr unterschiedlichen Bedingungen, unter denen sich die westlichen und östlichen Gesellschaften historisch entwickelt hatten. Bis zu seiner Verhaftung und Einkerkerung durch die Schergen Mussolinis 1929 richtete sich Gramscis Augenmerk vorrangig auf die wachsende faschistische Bedrohung, und sie bestimmte daher auch den Inhalt seiner Arbeiten. (Diese und andere biografische Einzelheiten sind in der ausgezeichneten Einführung in die *Prison Notebooks* von Nowell-Smith/Hoare 1971 nachzulesen.) Obwohl Gramsci also nicht direkt über das Problem des Rassismus geschrieben hat, gibt es bedeutsamere Verbindungslinien zwischen den zentralen Themen seines Werkes und zeitgenössischen Fragestellungen als ein erster, flüchtiger Blick auf seine Schriften nahelegen würde. Diesen Verbindungslinien und ihrer Produktivität bei der Suche nach angemesseneren Begriffsbildungen in unserem Forschungsfeld wenden wir uns jetzt zu. Ich werde versuchen, einige der zentralen Konzeptionen Gramscis, die in diese Richtung weisen, zu erläutern.

Teil II

Ich beginne mit einem Thema, das in gewisser Weise, wenn man chronologisch an Gramscis Werk herangeht, mehr gegen Ende seines Lebens auftaucht: Mit seinem unerbittlichen Angriff auf jede Spur von Ökonomismus und Reduktionismus im klassischen Marxismus. Wenn ich von Ökonomismus spreche, meine ich nicht – wie ich hoffentlich schon deutlich gemacht habe –, dass man die wichtige Rolle vernachlässigen soll, die die ökonomische Grundlage einer Gesellschaftsordnung spielt, oder dass die Bedeutung, die den ökonomischen Verhältnissen bei der Formung und Strukturierung des gesamten gesellschaftlichen Lebens zukommt, unterschätzt werden sollte. Ich meine einen bestimmten theoretischen Ansatz, der dazu neigt, in den ökonomischen Grundlagen der Gesellschaft den *einzigen* determinierenden Faktor zu sehen. Alle anderen Dimensionen der Gesellschaftsformation werden als reine Spiegelbilder des »Ökonomischen« auf einer anderen Artikulationsebene gesehen, die selbst keine strukturierende Kraft hat. Um es vereinfacht zu sagen, reduziert dieser Ansatz alle Phänomene einer Gesellschaftsformation auf die ökonomische Ebene und denkt alle Typen sozialer Beziehungen als direkte und unmittelbare Entsprechungen des Ökonomischen. Das lässt die in mancher Hinsicht problematische Engels'sche Formulierung, das Ökonomische sei »in letzter Instanz bestimmend«, auf das reduktionistische Prinzip zusammenschrumpfen, das Ökonomische bestimme unmittelbar in der ersten, mittleren und letzten Instanz. In diesem Sinne ist der »Ökonomismus« theoretischer Reduktionismus. Er simplifiziert die Strukturen einer Gesellschaftsformation, indem er ihre komplexen, horizontalen und vertikalen Beziehungen auf einen einzigen Determinationszusammenhang reduziert. Das Konzept der »Determiniertheit« selbst (das bei Marx eine sehr komplexe Idee ist) wird auf eine bloß mechanische Funktion reduziert. Sämtliche Vermittlungsstufen zwischen den verschiedenen Ebenen einer Gesellschaft werden eingeebnet. Gesellschaftsformationen werden als einfache »expressive Totalität« (um mit Althusser zu reden) gedacht, in der jede Artikulationsebene der anderen entspricht und deren Struktur von Anfang bis Ende transparent ist. Ich zögere nicht zu sagen, dass dies eine gigantische Banalisierung und Simplifizierung des marxschen Werks ist – genau die Art von Simplifizierung, die einst Marx dazu verzweifelt sagen ließ: »Wenn das Marxismus ist, bin ich kein Marxist.« Dennoch finden sich in den marxschen Schriften sicherlich Anhaltspunkte, die in diese Richtung weisen. Der ökonomistische Ansatz ist der orthodoxen Version des Marxismus sehr nahe, die zur Zeit der Zweiten Internationale kanonisiert wurde und die sogar oft noch heute für die reine Lehre des klassischen Marxismus gehalten wird. Eine solche Theorie der Gesellschaftsformation und der Beziehungen zwischen den verschiedenen Artikulationsebenen lässt (das sollte klar sein) wenig oder gar keinen Raum, um politische Dimensionen zu denken, geschweige denn, dass damit andere Formen gesellschaftlicher Differenzierung oder Widersprüche gedacht werden könnten, wie sie im Zusammenhang mit Race, Ethnizität, Nationalität und Geschlecht entstehen.

Gramsci widersetzte sich von Anfang an diesem Ökonomismus und polemisierte in späteren Jahren unentwegt gegen dessen kanonische Einbindung in die klassische marxistische Tradition. Zwei Beispiele aus zwei verschiedenen Arbeitsgebieten müssen genügen, um diesen Punkt zu illustrieren: In seinem Essay »Der moderne Fürst« diskutiert Gramsci, wie man einen bestimmten historischen Zusammenhang analysiert. An die Stelle des reduktionistischen Ansatzes, der die politischen und ideologischen Entwicklungen einfach von ihren ökonomischen Bestimmungen ablesen würde, setzt er einen sehr viel komplexeren und differenzierteren Analysetyp. Dieser geht nicht von einer einseitigen Determination aus, sondern beruht auf einer Analyse der »Kräfteverhältnisse« und zielt darauf ab, die »verschiedenen Momente oder Stufen« (D 326, I 1583) der Entwicklung in einem solchen Zusammenhang zu unterscheiden (statt sie als identisch zusammenfallen zu lassen). Diese analytische Aufgabe spitzt er in der Formulierung zu, es gehe um »den entscheidenden Übergang von der Basis zur Sphäre des komplexen Überbaus« (D 327, I 1584). Er setzt sich entschieden gegen jede Tendenz ab, den politischen und ideologischen Überbau auf die ökonomische Basis zu reduzieren. Für ihn ist das der wichtigste Angelpunkt im Kampf gegen den Reduktionismus. Um die Kräfte, die in einer bestimmten historischen Epoche wirksam sind, richtig zu analysieren und die Beziehungen zwischen ihnen zu bestimmen, muss man sich die Frage nach dem Verhältnis zwischen Basis und Überbau genau zurechtlegen. (D 323, I 1578) Er fügt hinzu, Ökonomismus sei ein inadäquater theoretischer Weg, um dieses Beziehungsgeflecht zu begreifen. Gramsci tendiert unter anderem dahin, eine Analyse, die auf den »unmittelbaren Klasseninteressen« beruht (mit der Frage: »wer profitiert unmittelbar davon?«), zu ersetzen durch eine vollständigere, reicher strukturierte Analyse »ökonomischer Klassenformationen [...] mit all den darin enthaltenen Beziehungen« (D 314, I 1593). Er schlägt vor, auszuschließen, dass »unmittelbar ökonomische Krisen von selbst tiefgreifende Ereignisse zur Folge haben« (D 330, I 1587) Heißt das, die Ökonomie spielt keine Rolle bei der Entstehung historischer Krisen? Keineswegs. Aber ihre Rolle besteht eben darin, den »Boden zu bereiten, auf dem bestimmte Denkweisen, eine bestimmte Art, Fragen zu stellen und zu lösen gedeihen kann, von der die gesamte weitere Entwicklung des Staatslebens abhängt« (ebd.). Kurz: Bevor man nicht gezeigt hat, wie die »objektiven ökonomischen Krisen« sich konkret entwickeln, wie sie vermittels der sich verändernden sozialen Kräfteverhältnisse zur Krise von Staat und Gesellschaft und zu ethisch-politischen Kämpfen und politischen Ideologien werden, die die Weltanschauung der Massen beeinflussen, hat man keine angemessene Analyse vorgenommen, die in dem entscheidenden und unumkehrbaren »Übergang« von der Basis zum Überbau wurzelt. Die unmittelbare Unfehlbarkeit, die der ökonomische Reduktionismus mit sich bringt, ist, so Gramsci, »billig zu haben«. Sie ist theoretisch bedeutungslos und von äußerst geringer politischer Tragweite und praktischer Wirksamkeit. Im Allgemeinen produziert sie weiter nichts als Moralpredigten und endlose Fragen nach der Rolle der Personen (D 317, I 1596). Die Konzeption basiert auf der »ehernen Überzeugung, es gäbe in der Geschichte objektive Entwicklungsgesetze, ähnlich den Naturgesetzen und auf dem Glauben an eine fatalistische Teleologie ähnlich der religiösen« (D 318, I 1596). Zu dieser Verfallserscheinung, die laut Gramsci fälschlicherweise mit dem historischen Materialismus identifiziert worden ist, gibt es nur eine Alternative: »die Hegemoniefrage konkret zu stellen«.

Die allgemeine Stoßrichtung der Argumente in diesem Abschnitt zeigt, dass viele Schlüsselbegriffe und charakteristische theoretische Entwürfe Gramscis (z.B. Hegemonie, die Analyse der sozialen Kräfteverhältnisse) von ihm bewusst als Barriere gegen ökonomistisch-reduktionistische Tendenzen in einigen Spielarten des Marxismus gedacht waren. In seine Kritik am »Ökonomismus« bezog er auch verwandte Tendenzen innerhalb des Marxismus ein, wie Positivismus, Empirismus, »Scientismus« und Objektivismus. Dies wird noch deutlicher in »Probleme des Marxismus«, einem Text, der ausdrücklich als Kritik am impliziten »Vulgärmarxismus« in Bucharins *Theorie des historischen Materialismus, Gemeinverständliches Lehrbuch der marxistischen Soziologie* (Hamburg 1921) geschrieben wurde. Bucharins Buch wurde 1921 in Moskau veröffentlicht, hatte sehr viele Auflagen und wurde oft als Beispiel für den »orthodoxen« Marxismus zitiert (obwohl Lenin die Bemerkung machte, Bucharin habe von Dialektik leider keine Ahnung). In »Kritische Bemerkungen zu einem Versuch, Soziologie zu popularisieren« führt Gramsci einen scharfen Angriff gegen die epistemologischen Voraussetzungen von Ökonomismus und Positivismus und die falsche Suche nach wissenschaftlichen Garantien. Sie gründeten alle, argumentiert er, auf dem falschen positivistischen Modell, demzufolge Entwicklungsgesetze der Gesellschaft und der menschlichen Geschichte nach dem Muster einer »Objektivität« funktionieren, von der die Sozialwissenschaftler annahmen (zu Unrecht, wie wir heute wissen), sie beherrsche die Welt der Naturwissenschaften. Begriffe wie »Regelmäßigkeit«, »Gesetzmäßigkeit«, »Notwendigkeit«, »Gesetz« und »Determination« dürfen laut Gramsci nicht als »naturwissenschaftliche Ableitungen« gedacht werden, sondern als Ausarbeitung von Konzepten, die auf dem Boden der politischen Ökonomie gewachsen sind. Unter dem »determinierenden Markt« sind also in Wirklichkeit »determinierende soziale Kräfteverhältnisse innerhalb einer determinierenden Struktur des Produktionsapparates zu verstehen, wobei dieses Verhältnis garantiert wird (das heißt stabilisiert wird) durch einen bestimmten politischen, moralischen, juridischen Überbau« (D 201, I 1477). Die Ersetzung der alten durch diese neue Formulierung macht den Übergang von einer analytisch reduktiven, schwachen, positivistischen Formel zu einer komplexeren Theoretisierung im Rahmen der Sozialwissenschaften deutlich. »Der (als wesentliches Postulat des historischen Materialismus behauptete) Anspruch, jede Bewegung in Politik und Ideologie als unmittelbaren Ausdruck der Basis vorführen und auslegen zu können, muss als theoretischer Infantilismus zurückgewiesen und praktisch, mit Hilfe des authentischen Vermächtnisses von Marx, dem Autor so vieler konkreter, politischer und historischer Arbeiten bekämpft werden.« (D 199f., I 871) Diese Richtungsverschiebung, die Gramsci innerhalb des marxistischen Terrains erreichen wollte, wurde sehr selbstbewusst vollzogen und war für die Stoßrichtung seines ganzen nachfolgenden Denkens entscheidend. Ohne diesen theoretischen Ausgangspunkt kann die komplizierte Beziehung Gramscis zur Tradition marxistischer Gelehrsamkeit nicht richtig bestimmt werden.

Wenn Gramsci die Simplifizierungen des Reduktionismus zurückwies, wie versuchte er selbst eine adäquate Analyse der sozialen Formation zu entwickeln? Hier könnte uns ein kurzer Abstecher helfen, wenn wir vorsichtig vorgehen. Althusser (der stark von Gramsci beeinflusst wurde) und seine Mitarbeiter haben in *Das Kapital lesen* (1972) eine wichtige Unterscheidung gemacht zwischen dem Begriff der Produktionsweise einerseits, der die ökonomischen Grundverhältnisse bezeichnet, die eine Gesellschaft charakterisieren, aber eine analytische Abstraktion ist, weil keine Gesellschaft lediglich durch ihre Ökonomie funktionieren kann – und der von ihnen so genannten »Gesellschaftsformation« andererseits. Mit diesem Begriff wollten sie dem Gedanken zum Durchbruch verhelfen, dass Gesellschaften notwendigerweise komplex strukturierte Totalitäten mit unterschiedlichen Artikulationsebenen sind (den ökonomischen, politischen, ideologischen Instanzen in jeweils unterschiedlicher Zusammensetzung); wobei jede Zusammensetzung eine andere Konfiguration der sozialen Kräfte ergibt und damit einen anderen gesellschaftlichen Entwicklungstyp. Als Kriterium für eine »Gesellschaftsformation« gaben die Autoren an, es könnten in ihr verschiedene Produktionsweisen gleichzeitig existieren. Aber obwohl das richtig ist und wichtige Konsequenzen haben kann (besonders für die nach-kolonialen Gesellschaften, wie wir später sehen werden), ist dies meiner Meinung nach nicht das wichtigste Unterscheidungskriterium. Betrachtet man »Gesellschaftsformationen«, dann behandelt man komplex strukturierte Gesellschaften, die sich aus ökonomischen, politischen und ideologischen Beziehungen zusammensetzen, deren unterschiedliche Artikulationsebenen keineswegs einfach aufeinander verweisen, oder sich ineinander »spiegeln«, sondern sich – um mit Althussers (1965) treffender Metapher zu sprechen – überdeterminieren. Diese komplexe Struktur von unterschiedlichen Artikulationsebenen, nicht bloß die Existenz von mehr als einer Produktionsweise, macht den Unterschied zwischen dem Begriff der »Produktionsweise« und dem notwendigerweise konkreteren und historisch spezifischen Begriff der »Gesellschaftsformation«.

Nun, dieser Begriff steht für die Konzeption, auf die Gramsci sich bezog: Etwa, wenn er sagte, das Verhältnis zwischen Basis und Überbau bzw. der Durchgang jeder organischen historischen Bewegung durch die gesamte Gesellschaftsformation, von der ökonomischen Basis bis zur Sphäre der ethisch-politischen Verhältnisse, müsse das Herzstück jeder nicht-reduktionistischen, nicht-ökonomistischen Analyse sein. *Diese* Frage zu stellen und zu lösen, hieß eine Untersuchung durchzuführen, die wirklich darauf beruhte, die komplexen Beziehungen der Überdetermination verschiedener sozialer Praxen in jeder Gesellschaftsformation zu begreifen. Diesem Prinzip folgte Gramsci, als er in »Der moderne Fürst« seine spezifische Methode, »Situationen zu analysieren«, skizzierte. Die Einzelheiten sind vielfältig und können hier nicht in ihrer ganzen Vielschichtigkeit ausgeführt werden, aber es lohnt sich, die Umrisse zu zeichnen, und sei es nur, um sie mit dem ökonomistischen bzw. reduktionistischen Ansatz zu vergleichen. Er hielt diese Schrift für »eine grundlegende Darstellung der Wissenschaft und Kunst der Politik«, die verstanden werden sollte als ein »Satz praktischer Regeln zur Forschung und zur detaillierten Beobachtung, mit dem das Interesse an der wirklichen Realität wieder geweckt und radikalere, wirksamere politische Erkenntnisse ausgelöst werden« könnten (D 322, I 1561). Diese Darstellung, so fügte er hinzu, müsse strategischen Charakter haben. Zuallererst müsse man die Grundstruktur – die objektiven Verhältnisse in einer Gesellschaft – oder den »Stand der Produktivkraftentwicklung« verstehen, denn diese setzt die wesentlichen Grenzen und Bedingungen für die Art und Weise menschlicher Entwicklung. Aus dieser Grundstruktur entwickeln sich einige der Haupttendenzen, die *möglicherweise* diese oder jene Entwicklungsrichtung begünstigen. Der Fehler des Reduktionismus besteht nun darin, diese Tendenzen und Zwänge unmittelbar in von ihnen vollständig determinierte politische und ideologische Effekte zu übersetzen; oder alternativ dazu, sie als abstrakte »eherne Gesetze der Notwendigkeit« zu begreifen. In Wirklichkeit strukturieren und determinieren sie nur insofern, als sie das Feld abstecken, auf dem die historischen Kräfte sich bewegen – sie definieren den Horizont der Möglichkeiten. Aber sie können weder in letzter noch in erster Instanz den Inhalt der politischen und ökonomischen Kämpfe vollständig definieren und noch viel weniger das Ergebnis solcher Kämpfe objektiv fixieren oder garantieren. Der nächste Analyseschritt besteht darin, »organische« »historische Entwicklungen«, die relativ lang anhalten und tief in die Gesellschaft eindringen, von eher »gelegentlichen, schnellen, fast zufälligen Entwicklungen« zu unterscheiden. In diesem Zusammenhang erinnert uns Gramsci daran, dass eine »Krise«, wenn sie organisch ist, »Jahrzehnte andauern kann« (D 324, I 1579f.). Sie ist kein statisches Phänomen, sondern gekennzeichnet durch ständige Bewegungen und Gegenbewegungen, durch Kämpfe etc., die den Versuch verschiedener Seiten darstellen, die Krise zu überwinden oder zu lösen, und zwar in einer Weise, die ihre jeweilige Hegemonie langfristig begünstigt. Die theoretischen Gefahren liegen, so Gramsci, darin, »Ursachen als unmittelbar wirksam darzustellen, die in Wirklichkeit nur indirekt wirken, oder die unmittelbaren Ursachen für die einzig wirksamen halten«. Das Erste führt zu einem »exzessiven ›Ökonomismus‹«, das Zweite zu einem »exzessiven ›Ideologismus‹« (D 324, I 1580). (Gramsci war besorgt über das besonders in Zeiten der Niederlage fatale Oszillieren zwischen den beiden Extremen, die in Wirklichkeit nur das jeweils verkehrte Spiegelbild des anderen sind.) Er war weit davon entfernt zu glauben, irgendein Gesetz der Notwendigkeit werde mit »gesetzesähnlicher« Sicherheit dafür sorgen, dass die ökonomischen Ursachen sich unmittelbar in politische Folgen verwandeln. Er insistierte darauf, eine Analyse könne nur dann nützlich und »wahr« sein, *wenn* die ihr zugrunde liegenden Annahmen zu einer neuen Realität würden (vgl. ebd.). Die Ersetzung der positivistischen Gewissheit durch die Konditionalform ist hier entscheidend.

Als nächstes hob Gramsci hervor, dass Länge und Komplexität von Krisen nicht mechanisch vorausgesagt werden könnten, sondern sich über längere historische Abschnitte, Perioden hinweg entwickelten. Perioden relativer »Stabilität« und Perioden schneller und umwälzender Veränderungen wechselten sich ab. Infolgedessen sei die *Periodisierung* ein Schlüsselaspekt der Analyse. Dies entspricht dem vorher erwähnten Interesse an der historischen Spezifik. »Gerade das Studium dieser ›Intervalle‹ unterschiedlicher Frequenz macht es möglich, auf der einen Seite die Beziehungen zwischen Basis und Überbau und auf der anderen die zwischen organischen und konjunkturellen Entwicklungen an der Basis zu rekonstruieren.« (D 326, I 1582) Es geht dabei nicht darum, etwas Mechanisches oder gesetzmäßig Vorgeschriebenes zu »studieren«.

Nachdem er so die Grundlagen für eine dynamische historische Rahmenanalyse gelegt hat, wendet er sich den Bewegungen der historischen Kräfte – den Kräfteverhältnissen zu, die das aktuelle Feld politischer und sozialer Kämpfe und Entwicklungen konstituieren. Hier führt er einen wichtigen Gesichtspunkt ein: Es geht weder darum, nach dem absoluten Sieg der einen Seite über die andere, noch nach der totalen Einverleibung eines Teils der gesellschaftlichen Kräfte durch den anderen zu suchen. Es muss also nach einer bestimmten Relation gefragt werden, und zwar vor dem Hintergrund eines labilen Gleichgewichts bzw. eines ständigen Prozesses des Auf- und Abbaus instabiler Kräftegleichgewichte. Die zentrale Frage lautet: Inwiefern sind *»die Kräfteverhältnisse für die eine oder für die andere Seite günstig«* (D 326, I 1582f.; Hervorh. d. Verf.). Die Betonung der Begriffe »Beziehung«, »Verhältnis« und »labiles Gleichgewicht« erinnert uns daran, dass soziale Kräfte, die in einer bestimmten historischen Periode unterlegen sind, nicht vom Kampfplatz verschwinden; auch der Kampf ist unter diesen Bedingungen nicht ausgesetzt. So ist zum Beispiel die Vorstellung eines »absoluten« und totalen Sieges der Bourgeoisie über die Arbeiterklasse, oder die einer totalen Integration der Arbeiterklasse in das bürgerliche Projekt, Gramscis Definition von Hegemonie völlig fremd – in gelehrten Kommentaren wird jedoch häufig das eine mit dem anderen verwechselt. Es kommt immer auf das tendenzielle Gleichgewicht der Kräfte an.

Gramsci differenziert dann verschiedene Stadien der »Kräfteverhältnisse«. Er unterstellt keine *notwendige teleologische Evolution* zwischen ihnen. Die erste Differenzierung hat mit der Einschätzung der objektiven Bedingungen zu tun, die den verschiedenen gesellschaftlichen Kräften ihren Platz zuweisen. Die zweite bezieht sich auf ein politisches Stadium: auf den »Grad der Homogenität, der Selbsterkenntnis und auf den Organisationsgrad, den die gesellschaftlichen Klassen jeweils erreicht haben« (D 327, I 1583). An dieser Stelle ist es wichtig festzuhalten, dass die sogenannte Einheit der Klasse nie a priori unterstellt wird. Es wird davon ausgegangen, dass Klassen, obwohl ihnen bestimmte, ähnliche Existenzbedingungen gemeinsam sind, gleichzeitig durch gegensätzliche Interessen gespalten sind und im Zuge ihrer historischen Formierung segmentiert und fragmentiert wurden. Die Einheit der Klasse schließt also notwendigerweise Vielfalt ein und muss erst *produziert* werden – als Resultat spezifischer ökonomischer, politischer und ideologischer Prozesse. Sie kann sich niemals automatisch herstellen oder als »gegeben« vorausgesetzt werden. In Zusammenhang mit dieser radikalen Historisierung der tief im Herzen des fundamentalistischen Marxismus verankerten mechanischen

Klassenkonzeption entwickelt Gramsci Marx' Unterscheidung zwischen der »Klasse an sich« und der »Klasse für sich« weiter. Er bestimmt die unterschiedlichen Stadien, die das Klassenbewusstsein, der Organisationsgrad und die Einheit der Klasse unter bestimmten Bedingungen durchlaufen. Da ist das »ökonomisch korporative Stadium«, in dem bestimmte Berufsgruppen gemeinsame Grundinteressen erkennen, aber kein Bewusstsein weitergehender Klassensolidarität haben. Dann gibt es das »klassen-korporatistische« Stadium, in dem sich Klassensolidarität aufgrund gleicher Interessen entwickelt, aber nur im ökonomischen Bereich. Schließlich gibt es das Stadium der »Hegemonie«, das die korporativen Schranken einer rein ökonomischen Solidarität überwindet und beginnt, sich »in der Gesellschaft auszubreiten«, die Interessen anderer unterdrückter Gruppen einzubeziehen, sowohl intellektuelle und moralische als auch ökonomische und politische Einheit zu schaffen, die »Fragen zu formulieren, um die die Kämpfe entbrannt sind [...] und so die Hegemonie einer zentralen gesellschaftlichen Gruppe über eine Reihe untergeordneter Gruppen herzustellen« (D 327f., I 1584). Dieser Prozess, in dem die dominante Gruppe ihre Interessen mit den allgemeinen Interessen anderer Gruppen und mit dem Staatsgefüge als ganzem koordiniert, konstituiert die »Hegemonie« eines bestimmten »historischen Blocks«. Nur in solchen Momenten einer »national-popularen Einheit« wird die Formierung eines, wie Gramsci es nennt, »kollektiven Willens« möglich. Gramsci erinnert uns jedoch daran, dass selbst dieses außergewöhnliche Maß organischer Einheit den Ausgang der jeweiligen Kämpfe nicht garantiert. Sie können gewonnen oder verloren werden aufgrund bestimmter ausschlaggebender, taktischer Entscheidungen und des politisch-militärischen Kräfteverhältnisses. Aber er besteht darauf, dass »die Politik Vorrang vor dem militärischen Aspekt hat und dass nur sie die Möglichkeiten für militärische Manöver und Fortschritte schafft« (D 343). Drei Bemerkungen zu dieser Formulierung: Erstens ist »Hegemonie« ein sehr außergewöhnlicher, historisch spezifischer und vorübergehender »Augenblick« im Leben einer Gesellschaft. Denn selten wird ein solcher Grad an Einheit erreicht, der es einer Gesellschaft ermöglicht, unter Führung einer bestimmten Formation oder Konstellation gesellschaftlicher Kräfte eine neue historische Epoche zu beginnen. Es ist unwahrscheinlich, dass solche Perioden des »Ausgleichs« ewig andauern– sie existieren keinesfalls automatisch weiter. Sie müssen aktiv konstruiert und erhalten werden. Krisen markieren den Beginn ihrer Auflösung. Zweitens müssen wir in Betracht ziehen, dass Hegemonie sich auf viele Dimensionen und Bereiche bezieht. Sie kann nicht nur an *einer* Kampffront errichtet und erhalten werden (z. B. im ökonomischen Bereich). Hegemonie haben bedeutet, eine ganze Reihe von »gesellschaftlichen Positionen« gleichzeitig zu besetzen. Diese Vormachtstellung ist nicht einfach Resultat von Zwang oder Unterdrückung. Sie ist das Ergebnis eines Prozesses, in dem ein beträchtliches Maß an Zustimmung im Volk gewonnen wurde. Sie ist also ein Zeichen für einen hohen Grad an sozialer und moralischer Autorität, nicht nur bei ihren unmittelbaren Anhängern, sondern in der Gesellschaft als Ganzes. Diese Autorität und die Anzahl und Vielfältigkeit der Bereiche, in denen die »Führung« übernommen wird, ermöglicht einige Zeit lang die Ausbreitung eines intellektuellen, moralischen, politischen und ökonomischen kollektiven Willens in der ganzen Gesellschaft. Drittens, die in einer Periode der Hegemonie »Führenden« werden nicht mehr als »herrschende Klasse« bezeichnet, wie im traditionellen Sprachgebrauch, sondern als *historischer Block*. Aber es werden nicht ganze Klassen als einheitliche historische Akteure unmittelbar auf die politisch-ideologische Bühne befördert, obwohl der Bezug zur »Klasse« die Analyseebene entscheidend bestimmt. Die »führenden Gruppen« in einem historischen Block mögen lediglich eine Fraktion der herrschenden ökonomischen Klasse sein – z. B. das Finanzkapital und nicht das industrielle Kapital; das nationale und nicht das internationale Kapital. Mit ihnen im »Block« verbündet werden Schichten der untergeordneten und beherrschten Klassen sein, die aufgrund bestimmter Konzessionen und Kompromisse gewonnen wurden und die Teil der gesellschaftlichen Konstellation sind, aber eine untergeordnete Rolle spielen. »Breite Bündnisse« wurden geschmiedet, um diese Sektionen zu gewinnen. Sie festigen den historischen Block unter einer bestimmten Führung und geben ihm allgemein verbindlichen Charakter. Jede hegemoniale Formation hat daher ihre eigene, spezifische Zusammensetzung und Gestalt. Dies ist eine ganz andere Art, einen Begriff für das zu bilden, was gemeinhin sehr ungenau und nachlässig mit dem Ausdruck »herrschende Klasse« bezeichnet wird. Gramsci war natürlich nicht der Erfinder des Begriffs *Hegemonie*. Lenin benutzte ihn im analytischen Sinn und bezeichnete damit die Führungsposition, die das Proletariat bei den Kämpfen um die Gründung des sozialistischen Staates über die Bauernschaft gewinnen musste. Diese Verwendungsweise ist selbst schon interessant. Beim Studium sich entwickelnder Gesellschaften, die nicht den »klassischen« Entwicklungsweg gegangen sind, der Marx im »Kapital« als Vorbild diente (d. h. das Beispiel Großbritanniens), ist eine der Schlüsselfragen, die nach dem Kräftegleichgewicht bzw. nach dem Kräfteverhältnis zwischen den verschiedenen sozialen Klassen, die um ihre nationale Unabhängigkeit und ökonomische Entwicklung kämpfen. Interessant ist die relative Bedeutungslosigkeit des industriellen Proletariats im engeren Sinne in Gesellschaften, mit niedrigem industriellen Entwicklungsstand; und zu untersuchen ist vor allem das Ausmaß, in dem die bäuerliche Klasse eine führende Rolle in den Kämpfen spielt, aus denen der Nationalstaat hervorgeht und sogar in einigen Fällen (das herausragende Beispiel ist China, aber auch Kuba und Vietnam sind bemerkenswerte Beispiele) die *führende* revolutionäre Klasse ist. In einem ähnlichen Kontext entwickelt Gramsci zuerst den Begriff der Hegemonie. In »Die Süditalienische Frage« von 1920 schrieb er, das Proletariat in Italien könne nur dann zur »führenden« Klasse werden, »wenn es ein System von Bündnissen schafft, das es ihm erlaubt, die Mehrheit der arbeitenden Bevölkerung gegen den Kapitalismus und den bürgerlichen Staat zu mobilisieren, d.h. in dem Maße, in dem es ihm gelingt, die Zustimmung der breiten Masse der Bauern zu gewinnen« (Gramsci 1980, 191). Dies ist schon eine theoretisch vielschichtige und reichhaltige Formulierung. Sie besagt, dass die soziale oder politische Kraft, die im Augenblick einer organischen Krise entscheidende Bedeutung gewinnt, nicht aus einer homogenen Klasse besteht, sondern vielschichtig zusammengesetzt sein wird. Sie besagt zweitens, dass ihre Stellung im Produktionsprozess nicht automatisch die Grundlage ihrer Einheit ist, sondern dass diese durch ein System von Bündnissen hergestellt werden muss. Drittens: obwohl eine solche soziale und politische Kraft ihre Wurzeln in der grundlegenden Klassenteilung der Gesellschaft hat, werden die jeweiligen Formen ihrer politischen Kämpfe eine breitere soziale Basis haben – sie werden die Gesellschaft nicht nur entlang der Klassenlinien spalten, sondern sie so polarisieren, dass auf der einen Seite des gesellschaftlichen Antagonismus eine breite Front gebildet wird, die die »Mehrheit der arbeitenden Bevölkerung« umfasst. Zum Beispiel wird es eine Polarisierung geben zwischen allen Volksklassen auf der einen Seite und all denen, die die Interessen des Kapitals und des um den Staat gruppierten Machtblocks vertreten, auf der anderen. Bei nationalen und ethnischen Befreiungskämpfen in der modernen Welt ist das Kampffeld oft genau in dieser komplexen und differenzierten Weise polarisiert. Die Schwierigkeit liegt darin, dass dieses Feld immer noch mit einer theoretischen Begrifflichkeit beschrieben wird, die seine vielschichtige soziale Zusammensetzung mit deskriptiven, simplifizierenden Begriffen auf einen Kampf zwischen zwei scheinbar einfachen, homogenen Klassen reduziert. Im Zuge seiner theoretischen Neuerungen setzt Gramsci darüber hinaus solche zentralen strategischen Fragen auf die

Tagesordnung wie die, auf welche Weise eine Klasse wie die der Bauern für den nationalen Kampf gewonnen werden kann, und zwar nicht durch Zwang, sondern indem man »ihre Zustimmung gewinnt«.

Im Laufe seiner späteren Schriften hat er das Konzept der Hegemonie noch weiter ausgedehnt: Er löste sich davon, sie im Wesentlichen als »Klassenbündnis« zu denken. Zunächst wird »Hegemonie« zu einem allgemeinen Begriff, der auf die Strategien aller Klassen angewandt werden kann; die Formierung aller führenden historischen Blöcke kann damit analysiert werden, nicht nur die Strategie des Proletariats. Auf diese Weise verwandelt er das Konzept in einen allgemeineren, analytischeren Begriff. Seine Anwendbarkeit in dieser allgemeinen Form liegt auf der Hand. Eine Vielzahl konkreter historischer Situationen kann bedeutend klarer erkannt werden, wenn das Konzept weiterentwickelt wird: z. B., wie der südafrikanische Staat durch das Interessenbündnis zwischen Weißer, herrschender Klasse und Weißen Arbeitern gegen die Schwarzen aufrechterhalten wird; oder die wichtige Rolle, die in der südafrikanischen Politik die Versuche gespielt haben, die »Zustimmung bestimmter untergeordneter Klassen und Gruppen zu gewinnen« – z. B. die Zustimmung von Schichten der Coloured oder die der in »Stämmen« lebenden Schwarzen –, um Bündnisse gegen die Masse der Schwarzen auf dem Land und in der Industrie zu schmieden; oder der »vermischte« Klassencharakter aller Kämpfe um nationale Unabhängigkeit der sich entwickelnden, nachkolonialen Gesellschaften.

Die zweite Weiterentwicklung liegt in der von Gramsci formulierten Unterscheidung zwischen einer Klasse, die »herrscht«, und einer Klasse, die »führt«. Herrschaft und Zwang können die Vormachtstellung einer bestimmten Klasse in der Gesellschaft erhalten. Aber ihre Reichweite ist begrenzt. Sie muss sich beständig auf Zwangsmittel stützen, statt auf die Gewinnung von Zustimmung. Daher kann sie die aktive Beteiligung verschiedener Teile der Gesellschaft für das historische Projekt der Erneuerung oder Transformation des Staates nicht gewinnen. Auf der anderen Seite hat auch »Führerschaft« Aspekte von »Zwang«. Im Vordergrund steht jedoch der Versuch, Zustimmung zu gewinnen, untergeordnete Interessen einzubeziehen, populär zu werden. Für Gramsci gibt es keinen Fall reinen Zwangs oder reiner Zustimmung – es gibt nur verschiedene Zusammensetzungen beider Aspekte. Hegemonie ist nicht nur auf das Feld der Ökonomie und der Verwaltung begrenzt, sie schließt eine Führungsposition auf den Gebieten der Kultur, der Moral, der Ethik und im Bereich des geistigen Lebens ein. Nur unter solchen Bedingungen kann ein langfristiges, historisches Projekt auf die Tagesordnung gesetzt werden, wie z. B.

die Gesellschaft zu modernisieren, ihre Leistungsfähigkeit auf eine höhere Stufe zu heben, oder die Grundlagen der nationalen Politik umzuwälzen. Es hat sich gezeigt, dass Gramsci das Konzept von Hegemonie *erweitert,* indem er eine Reihe von strategischen Unterscheidungen macht, z. B. Herrschaft/Führung, Zwang/Zustimmung, ökonomisch-korporativ/moralisch und geistig. Diese Erweiterung wird von einer weiteren Unterscheidung gestützt, auf der Gramscis grundlegende historische These basiert, der zwischen »Staat und Zivilgesellschaft«. In seinem Aufsatz gleichen Namens hat er diese Differenzierung in verschiedene Richtungen ausgearbeitet. Zunächst unterschied er zwei Kampfformen: den »Bewegungskrieg« (war of manoeuvre) = taktischer Bewegungskrieg, bei dem sich alles auf eine Front und auf einen Augenblick des Kampfes konzentriert, wo es einen einzigen strategischen Durchbruch in das »Verteidigungssystem des Feindes« gibt, der, einmal durchgeführt, den neuen Kräften ermöglicht, »einzubrechen und einen endgültigen, strategischen Sieg zu erringen«. Andererseits gibt es den »Stellungskrieg«, ein langwieriger Krieg, der entlang vieler verschiedener und sich verändernder Kampffronten geführt werden muss; bei dem es selten einen einzelnen Durchbruch gibt, durch den der Krieg ein für alle Mal – blitzartig, wie Gramsci sagt – gewonnen werden kann. In diesem Stellungskrieg komme es nicht auf die »vorgeschobenen Schützengräben (um die militärische Metapher beizubehalten) des Feindes an, sondern auf das ganze ökonomische System und die Organisation des Hinterlandes der kämpfenden Armee« (vgl. I 859), das heißt, auf die gesamte Gesellschaftsstruktur, einschließlich der Strukturen und Institutionen der Zivilgesellschaft. Für Gramsci war »1917« vielleicht das letzte Beispiel eines erfolgreichen »taktischen Bewegungskrieges«: es war »der entscheidende Wendepunkt in der Geschichte der Kunst und Wissenschaft von der Politik« (D 346, I 860). Gramsci verknüpfte dies mit einer zweiten Unterscheidung, der zwischen »Ost« und »West«. Sie sind für ihn Metaphern, die den Unterschied zwischen dem östlichen und westlichen Europa benennen, zwischen dem Modell der russischen Revolution und den Formen des politischen Kampfes, die dem sehr viel schwierigeren Terrain der industrialisierten, liberalen Demokratien des »Westens« angemessen sind. Hier spricht Gramsci ein sehr wichtiges Thema an, dem viele Marxisten lange ausgewichen sind: Dass ähnliche politische Bedingungen, wie die, die in Russland ein 1917 ermöglichten, »im Westen« ausgeblieben sind. Das ist ein zentraler Sachverhalt, denn trotz dieser grundlegenden Unterschiede (und dem daraus folgenden Ausbleiben des klassischen Typs einer proletarischen Revolution im »Westen«) blieben die Marxisten von dem Gedanken einer Politik und einer Revolution nach dem Modell des »Winterpalastes« besessen. Gramsci hingegen macht eine wichtige analytische Unterscheidung zwischen dem vorrevolutionären Russland, mit seiner weit hinterherhinkenden Modernisierung, seinem aufgeblähten Staatsapparat und der aufgeblähten Bürokratie, seiner relativ unterentwickelten Zivilgesellschaft und dem niedrigen Stand kapitalistischer Entwicklung einerseits und dem »Westen« andererseits, mit seinen Formen von Massendemokratie, seiner komplexen Zivilgesellschaft, der Konsolidierung des Massenkonsensus durch die politische Demokratie, die dem Staat eine auf Konsens aufgebaute Grundlage verschaffte.

> »Im Osten war der Staat alles, die Zivilgesellschaft befand sich in einem gallertartigen Ursprungsstadium. Im Westen gab es ein ausgewogenes Verhältnis zwischen Staat und Zivilgesellschaft, und wenn der Staat wankte, zeigte sich sofort die widerstandsfähige Struktur der Zivilgesellschaft. Der Staat war nur der vorgeschobene Schützengraben, mit einem mächtigen System von Festungsanlagen im Rücken: mehr oder weniger entwickelt von Staat zu Staat [...] genau deshalb war eine genaue Erforschung des jeweiligen nationalen Charakters nötig.« (D 347, I 866)

Gramsci weist nicht nur auf einen bestimmten historischen Unterschied hin. Er beschreibt ein historisches *Übergangsstadium*. Offensichtlich – und das wird in »Staat und Zivilgesellschaft« deutlich, sieht er den »Stellungskrieg« zunehmend den »Bewegungskrieg« verdrängen, und zwar in dem Maße, in dem die Bedingungen des »Westens« das moderne politische Terrain in einem Land nach dem anderen charakterisieren. (Hier ist der Begriff »der Westen« keine geografische Bezeichnung mehr: er steht für ein neues politisches Terrain, hervorgebracht durch neu entstehende Staatsformen und Formen der Zivilgesellschaft und durch die vielschichtigen Beziehungen zwischen beiden.) In diesen »fortgeschritteneren« Gesellschaften, in denen die »Zivilgesellschaft eine sehr komplexe Struktur geworden ist, widerstandsfähig gegenüber katastrophenförmigen ›Einbrüchen‹ unmittelbar ökonomischer Faktoren [...] sind die Überbauten der Zivilgesellschaft wie ein System von Schützengräben in der modernen Kriegsführung« (D 345, I 860). Diesem neuen Handlungsfeld entspricht ein anderer Typus politischer Strategien. »Der Bewegungskrieg« wird auf eine taktische Funktion reduziert, er verliert seine strategische Bedeutung. Man geht vom »Frontalangriff« zum »Stellungskrieg« über, der eine nie da gewesene »Konzentration von Hegemonie« erfordert. Er ist »intensiv, schwierig und erfordert ein außergewöhnliches Maß an Geduld und Erfindungsreichtum«. Denn einmal gewonnen, ist dieser Kampf endgültig entschieden (vgl. D 348, I 802). Gramsci begründet diesen »Übergang von einer Politikform zur anderen« historisch. Er findet nach 1870 im Westen statt und ist gleichzusetzen mit der »kolonialen Expansion Europas«, dem Entstehen der modernen Massendemokratie, einer Vervielfältigung der Organisationsformen und der Rolle des Staates und einer nie da gewesenen Vervollkommnung der Strukturen und Prozesse »kultureller Hegemonie«. Was Gramsci hier hervorhebt, ist ein Teil der Diversifizierung der sozialen Antagonismen, die »Dispersion«, Dezentralisierung der Macht in Gesellschaften, deren Hegemonie nicht mehr ausschließlich durch Zwangsinstrumente des Staates erhalten wird, sondern sich auf die Beziehungen und Institutionen der Zivilgesellschaft gründet. In diesen Gesellschaften werden die privaten Vereine, die Beziehungen und Institutionen in der Zivilgesellschaft – Schule, die Familie, Kirchen und das religiöse Leben, sogenannte Privatbeziehungen, geschlechtsspezifische, sexuelle und ethnische Identitäten, kulturelle Organisationen – »für die Kunst der Politik zu ›Schützengräben‹ und dauerhaften Festungen der Front im Stellungskrieg: Das Bewegungselement, das vorher den ›ganzen‹ Krieg ausmachte, wird zum bloßen ›Teilelement‹« (D 356, I 1566). Diesen Erkenntnissen liegt eine gründliche, theoretische Neudefinition zugrunde. Tatsächlich arbeitet Gramsci nach und nach die für einige Versionen des Marxismus typische, beschränkte Staatsdefinition um, die ihn auf ein von der herrschenden Klasse geprägtes und benutztes Zwangsinstrument reduzieren, das nur transformiert werden kann, indem man es mit einem einzigen Schlag zertrümmert. Er betont nicht nur die komplexe Formation einer modernen Zivilgesellschaft, sondern auch die parallele Entwicklung einer komplexer werdenden Ausformung des modernen Staates. Der Staat wird nicht mehr bloß als administrativer Zwangsapparat gesehen – er wirkt auch »erzieherisch und bildend«. Er ist der Ausgangspunkt, von dem aus die Hegemonie über die Gesellschaft als Ganzes letztendlich ausgeübt wird (obwohl er nicht der einzige Ort ist, an dem Hegemonie errichtet wird). Der Staat ist der Ort der Verdichtung – nicht nur weil alle Formen von Zwangsherrschaft notwendigerweise von diesem Apparat ausgehen, sondern weil in seiner widersprüchlichen Struktur eine Vielfalt verschiedener Beziehungen und Praxen sich zu einem definitiven Regelsystem verdichten. Jeder Staat, so Gramsci, hat insofern eine ethische Funktion, als es eine seiner wichtigsten Aufgaben ist, »die große Masse der Bevölkerung auf eine bestimmte kulturelle und moralische Ebene zu heben, die den Entwicklungsbedürfnissen der Produktivkräfte entspricht und damit den Interessen der herrschenden Klasse« (I 1049). Man beachte hier, wie Gramsci *neue* Dimensionen von Macht und Politik in den Vordergrund rückt, neue Bereiche, in denen Kämpfe stattfinden und Antagonismen herrschen: das Ethische, das Kulturelle, die Moral. Wie er schließlich zu den »traditionelleren« Fragen zurückkehrt – den »Entwicklungsbedürfnissen der Produktivkräfte«, den Interessen der »herrschenden Klasse« –, aber *nicht* umstandslos oder reduktionistisch. Sie können nur mittelbar angegangen werden, über eine Reihe notwendiger Verschiebungen und Schaltstellen: das heißt, vermittelt über den »unumkehrbaren Übergang von der Basis zur Sphäre des komplexen Überbaus«.

In diesem Rahmen entwickelt Gramsci seine Staatskonzeption. Der moderne Staat übernimmt die Führung auf moralischem und pädagogischem Gebiet – »er plant, initiiert, umwirbt und straft«. Im Staat und durch den Staat erhält der ihn beherrschende soziale Block nicht nur seine Macht, sondern er gewinnt durch Führerschaft und Autorität die aktive Zustimmung derjenigen, über die er regiert. Insofern spielt er eine zentrale Rolle bei der Konstruktion von Hegemonie. Nach dieser Lesart ist der Staat kein Ding, dessen Größe abgeschätzt und das dann gestürzt oder mit einem einzigen Schlag zerschmettert wird. Er ist eine komplexe Formation in einer modernen Gesellschaft, die zum Brennpunkt verschiedener Strategien und Kämpfe werden muss, weil er der Ort verschiedenster sozialer Auseinandersetzungen ist.

Es sollte jetzt klar geworden sein, wie diese Differenzierungen und die Entwicklungen im Denken Gramscis auf das Grundkonzept der »Hegemonie« zurückwirken und es bereichern. Gramscis konkrete Formulierungen zum Staat und zur Zivilgesellschaft sind von Text zu Text verschieden und haben eine Reihe von Missverständnissen hervorgebracht. Aber die Stoßrichtung seines Denkens in Bezug auf dieses Problem steht außer Frage. Sie zielt unmissverständlich auf die wachsende Komplexität der gegenseitigen Beziehungen zwischen Staat und Zivilgesellschaft in modernen Gesellschaften. Zusammengenommen ergeben diese Beziehungen ein vielschichtiges »System«, das Gegenstand vielfältiger Formen politischer Strategien sein muss, die an unterschiedlichen Fronten gleichzeitig zur Wirkung kommen müssen. Wendet man eine solche Staatstheorie an, stellt sich ein Großteil der Literatur über den sogenannten »nachkolonialen Staat« in einem völlig anderen Licht dar. Denn dort wurde oft von dem schlichten Modell einer herrschenden, instrumentellen Staatsmacht ausgegangen.

In diesem Zusammenhang sollte Gramscis Unterscheidung zwischen »Ost« und »West« nicht allzu wörtlich genommen werden. Viele der sogenannten Entwicklungsländer haben schon komplexe, demokratische politische Regierungen, das heißt, nach Gramscis Terminologie gehören sie zum »Westen«. In anderen hat der Staat selbst einige erzieherische Funktionen und Führungsaufgaben übernommen, die in den liberalen Demokratien des industrialisierten Westens in der Zivilgesellschaft stattfinden. Es kommt deshalb darauf an, Gramscis Differenzierungen nicht wörtlich oder mechanisch anzuwenden, sondern seine Einsichten zu nutzen, um die sich verändernden, komplexen Beziehungen zwischen Staat und Zivilgesellschaft in der modernen Welt zu entwirren und zu zeigen, dass diese historische Transformation eine entscheidende Verschiebung im vorherrschenden Charakter der strategischen, politischen Kämpfe hervorgebracht hat, insbesondere die Einbeziehung der Zivilgesellschaft und des Staates als wichtige, integrale Bestandteile des Kampfes. Ein erweiterter Staatsbegriff, argumentiert Gramsci an einer Stelle, muss die »politische Gesellschaft«, die »Zivilgesellschaft« und die durch Waffengewalt geschützte Hegemonie einschließen (I 763). Er untersucht besonders, wie diese verschiedenen Bereiche in verschiedenen Gesellschaften jeweils unterschiedlich verknüpft sind: z. B. in den liberalen, parlamentarischen Demokratien, in denen Gewaltenteilung herrscht und im Gegensatz dazu in den faschistischen Staaten, in denen die Gewalten zentralisiert sind.

Die traditionelle Prioritätensetzung, in der die verschiedenen Typen des Kampfes, z. B. um das Schulwesen, um Kultur oder um Sexualpolitik, um die Institutionen der Zivilgesellschaft (wie Familie, traditionelle soziale Organisationen, ethnische und kulturelle Institutionen und Ähnliches) *alle* einem ökonomischen Kampf untergeordnet, um den Arbeitsplatz zentriert und auf die schlichte Alternative zwischen gewerkschaftlichem Widerstand oder Parlamentarismus reduziert werden, diese traditionelle Prioritätensetzung wird von Gramsci Punkt für Punkt in Frage gestellt und verworfen. Die Konsequenzen für eine neue Politikkonzeption sind geradezu elektrisierend.

Aus den vielen interessanten Themen und Gegenständen in Gramscis Werk, die wir behandeln könnten, greifen wir zum Schluss die fruchtbare Arbeit über Ideologie, Kultur, die Rolle der Intellektuellen und den Charakter dessen, was er »national-popular« nennt, heraus. Gramsci übernimmt eine Definition von Ideologie, die zunächst ziemlich traditionell erscheint: Ideologie ist »jede Weltanschauung, jede Philosophie, die zu einer kulturellen Bewegung wird, zu einer ›Religion‹ zu einem ›Glauben‹.« Jede Aktivität und jeder Wille, die »implizit eine Philosophie als theoretische Prämisse enthalten«, können als Ideologie bezeichnet werden. Er fügt hinzu:

»man mag von Ideologie sprechen, wenn man den Begriff im besten Sinne verwendet, als Weltanschauung, die sich implizit in der Kunst, im Recht, in ökonomischen Aktivitäten und in allen individuellen und kollektiven Lebensäußerungen manifestiert« (D 134, I 1380). Es folgt ein Versuch, das Problem klar zu definieren, das sich in Bezug auf die soziale Funktion von Ideologie stellt: »Das Problem besteht darin, die ideologische Einheit des sozialen Blocks zu erhalten, der durch diese Ideologie zementiert und vereinheitlicht wird.« (Ebd.) Diese Definition ist nicht so simpel wie sie aussieht, denn sie unterstellt eine Verbindung zwischen dem philosophischen Kern oder der Prämisse im Zentrum der jeweiligen Ideologie oder Weltanschauung und der notwendigen Ausarbeitung dieses Kernkonzepts zu einer praktischen, im Volk verankerten Bewusstseinsform, die die breiten Massen beeinflusst, indem sie eine kulturelle Bewegung formt, eine politische Richtung, einen Glauben oder eine Religion. Gramsci befasst sich *niemals* nur mit dem philosophischen Herzstück einer Ideologie. Immer sind *organische* Ideologien sein Gegenstand, das heißt Ideologien, die bestimmte, praktische Formen des Alltagsbewusstseins aufgreifen und so »Menschenmassen organisieren und das Feld schaffen, auf dem Menschen sich bewegen, sich ihrer Position bewusst werden, kämpfen etc.« (D 170, I 868f.).

Dies ist die Grundlage für Gramscis wichtige Unterscheidung zwischen »Philosophie« und »Alltagsbewusstsein«. Ideologie besteht aus zwei unterschiedlichen »Stockwerken«. Die Kohärenz einer Ideologie hängt davon ab, wie weit sie philosophisch ausgearbeitet ist. Aber diese formale Kohärenz kann nicht ihre historische, organische Effektivität garantieren. Nur dort, wo philosophische Strömungen in das Massenbewusstsein einfließen, es modifizieren und transformieren, ist Ideologie effektiv, wird sie zum Alltagsbewusstsein. Das Alltagsbewusstsein ist nicht kohärent: es ist normalerweise unzusammenhängend, fragmentarisch, widersprüchlich. Im Laufe der Zeit haben kohärentere Philosophien darin Spuren hinterlassen, sich in verschiedenen »Schichten abgelagert«, ohne einen klaren Bestand zu bilden (vgl. D 131, I 1376). Es präsentiert sich selbst als »traditionelle, jahrhundertealte Weisheit oder Wahrheit«, aber in Wirklichkeit ist es ein durch und durch geschichtliches Produkt, »Teil eines historischen Prozesses« (I 1378). Warum ist das Alltagsbewusstsein so wichtig? Weil es das Terrain ist, auf dem Begriffe und Kategorien sich bilden, auf dem das praktische Bewusstsein der Volksmassen konkret geformt wird. Es ist dieses schon bestellte Feld der »Selbstverständlichkeiten«, auf dem kohärentere Ideologien und Philosophien um den Vorrang ringen müssen. Neue Weltanschauungen müssen von diesem Feld ausgehen, um es kämpfen und es transformieren, wenn sie die Weltanschauungen der Massen formen und auf diese Weise historisch wirksam werden wollen. »Jede philosophische Strömung hinterlässt eine Spur im Alltagsbewusstsein; das dokumentiert ihre historische Wirksamkeit. Das Alltagsbewusstsein ist nicht starr und unbeweglich, sondern verändert sich unaufhörlich, indem es sich mit wissenschaftlichen Ideen und philosophischen Auffassungen bereichert, die ins gewöhnliche Alltagsleben eingedrungen sind. Das Alltagsbewusstsein kreiert die Folklore der Zukunft, d.h. eine zeitlich und örtlich relativ starre Phase des Volks-Wissens« (E 326, Fn. 5). Dass er sich mit dieser Struktur des Volksdenkens auseinandersetzt, unterscheidet Gramscis Ideologietheorie von anderen. Er hebt hervor, dass jede/r, indem sie/er denkt, ein/e Philosoph/in ist, denn alles Denken, jede Handlung und jedes Sprechen sind reflexiv, beinhalten also ein bewusstes, moralisches Verhalten und stützen daher eine bestimmte Weltanschauung (obwohl nicht jede/r die spezialisierte Funktion »einer/eines Intellektuellen« hat).

Darüber hinaus wird eine Klasse das Wesen der Zwänge und der Ausbeutungsformen, denen sie unterworfen ist, immer instinktiv verstehen, wenn dieses Verständnis auch eher spontan und anschaulich ist, als dass es kohärent und philosophisch ausgearbeitet wäre. Gramsci bezeichnete dies als den »gesunden Menschenverstand« (buon senso). Um aber diese Konstruktionen des Alltagsdenkens in eine kohärentere politische Theorie oder philosophische Strömung zu verwandeln, bedarf es immer einer weitgehenderen politischen Erziehung, einer Politik des Kulturellen. Die Weiterentwicklung des Alltagsdenkens ist Teil des Prozesses, in dem ein kollektiver Wille geformt wird, und erfordert eine umfassende Organisierung der geistigen Arbeit – sie ist ein entscheidender Teil jeder hegemonialen politischen Strategie. Die Kultur eines Volkes und sein Glaube, seine Überzeugungen – sagt Gramsci – sind Kampffelder, die nicht sich selbst überlassen werden können. Sie sind selbst »materielle Kräfte« (I 1595). Um eine geistige oder ethische Einheit herzustellen, ist also ein umfassender kultureller und ideologischer Kampf nötig. Nur so kann Hegemonie geschaffen werden: Der Kampf findet zwischen den »hegemonialen Kräften« und den ihnen entgegengesetzten Strömungen statt, »zunächst auf dem Feld der Ethik, dann auf dem der Politik selbst« (D 138, I 1385). Dies bezieht sich unmittelbar auf den Typus des sozialen Kampfes, den wir mit nationalen, antikolonialen, antirassistischen Bewegungen verbinden. Bei der Anwendung dieser Ideen greift Gramsci niemals auf ein simplifizierendes Fortschrittsmodell zurück. Z.B. erkennt er im Falle Italiens das Fehlen einer genuin nationalen Volkskultur, die eine gute Grundlage für die Formierung eines kollektiven Volkswillens bilden könnte. In vielen Arbeiten über Kultur, populäre Literatur und Religion erkundet er das potenzielle Terrain und die Tendenzen in der Gesellschaft und im Leben Italiens, die eine Basis für eine solche Entwicklung hergeben könnten. So zeigt er z. B., wie der Katholizismus es in Italien geschafft hat, zu einer genuinen »popularen Kraft« von unten zu werden und eine einzigartige Bedeutung bei der Formung der traditionellen Denkweisen der Volksklassen zu gewinnen. Gramsci führt dies zum Teil zurück auf die gewissenhafte Aufmerksamkeit, die der Katholizismus der Organisation von Ideen schenkte, insbesondere auf die Sorgfalt, mit der die Beziehung zwischen dem philosophischen Denken oder der philosophischen Doktrin und dem Leben des Volkes oder dem Alltagsbewusstsein sichergestellt wurde. Gramsci weist alle Vorstellungen zurück, die behaupten, Ideen und Ideologien entwickelten sich spontan und in jede Richtung. Wie jede andere Sphäre des kulturellen Lebens muss auch die Religion organisiert werden. Sie hat spezifische Entwicklungsformen, durchläuft eigene Transformationsprozesse und kennt spezifische Kampfpraxen. »Die Beziehung zwischen dem Alltagsbewusstsein und dem höheren Niveau der Philosophie«, erklärt Gramsci, »wird durch Politik« gewährleistet (D 136, I 1383). Die Vermittlungsstellen in diesem Prozess sind natürlich pädagogische und religiöse Institutionen, die Familie und Privatvereine; aber auch politische Parteien, die Zentren ideologischer und kultureller Formierung sind. Die Hauptagenten sind Intellektuelle, die eine besondere Verantwortung für die Artikulierung und Entwicklung von Kultur und Ideologie tragen und darauf spezialisiert sind. Sie versuchen sich mit der bestehenden Anordnung der sozialen und intellektuellen Kräfte (= traditionelle Intellektuelle) oder mit den entstehenden Volkskräften zu verbünden und neue Denkrichtungen zu entwickeln (= organische Intellektuelle). Gramsci zeigt deutlich die wichtige Funktion, die die traditionellen Intellektuellen, die mit den klassischen Denkfabriken der Gelehrten oder Kleriker zusammenarbeiteten, im Falle Italiens spielten, und die relative Schwäche der neu entstehenden intellektuellen Schicht.

Gramscis Denken in dieser Frage enthält neue und radikale Wege, die ideologischen *Subjekte* zu theoretisieren. Diese sind Gegenstand einer ganzen Reihe gegenwärtiger Theoretisierungsversuche. Er weist jede Vorstellung eines vorgegebenen, einheitlichen ideologischen Subjekts zurück – z. B. die Idee eines Proletariers mit wahren revolutionären Ideen oder eines Schwarzen mit garantiert anti-rassistischem Bewusstsein. Er anerkennt die Pluralität der Individuen und Identitäten, aus denen das sogenannte

»Subjekt« des Denkens und der Vorstellungen zusammengesetzt ist. Dieser facettenreiche Charakter des Bewusstseins ist seiner Meinung nach kein individuelles, sondern ein kollektives Phänomen, eine Folge der Beziehung zwischen »dem Selbst« und den ideologischen Diskursen, aus denen das kulturelle Feld der Gesellschaft zusammengesetzt ist. Er beobachtet, dass die Persönlichkeit merkwürdig zusammengesetzt ist. »Sie vereint in sich Elemente aus der Steinzeit und Prinzipien der modernsten, entwickelten Wissenschaft sowie Vorurteile aus allen vergangenen Phasen der Geschichte [...] intuitive Vorwegnahmen einer künftigen Philosophie« (D 130, I 1376). Gramsci lenkt die Aufmerksamkeit auf das widersprüchliche Bewusstsein: Die Weltanschauung, die sich, wie flüchtig auch immer, in Aktion manifestiert, kann im Widerspruch stehen zu derjenigen, die verbal und gedanklich von derselben Gruppe vertreten wird. Diese Konzeption eines komplexen, fragmentarischen und widersprüchlichen Bewusstseins ist ein bemerkenswerter Fortschritt gegenüber traditionellen marxistischen Theorien, die für ihre Erklärungen das Konzept eines »falschen Bewusstseins« zu Hilfe nehmen. Diese Erklärung beruht auf Selbstbetrug. Indem Gramsci erkennt, dass Fragen der Ideologie sich auf die Gesellschaft und auf Kollektive beziehen und nicht auf Individuen, betont er die Komplexität und den interdiskursiven Charakter des ideologischen Feldes. Es gibt niemals eine einzige einheitliche und kohärente »dominante Ideologie«, die alles durchdringt. »Viele Systeme und Strömungen philosophischen Denkens koexistieren miteinander.« (D 133, I 1379) Der Gegenstand der Analyse ist daher nicht eine einzelne Strömung »herrschender Gedanken«, in die alles und jede/r absorbiert wurde, sondern die Ideologie in einem ausdifferenzierten Terrain, die verschiedenen diskursiven Strömungen, ihre Verknüpfungspunkte und Bruchstellen sowie die zwischen ihnen herrschenden Machtbeziehungen. Kurz: ein komplexes Ensemble ideologischer Verhältnisse oder eine diskursive *Formation.* Die Frage ist, wie diese ideologischen Strömungen sich ausbreiten und warum sie in diesem Prozess der Ausbreitung entlang bestimmter Linien und in bestimmte Richtungen auseinanderbrechen.« (Ebd.)

Ich glaube, aus dieser Argumentation lässt sich klar ableiten, dass das ideologische Feld bei Gramsci – obwohl immer mit verschiedenen sozialen und politischen Positionen verknüpft – in seiner Form und Struktur nicht genau der Klassenstruktur der Gesellschaft entspricht oder sie widerspiegelt und auch nicht ihr Echo ist. Es kann auch nicht auf seinen ökonomischen Inhalt oder seine ökonomische Struktur reduziert werden. Ideen, so argumentiert er, haben ein Zentrum, von dem aus sie sich formieren, ausstrahlen, sich verbreiten, Überzeugungskraft gewinnen. Sie werden nicht in jedem individuellen Kopf »spontan geboren«. Sie sind nicht psychologisch oder moralisch zu erklären, sie haben »organischen erkenntnistheoretischen Charakter« (I 1595). Daraus folgt, dass Ideologien nicht dadurch umgewälzt werden, dass eine ganze, fertige Weltanschauung durch eine andere ersetzt wird, sondern dadurch, dass »eine schon existierende Aktivität aufgegriffen und zur entscheidenden Kraft gemacht wird.« Der vielstimmige interdiskursive Charakter des Ideologischen wird von Gramsci ausdrücklich hervorgehoben, wenn er zum Beispiel beschreibt, wie eine alte Weltanschauung nach und nach durch eine andere Denkweise ersetzt, von innen umgearbeitet und umgewälzt wird: »Wichtig ist die Kritik, der solch ein ideologischer Komplex unterworfen wird. [...] Sie ermöglicht einen Prozess der Differenzierung und der Veränderung des relativen Gewichts, das die Elemente der alten Ideologie vorher hatten; was zuvor zweitrangig und untergeordnet war [...] wird zum Ausgangspunkt eines neuen ideologischen und theoretischen Komplexes. In dem Maße, in dem die untergeordneten Elemente sich gesellschaftlich entwickeln, wird sich das alte Kollektiv in seine widersprüchlichen Bestandteile auflösen etc.« (I 1058) Dies trifft auch auf das jeweils historisch bestimmte kulturelle Feld zu, auf dem jede »neue« philosophische und theoretische Strömung agiert und mit dem sie zurechtkommen muss. Er macht darauf aufmerksam, dass dieses Terrain eine jeweils gegebene Struktur hat und dass die Prozesse der Dekonstruktion und Rekonstruktion, durch die alte Bündnisse zwischen sozialen Kräften und Ideen aufgelöst und neue Bündnisse hergestellt werden, sehr vielschichtig sind. Die ideologische Wende geschieht nicht durch Ersetzung der alten Ideologien oder die Oktroyierung einer neuen, sondern eher durch die Verknüpfung und Trennung, durch die Artikulation und Desartikulation von Ideen.

Teil III

Nun bleibt noch die Aufgabe, zu skizzieren, wie Standpunkt und Perspektive in Gramscis Theorie genutzt werden können, um einige der bei der Analyse von Rassismus und verwandter sozialer Phänomene benutzten Paradigmen und Theorien zu verändern und umzuarbeiten. Ich betone nochmals, dass es nicht darum geht, die Ideen Gramscis unmittelbar auf diese Fragen zu übertragen. Es geht vielmehr darum, die ursprünglichen theoretischen und analytischen Probleme, die das Feld definieren, aus einer anderen theoretischen Perspektive zu betrachten. *Erstens:* Ich würde die

Hervorhebung der historischen Spezifik unterstreichen. Zweifellos gibt es bestimmte allgemeine Züge des Rassismus. Aber noch bedeutsamer sind die Formen, in denen diese allgemeinen Züge durch den historisch spezifischen Kontext und die jeweilige Umwelt, in denen sie wirksam werden, modifiziert und transformiert werden. Bei der Analyse bestimmter historischer Formen des Rassismus würden wir gut daran tun, auf einer konkreten, historisch spezifizierten Ebene zu operieren (z. B. nicht über Rassismus allgemein zu sprechen, sondern über Rassismen). Selbst wenn ich in dem beschränkten Rahmen bleibe, den ich am besten kenne (Großbritannien), würde ich sagen, dass die Unterschiede zwischen dem britischen Rassismus in der »Hochzeit« seiner imperialistischen Periode und dem Rassismus, der die gegenwärtige britische Gesellschaftsformation kennzeichnet, größer und entscheidender sind als die Gemeinsamkeiten. Heute sind wir mit dem Thema in einer Periode relativen ökonomischen Niedergangs konfrontiert. Es existiert nicht in einer kolonialen Situation, sondern innerhalb der einheimischen Arbeiterschaft und unter dem Akkumulationsgesetz der inländischen Wirtschaft. Oft ist es nicht mehr als eine Äußerlichkeit, die uns zu dem Fehlschluss verleitet, Rassismus sei, nur weil er immer und überall eine zutiefst unmenschliche und antisoziale Praxis ist, auch überall dasselbe – sowohl was seine Form als auch seine Beziehungen zu anderen Strukturen und Prozessen oder seine Folgen angeht. Ich glaube, Gramsci hilft uns, diese Homogenisierung endgültig zu durchbrechen.

Zweitens: In enger Verbindung zum ersten Punkt steht die große Bedeutung, die Gramsci aufgrund der historischen Erfahrungen in Italien den nationalen Besonderheiten beimaß. Sie sind für ihn ebenso wie die regionalen Ungleichheiten ein wichtiger Determinationsfaktor. Es gibt kein einheitliches »Entwicklungsgesetz«, das sich in gleicher Weise auf alle Facetten einer sozialen Formation auswirkt. Wir müssen die Widersprüche und Spannungen besser verstehen lernen, die sich aus dem ungleichen Tempo und den unterschiedlichen Richtungen historischer Entwicklungen ergeben. Rassismus und rassistische Praxen und Strukturen treten häufig in einigen, aber nicht in allen Sektoren einer gesellschaftlichen Formation auf; ihre Folgen dringen in andere Bereiche ein, aber unterschiedlich; und gerade diese Unterschiedlichkeit kann dazu führen, die widerstreitenden Gegensätze zwischen den Sektoren zu vertiefen und zu verschärfen.

Drittens: Ich würde die nicht-reduktionistische Herangehensweise an Fragen wie die nach dem Verhältnis zwischen Klasse und Race unterstreichen. Diese Frage hat sich als eines der vielschichtigsten und schwierigsten theoretischen Probleme herausgestellt und hat oft zur Annahme entgegengesetzter, extremer Positionen geführt: Entweder gibt man den grundlegenden Klassenbeziehungen den Vorrang und hebt hervor, dass alle Arbeitskräfte, auch wenn sie sich aufgrund ethnischer und rassisierter Merkmale unterscheiden, der gleichen Ausbeutung durch das Kapital unterworfen sind; oder man betont die Bedeutung ethnischer und rassisierter Kategorien und Spaltungen und lässt dabei die fundamentale Klassenstruktur der Gesellschaft außer Acht. Obwohl diese Extreme wie polare Gegensätze aussehen, sind sie in Wirklichkeit das Spiegelbild des jeweils anderen; und zwar in dem Sinne, dass *beide* sich aufgefordert fühlen, ein einziges und exklusives determinierendes Artikulationsprinzip zu behaupten – Klasse oder Race – selbst wenn sie sich nicht einig sind, welches von beiden das Markenzeichen »vorrangig« erhalten sollte. Ich glaube, die nicht-reduktionistische Weise, in der Gramsci sich den Klassenfragen zuwendet, und sein Verständnis der historischen Formierung jeder Gesellschaftsformation sind eine Hilfe, um einen Weg in Richtung auf eine nicht-reduktionistische Herangehensweise an Race-/Klassenfragen einzuschlagen. Hinzu kommt die Aufmerksamkeit, die Gramsci der, wie wir es nennen könnten, besonderen kulturellen Qualität der Formierung der Klassen in jeder historisch spezifischen Gesellschaft widmet. Er macht niemals den Fehler zu denken, die Homogenisierung der Arbeiterschaft könne in irgendeiner Gesellschaft als vollzogen unterstellt werden, weil das allgemeine Wertgesetz die Tendenz hat, sie im Verlauf der kapitalistischen Epoche zu vereinheitlichen. Ich glaube im Gegenteil, Gramscis ganzer Ansatz führt uns dazu, den Wert dieses allgemeinen Gesetzes in seiner traditionellen Form in Frage zu stellen. Denn es hat uns gerade dazu ermutigt, die Formen zu vernachlässigen, in denen das Wertgesetz, das auf globaler und nicht auf lokaler Ebene wirkt, durch und gerade wegen des jeweils spezifischen kulturellen Charakters der Arbeiterklasse funktioniert, und nicht – wie die klassische Theorie uns glauben machen will – indem es diese Unterschiede im Zuge seiner epochalen, historischen Tendenz auslöscht. Wann immer wir uns vom »eurozentrischen Modell« der kapitalistischen Entwicklung entfernen (und sogar innerhalb dieses Modells), finden wir die vielen Formen, in denen das Kapital diese besonderen Qualitäten der Arbeitskraft konservieren, seiner Entwicklung anpassen, sie ausbeuten und für sich einspannen kann, indem es sie in sein Regime einbaut. Die ethnische und rassisierte Strukturierung der Arbeitskraft mag, ebenso wie ihre geschlechtsspezifische Zusammensetzung, ein Hemmnis für die rationalistisch geplanten »globalen« Tendenzen des Kapitals sein. Und doch sind diese Unterschiede im Zuge der globalen Expansion der kapitalistischen Produktionsweise beibehalten, sogar entwickelt und verfeinert worden. Sie dienten als Mittel, die verschiedenen Fraktionen der Arbeiterschaft auf unterschiedliche Weise auszubeuten. Ihre politischen, ökonomischen und sozialen Folgen in diesem Zusammenhang waren enorm. Wir würden viel besser verstehen, wie das kapitalistische System *durch* Differenzierung und Unterschiede statt durch Ähnlichkeit und Identität funktionieren kann, wenn wir die kulturellen, sozialen, nationalen, ethnischen und geschlechtsspezifischen Zusammensetzungen historisch bestimmter, jeweils unterschiedlicher Formen der Arbeiterklasse ernst nehmen würden. Obwohl Gramsci keine allgemeine Theorie der kapitalistischen Produktionsweise entwickelte, weist uns seine Arbeit unmissverständlich in diese Richtung.

Darüber hinaus verweist uns seine Analyse auf die Art und Weise, in der verschiedene Produktionsweisen innerhalb derselben gesellschaftlichen Formation kombiniert werden können. Das führt nicht nur zu regionalen Besonderheiten und Ungleichheiten, sondern auch zu unterschiedlichen Formen der Einverleibung sogenannter »rückständiger« Sektoren in das gesellschaftliche Herrschaftssystem des Kapitalismus: z. B. Süditalien innerhalb der italienischen Formation; der mediterrane Süden innerhalb der fortgeschritteneren »nördlichen« Sektoren des industriellen Europa; die »Bauern-Wirtschaften«, das Hinterland der asiatischen und lateinamerikanischen Gesellschaften auf dem Weg in eine kapitalismusabhängige Entwicklung; »koloniale« Enklaven innerhalb des sich entwickelnden, kapitalistischen Systems in den Metropolen; historisch früher: die Sklavenhaltergesellschaften als integraler Teil der ursprünglichen kapitalistischen Akkumulation in den Metropolen: ImmigrantInnen als Arbeitskräfte auf dem inländischen Arbeitsmarkt; »Bantustans« in den sogenannten aufgeklärten, kultivierten, kapitalistischen Ökonomien, usw. Theoretisch muss die Aufmerksamkeit auf die Art und Weise gelenkt werden, in der diese spezifischen, jeweils unterschiedlichen Formen der Einverleibung fortwährend mit rassistischen, ethnisch segregierenden und ähnlichen sozialen Erscheinungen verknüpft worden sind.

Viertens: Ein weiterer wichtiger Punkt ist der nicht-homogene Charakter des »Klassensubjekts«. Herangehensweisen, die die Klasse als solche im Gegensatz zu einer rassisierten Strukturierung von Arbeiter- oder Bauernklassen hervorheben, treffen ihre Aussagen unter der Voraussetzung, das »Klassensubjekt« der Ausbeutung müsse nicht nur ökonomisch, sondern auch politisch und ideologisch einheitlich sein, einfach weil die Ausbeutung durch das Kapital die gleiche ist. Wie ich gerade weiter oben ausgeführt habe, gibt es keinen vernünftigen Grund, die Art und Weise, in der

Ausbeutungsmechanismen gegenüber den unterschiedlichen Sektoren der Arbeiterklasse funktionieren, als »gleich« zu qualifizieren. Auf jeden Fall unterscheidet Gramscis Ansatz zwischen den Bedingungen des Prozesses, seinen verschiedenen Momenten und den Zufälligkeiten des Übergangs von der »Klasse an sich« zur »Klasse für sich« oder von den »ökonomisch-korporativen« zu den »hegemonialen« Momenten der gesellschaftlichen Entwicklung. Ein vereinfachender Begriff von Einheit wird radikal und entschieden in Frage gestellt. Selbst »Hegemonie« wird nicht mehr als ein Zustand *einfacher* Einheit gedacht, sondern als ein Einigungsprozess, der niemals abgeschlossen ist, gegründet auf strategischen Allianzen zwischen verschiedenen Sektoren, nicht auf einer vorgegebenen Einheit. Der Charakter der Hegemonie wird durch die Grunderkenntnis bestimmt, dass es keine automatische Identität oder Entsprechung zwischen den ökonomischen, politischen und ideologischen Praxen gibt. So kann man beginnen zu erklären, warum ethnische und rassisierte Differenzen als ein System ökonomischer, politischer oder ideologischer Antagonismen *innerhalb* einer Klasse konstituiert werden können, die im Hinblick auf den Besitz bzw. die »Enteignung der Produktionsmittel« ansonsten ähnlichen Ausbeutungsformen unterworfen ist. Die »Enteignung der Produktionsmittel« ist zu einer Art magischem Talisman geworden, der die marxistische Klassendefinition von pluralistischen Schichtmodellen und Definitionen unterscheidet. Ihre theoretische Brauchbarkeit, wenn es darum geht, die aktuelle und konkrete Dynamik in und zwischen den verschiedenen Sektoren und Segmenten der Klassen zu erklären, hat diese Definition längst überlebt.

Fünftens: Ich bin schon darauf eingegangen, dass in Gramscis Denkmodell keine Entsprechungen zwischen ökonomischen, politischen und ideologischen Dimensionen unterstellt werden. Hier möchte ich aber die politischen Konsequenzen dieser Nicht-Entsprechung hervorheben. Sie zwingt uns dazu, konkret zu studieren, wie Klassen sich gegenwärtig unter realen historischen Bedingungen *wirklich* verhalten, statt schematisch zu konstruieren, wie sie sich *idealerweise* verhalten *sollten.* Eine der Konsequenzen des alten »Entsprechungsmodells« bestand darin, die Analyse der Klassen und verwandter gesellschaftlicher Kräfte *als* politische Kräfte, und das Studium des politischen Feldes selbst zu einer automatischen, schematischen Resttätigkeit zu machen. Natürlich, wenn es eine »Entsprechung« gab und noch dazu das »Primat« des Ökonomischen vor anderen determinierenden Faktoren, warum sollte man seine Zeit damit verschwenden, das Terrain der Politik zu analysieren, da dieses doch nur ein verschobener Reflex der »in letzter Instanz« determinierenden Ökonomie war. Gramsci würde sicherlich diese Art von Reduktionismus nicht einen Moment lang mitmachen. Er weiß, dass er eine komplizierte Struktur, keine simple und transparente Formation untersucht. Er weiß, dass Politik ihre eigene, »relativ autonome« Form hat, die in ihrer eigenen Berechtigung, mit den ihr entsprechenden Begriffen studiert werden muss. Darüber hinaus hat Gramsci einige Schlüsselbegriffe ins Spiel gebracht, die helfen, dieses Gebiet theoretisch zu differenzieren. Solche Begriffe wie Hegemonie, historischer Block, Partei im weiteren Sinne, »passive Revolution«, Übergang, traditionelle und organische Intellektuelle sowie strategische Allianz sind nur der Beginn einer sehr ausgeprägten und eigenständigen Begriffsreihe. Es bleibt zu zeigen, wie das Studium der Politik in rassisiert strukturierten oder dominierten Situationen durch die konsequente Anwendung dieser neu formulierten Konzepte vorangebracht werden könnte.

Sechstens: Ein ähnliches Argument könnte im Hinblick auf den Staat geltend gemacht werden. Das Verhalten des Staates in Bezug auf rassisierte und ethnische Klassenkämpfe ist immer ausschließlich in Kategorien von Zwang, Herrschaft und Verschwörung beschrieben worden. Gramsci bricht unwiderruflich mit allen dreien. Seine Unterscheidung zwischen Herrschaft und Führung sowie die Beschreibung der »erzieherischen« Rolle des Staates, seines »ideologischen« Charakters, seiner Rolle bei der Entwicklung hegemonialer Strategien könnte, wie grob auch immer Gramscis ursprüngliche Formulierungen waren, sowohl die Untersuchungen der rassistischen Praxen des Staates als auch die des damit zusammenhängenden Phänomens des »post-kolonialen« Staates gründlich umwälzen. Gramscis subtile Unterscheidung von Staat und Zivilgesellschaft – auch wenn sie innerhalb seiner eigenen Arbeit fluktuiert – ist ein extrem flexibles theoretisches Werkzeug, und sie mag Theoretiker dazu ermutigen, den Institutionen der sogenannten Zivilgesellschaft in rassisiert strukturierten sozialen Formationen viel mehr Aufmerksamkeit zu schenken als in der Vergangenheit. Das Schulwesen, kulturelle Organisationen, Familie und Sexualleben, die Muster und Schablonen privater Vereine, Kirchen und Religionen; Institutionen der jeweiligen ethnischen Gruppen und viele andere solcher Orte spielen eine absolut zentrale Rolle dabei, verschiedene Gesellschaften in rassisiert strukturierten Formen zu produzieren, zu erhalten und zu reproduzieren.

Siebtens: Verfolgen wir den gleichen Gedanken weiter, bemerken wir das Gewicht, das Gramsci dem *kulturellen* Faktor in der gesellschaftlichen Entwicklung beimisst. Unter Kultur verstehe ich hier das jeweilige Feld der Praxen, Repräsentationen, Sprachen und Bräuche in jeder historisch bestimmten Gesellschaft. Ich meine die widersprüchlichen Formen des Alltagsbewusstseins, die im alltäglichen Leben verwurzelt sind und dazu beigetragen haben, es zu formen. Auch die ganze Reihe verschiedenster Fragen, die Gramsci im Begriff des *National-Popularen* zusammengefasst hat, würde ich einbeziehen. Gramsci versteht das National-Populare als den zentralen Ort, an dem eine populare Hegemonie konstituiert wird. Es ist der Haupteinsatz in den politischen und ideologischen Kämpfen und Praxen. Es ist eine nationale Quelle der Veränderung ebenso wie eine potenzielle Schranke für die Entwicklung eines neuen kollektiven Willens. Z. B. hat Gramsci sehr gut begriffen, wie sich der »populare Katholizismus« unter den spezifischen italienischen Bedingungen als hervorragende Alternative zur Entwicklung einer säkularen »national-popularen« Kultur konstituierte, und dass man diesen Katholizismus in Italien einbinden musste und ihn nicht einfach wegwünschen konnte. Im Gegensatz zu vielen anderen verstand er auch die Rolle, die der Faschismus in Italien spielte, indem er den rückständigen Charakter der national-popularen Kultur in Italien »hegemonisierte«, ihn in einer reaktionären, nationalen Formation wieder modern machte und ihm eine eigene Basis und Unterstützung im Volk verschaffte. Übertragen auf andere, vergleichbare Situationen, in denen Race und Ethnizität mächtige, kulturelle, national-populare Konnotationen hatten und haben, müsste sich Gramscis Schwerpunktsetzung als enorm erhellend erweisen.

Zum Schluss möchte ich die Arbeit Gramscis auf dem Gebiet der Ideologie hervorheben. Es ist klar, dass »Rassismus«, wenn es auch kein ausschließlich ideologisches Phänomen ist, doch wesentliche ideologische Dimensionen hat. Daher hat sich die relativ grobe, reduktionistische Vorgehensweise der materialistischen Ideologie als ein Hindernis für die notwendige Analysearbeit auf diesem Gebiet erwiesen. Besonders durch die homogenisierende, widerspruchsfreie Konzeption von Bewusstsein und Ideologie entstanden verkürzte Analysen, die die meisten Kommentatoren zutiefst hilflos gelassen haben, wenn sie genötigt waren, einen Grund für den Einfluss rassistischer Ideologien, sagen wir, innerhalb der Arbeiterklasse anzugeben oder in Institutionen wie den Gewerkschaften, die, abstrakt gesehen, eigentlich anti-rassistische Positionen hätten einnehmen müssen. Das Phänomen des »Rassismus in der Arbeiterklasse« hat sich, obwohl es keineswegs die einzige Art von Rassismus ist, die erklärt werden muss, als außerordentlich analyseresistent erwiesen.

Gramsci zeigt, dass untergeordnete Ideologien unvermeidlich widersprüchlich sind: »steinzeitliche Elemente und Prinzipien einer entwickelteren Wissenschaft, Vorurteile aus allen vergangenen Phasen der Geschichte [...] und Versatzstücke einer zukünftigen Philosophie«. Er zeigt, dass das sogenannte »Selbst«, das diese ideologischen Formationen stützt, nicht aus einheitlichen, sondern aus widersprüchlichen Subjekten und sozialen Konstruktionen besteht. Auf diese Weise hilft er uns, eine der häufigsten, am wenigsten geklärten Erscheinungen des Rassismus zu verstehen: die »Unterwerfung« der Opfer des Rassismus unter die Mystifikationen gerade der rassistischen Ideologien, die sie fesseln und definieren. Er zeigt, wie unterschiedlich und oft widersprüchlich die Elemente in verschiedenen theoretischen Diskursen integriert und miteinander verwoben sein können: aber auch die Spezifik, den Wert des ideologischen Kampfes, in dem versucht wird, die Ideen und das Alltagsbewusstsein der Massen umzuwälzen. All dies ist zentral für die Analyse rassistischer Ideologien und für die Bedeutung des ideologischen Kampfes gegen rassistische Ideologien. In all diesen verschiedenen Aspekten und zweifellos in anderen, die ich hier nicht die Zeit hatte zu entwickeln, stellt sich Gramsci bei näherer Betrachtung und trotz seiner offensichtlich »eurozentrischen« Position als einer der theoretisch fruchtbarsten, am wenigsten bekannten und am wenigsten verstandenen Quellen heraus, aus denen neue Ideen, Paradigmen und Perspektiven für aktuelle Untersuchungen »rassistisch« strukturierter gesellschaftlicher Phänomene gewonnen werden können.

Übersetzung: Nora Räthzel

Massenkultur und Staat

> »... jeder Staat ist ethisch, insofern eine seiner wichtigsten Funktionen darin besteht, die breite Masse der Bevölkerung auf ein bestimmtes kulturelles und moralisches Niveau zu heben, das den Entwicklungsbedürfnissen der Produktivkräfte entspricht und damit den Interessen der herrschenden Klassen. Die wichtigsten Staatstätigkeiten in diesem Sinne sind die Schule als eine positive erzieherische Funktion; in Wirklichkeit jedoch verfolgen eine Vielzahl von anderen sogenannten privaten Initiativen und Aktivitäten dasselbe Ziel – Initiativen und Aktivitäten, welche die Apparate der politischen und kulturellen Hegemonie der herrschenden Klassen bilden.« (Gramsci I, 1049)

Die Probleme der Theorie des Staates, die Gramsci in den *Gefängnisheften* entwickelt, sind wohlbekannt. Die Sphäre des Staates wird derart ausgedehnt und reicht in die tiefsten Winkel der Zivilgesellschaft, so dass sich in einigen Formulierungen die Unterscheidung zwischen den beiden Sphären völlig verflüchtigt. Einen höchst einschlägigen Anhaltspunkt liefert eine frühere Passage in den *Gefängnisheften,* wo Gramsci den Staat definiert als »den gesamten Komplex von praktischen und theoretischen Initiativen, durch welche die herrschende Klasse nicht nur ihre Herrschaft rechtfertigt, sondern die aktive Zustimmung derer zu gewinnen vermag, über die sie herrscht« (I 1765).

Die entscheidende Bedeutung von Gramscis Werk, das eine wahre kopernikanische Revolution der marxistischen Staatsauffassung darstellt, besteht in der Betonung der positiven, produktiven Seiten des Staates gegenüber den bloß negativen und repressiven Funktionen. Zudem stellte Gramsci als Erster Fragen der Kultur – speziell der Massenkultur – ins Zentrum der Staatstätigkeiten. Der moderne demokratische Staat, meint Gramsci, gestaltet und organisiert die Gesellschaft nicht nur im wirtschaftlichen Leben, sondern auf breiter Front. »Sein Ziel ist es immer [...], die ›Zivilisation‹ und die Sitten der breitesten Volksmassen den Notwendigkeiten ständiger Entwicklung des ökonomischen Produktionsapparats anzupassen« (I 1565f.).

Der Staat ist, nach dieser Betrachtungsweise, der Ort eines permanenten Kampfes darum, den ganzen Komplex von gesellschaftlichen Verhältnissen einschließlich derer der Zivilgesellschaft mit den Imperativen der Entwicklung in einer Gesellschaftsformation in Einklang zu bringen. Er stellt eine der Hauptkräfte dar, die zwischen kulturellen Formationen und Klassenverhältnissen vermitteln, indem er diese in bestimmte Konfigurationen bringt und spezifischen hegemonialen Strategien anpasst.

Ich will diese gramscianische Blickrichtung auf den Staat benutzen, um die Gelegenheiten zu beleuchten, bei denen der britische Staat jeweils entscheidend dazu beigetragen hat, die Massenkultur an die herrschende Kultur anzupassen. Eine detaillierte Geschichte der Staatsinterventionen in die Sphäre der Massenkultur kann hier nicht geboten werden, sondern allenfalls eine Reihe von »Schnappschüssen« verschiedener Augenblicke in der Geschichte der Beziehungen Staat/Massenkultur in Großbritannien: die Rolle des Rechts bei der Vermittlung von Klassen-Kulturverhältnissen im 18. Jahrhundert; die Beziehungen zwischen dem Staat und der »freien Presse« im 19. Jahrhundert; und die jüngere Entwicklung von Rundfunk und Fernsehen unter Berücksichtigung ihrer »relativen Autonomie« gegenüber dem Staat. Wenn wir die Untersuchung auf einen so langen historischen Zeitabschnitt ausdehnen, müssen wir uns darüber im Klaren sein, dass weder der Staat noch die Massenkultur eine kontinuierliche, bruchlose Identität aufweisen. Die Zusammensetzung des Staates wie der Massenkultur ändert sich ebenso wie die Beziehungen zwischen beiden. Ihr veränderter Zustand ist sogar teils ein Effekt veränderter Beziehungen zwischen ihnen und der Art und Weise, wie solche Veränderungen wiederum zu epochaleren Verschiebungen der Klassen-Kultur-Verhältnisse beigetragen haben. Diese brachten wiederum Veränderungen der Formen und Mechanismen mit sich, in denen die herrschende Klasse ihre Hegemonie praktizierte.

Ich will daher insbesondere herausarbeiten, dass es keine einfache historische Evolution der Massenkultur von einer Periode zur nächsten gibt. Die Erforschung der Massenkultur ist durch den deskriptiven Ansatz ziemlich geschädigt worden: verfolgt wurde die innere Entwicklung des Zeitvertreibs, von der Bärenjagd bis zum Sammeln von Gartenzwergen, nach der Vorstellung einer Entwicklungskette von »Dingen«, aus denen mit der Zeit andere Dinge »werden«. Dagegen möchte ich darauf bestehen, dass wir auf Brüche und Diskontinuitäten der Geschichte achten müssen: auf die Wendepunkte, an denen ein ganzes Bündel von Mustern und Verhältnissen drastisch umgestaltet oder transformiert wird. Wir müssen versuchen, die Perioden relativer »Stabilisierung« herauszufinden, in denen nicht nur das Inventar der Massenkultur, sondern die Beziehungen zwischen Massenkulturen und herrschenden Kulturen relativ beständig sind. Dann müssen wir die Wendepunkte herausfinden, an denen die Beziehungen qualitativ umgestaltet und transformiert werden: die Übergangsmomente.

Dadurch wird sich eine historische Periodisierung ergeben, die über das bloß Deskriptive hinausgeht und die Bewegungen in den kulturellen Verhältnissen zu erfassen erlaubt, welche die Entwicklung der Massenkultur gliedern. Diese Wendepunkte treten nicht ein, wenn sich das Inventar (der Inhalt) der Massenkultur ändert, sondern wenn sich die kulturellen Verhältnisse zwischen Massen- und herrschenden Kulturen verschieben. Dieser Punkt wird konkreter, wenn seine Implikationen von denjenigen zweier gängiger »historischer« Methoden, Veränderungen in der Massenkultur zu betrachten, unterschieden werden. Die eine betont Entwicklung und Kontinuität und vergleicht traditionellen Dorffußball mit der modernen, vom »Fußballverband geregelten« Version des Spiels. Die andere erkennt den Wandel, sieht ihn aber lediglich als Wandel des Inhalts: hier werden Hahnenkampf, Bullenhetze und andere ländliche, blutrünstige Sportarten durch den modernen Fußball ersetzt, wobei alle funktionell »gleich« erachtet werden, da sie ja alle bei den Volksklassen ihrer Zeit populär waren. Nun hat der traditionelle Dorffußball gewiss Ähnlichkeit mit dem Pokal- und Ligaspiel des 20. Jahrhunderts. Diese Ähnlichkeiten sagen uns allerdings historisch wenig: gerade die Unterschiede sagen etwas. Der vorindustrielle Fußball war sehr wenig geregelt, nicht formalisiert, ohne allgemeine Regeln (der Ball konnte getragen, geworfen, weggerissen oder geschossen werden; das einzige Verbot bestand darin, dass er nicht an »einen weniger belagerten Freund«, das heißt auf eine feine Art weitergegeben werden durfte). An einem Spiel waren mitunter Hunderte von Mitwirkenden beteiligt, es fand auf nichtmarkierten Feldern oder in den Straßen statt. Jedes Spiel war lokalen Traditionen unterworfen, nicht selten endete es, wie Malcolmson bemerkt, mit einer Verwarnung nach dem Gesetz gegen Aufruhr (1973, 40). Das moderne Spiel ist im Gegensatz dazu in hohem Maße geregelt und schematisiert, zentral verwaltet und organisiert nach allgemein beachteten und angewandten Regeln. Die Höhepunkte des Fußballs sind national und international, nicht lokal, auch wenn die lokalen Bindungen stark bleiben. Das Spiel ist nun eher zum Zuschauen als zum Mitmachen geeignet, der »Tumult« entsteht eher auf den Tribünen als auf dem Spielfeld.

Diese Gegenüberstellung verweist auf qualitative Unterschiede: zwischen einer ländlichen Gesellschaft, die durch Gewohnheit, lokale Tradition und durch den Partikularismus kleiner, unmittelbarer Gemeinschaften reguliert ist, und einer städtisch-zentralisierten Gesellschaft, die von allgemein angewandten Regeln und einer legalen/rationalen Regulationsweise regiert wird. Es gab allerdings keine glatte Entwicklung von der einen zur anderen. Das traditionelle Spiel wurde zum Gegenstand massiver Angriffe von selten der regierenden Klassen und Obrigkeiten, Teil eines allgemeinen Angriffes auf Massenbelustigungen mit dem Ziel, die ärmeren Klassen zu moralisieren und sie kontrollierbarer und fleißiger zu machen. Die Trennung des Spiels vom ländlichen Gemeinschaftsleben und Raum rührte von jener Zerstörung alter Lebensweisen her und ihrer durchgreifenden Neuorganisation unter neuen moralischen und sozialen Vorzeichen in der zweiten Hälfte des 19. Jahrhunderts. – Die zweite Methode verfolgt eine Entwicklung, sagen wir vom

Hahnenkampf (im 18. Jh. populär)	→	Fußball (im 20. Jh. populär)

Das ist jedoch nur sinnvoll, wenn die Betätigung von den kulturellen Bedeutungen und sozialen Verhältnissen, in die sie eingebettet ist, isoliert wird. Das Beispiel verändert sich sofort, wenn wir stattdessen *auf die Verschiebungen in dem ganzen Komplex von gesellschaftlichen Verhältnissen* schauen, nicht nur auf die Beschäftigung selbst:

Hahnenkampf	*Fußball*
Landadel	Bourgeoisie
Dorf	Stadt
Gemeinde	Vorstadt
Gewohnheit	Recht
Gewohnheitsrechte	Eigentumsrechte
lokale Sanktionen	öffentliche Ordnung

Wir betrachten hier die »Entwicklung« der Massenkultur über eine ganze Reihe wichtiger historischer Transformationen: einer Änderung zwischen geschichtlichen Epochen und nicht nur von einer Freizeitbeschäftigung zu einer anderen. Der Hahnenkampf wurde nicht nur illegalisiert, weil die »feinen Leute« über ihn die Stirn runzelten (das taten sie immer schon), sondern weil einige feine Leute die Mittel dazu hatten, dem Landleben städtische Gewohnheiten und Normen aufzuzwingen (einschließlich der Veränderungen in Staat und Recht); und weil Vornehmheit eine neue, züchtige und evangelische Bedeutung erhielt (mit Veränderungen im religiösen und moralischen Verhalten).

Diese Veränderungen in der kulturellen Praxis und Ideologie sagten etwas aus über einen tiefen Wandel der Klassenverhältnisse. Teile der beiden agrarischen Hauptklassen der Gesellschaft ergingen sich in den blutigen Sportarten gerade wegen ihres blutrünstigen Charakters (arme Arbeiter und bukolischer Landadel – »feine« landadelige Damen, die Hahnenkämpfe führen, sind nicht überliefert), und dies innerhalb des komplexen Gewebes althergebrachten Selbstverständnisses (die paternalistisch-plebejischen Verhältnisse), das so viele Beziehungen zwischen den ländlichen Klassen umrahmte. Wir wollen dieses »organische« Verhältnis nicht romantisieren. Da die hergebrachten Normen lokal gesetzt und die Macht über ihre Ausübung lokal verteilt wurde, konnten sich ein Gutsbesitzer und sein Pächter bei einem Hahnenkampf individuell begegnen, ohne dass einer von ihnen nur für einen Moment davon ausging, er könne den enormen Abstand zwischen den landbesitzenden und den arbeitenden Klassen überbrücken. Die Klassen, die am modernen Fußball beteiligt sind, verbinden ein ganz anderes Beziehungsgewebe und ein anderes Selbstverständnis. Das heutige Kicken ist nicht mehr in diesem Sinne lokal, auch wenn eine starke lokale Verbundenheit bleibt. Das Spiel wird ebenso sehr durch das Massenpublikum der modernen Medien wie durch unmittelbare Beteiligung »realisiert«. Es wird, was die Kultur des unmittelbaren Mittuns angeht, durch die städtisch-industriellen Klassen (und ihre entsprechenden Profis) bestimmt. Die herrschenden Klassen sind offenbar weithin abwesend, wenngleich sie häufig bei der Finanzierung, Verwaltung und im Vereinsvorstand präsent sind.

Diese beiden Beschäftigungen sind nur in einem oberflächlichen, bedeutungslosen und sehr allgemeinen Sinn »dieselben«. Beide waren in ein Netz von klassen-kulturellen Beziehungen eingebettet und trugen zu dessen Erhaltung bei; aber jede vermittelte und stützte ein jeweils anderes Netz. Beide waren »populär«. »Popularität« war jedoch jeweils verschieden artikuliert. Das Verhältnis Paternalismus/Ehrerbietung, welches die erste Beschäftigung prägt, gehört einer Kultur an, welche die Hauptklassen der agrarkapitalistischen Gesellschaft des 18. Jahrhunderts zugleich *verband* und *trennte*. Die zweite Beschäftigung bildet sich durch die *Herauslösung* der Hauptklassen des fortgeschrittenen Industriekapitalismus und ihrer *Neuzusammensetzung* als »Masse«. Es sind daher die Brüche, Diskontinuitäten, Transformationen, die Asymmetrie, welche in diesem Beispiel für die Geschichte der Massenkultur von Bedeutung sind: die scharf unterschiedenen Artikulationen des kulturellen Raumes in den beiden Perioden.

Ebenso wenig wie ein Wesen, genannt »Staat«, gibt es eine »Massenkultur«, die sich über Jahrhunderte entfaltete und dabei dieselbe blieb. In den vergangenen drei Jahrhunderten veränderte sich das Aktionsfeld des Staates fast unmerklich. Der Staat des 18. Jahrhunderts hatte keine reguläre Polizei, kein stehendes Heer und beruhte auf einem sehr restriktiven Wahlrecht, das nur für Männer galt. Der Staat des 19. Jahrhunderts besaß keine Industrieunternehmen, beaufsichtigte kein allgemeines Bildungswesen, war nicht verantwortlich für die Wirtschaftspolitik oder für ein Netzwerk von sozialstaatlichen Leistungen. Es gibt keine stetige, ungebrochene Entwicklungslinie von »kleinen Anfängen« zum interventionistischen Monolithen. Im Merkantilsystem, das von der Mitte des 16. bis zur Mitte des 18. Jahrhunderts seine Blütezeit hatte, während zugleich die frühe Handelsexpansion Großbritanniens stattfand, spielte der Staat eine direkte Rolle in der Wirtschaft: er regulierte den Handel, bildete verbriefte Handelsmonopole und sicherte vorteilhafte *terms of trade.* Die politische Ökonomie des *Laissez-faire,* die den Merkantilismus als Wirtschaftslehre ablöste und ihren Höhepunkt im 19. Jahrhundert erreichte, als Großbritannien die »Werkstatt der Welt« wurde, gründete in diametral entgegengesetzten Prinzipien: der Markt florierte am besten, wenn er – ohne Einmischung des Staates – seinen eigenen Regeln überlassen blieb.

Die Veränderungen in der politischen Zusammensetzung des Staates waren fast ebenso dramatisch. Im 18. Jahrhundert hatte die breite Masse der Volksklassen fast überhaupt kein Wahlrecht. Das 19. Jahrhundert war vom Kampf der Volksklassen um die Erweiterung des Wahlrechts beherrscht – dieser Prozess verzögerte sich lange durch eine Reihe von »letzten« Widerständen von Seiten der Mächtigen. Der Widerstand gegen das Frauenwahlrecht bildete eine der letzten (und schmutzigsten) Episoden dieses ganzen Kampfes, so dass das volle Wahlrecht für Erwachsene erst im 20. Jahrhundert (im Jahre 1928) erreicht war.

Es wird oft gesagt, das 20. Jahrhundert habe die Ausdehnung des allumfassenden Staates (von der Wiege bis zur Bahre) erlebt. Die Rolle des Staates kann jedoch nur verstanden werden, wenn man ihn von dem abgrenzen kann, was er nicht ist. Der Staat ist beides: Staat *der* und Staat *über* der Gesellschaft. Er entsteht aus der Gesellschaft, aber er reflektiert in seinen Operationen auch die Gesellschaft, über die er Autorität und Herrschaft ausübt. Er ist Teil der Gesellschaft und doch von ihr geschieden. Daher gibt es immer eine Trennungslinie zwischen »öffentlichen« Angelegenheiten (bei denen der Staat ein legitimes Recht beansprucht, sich einzumischen) und »privaten« Sphären (die zu den freiwilligen Vereinbarungen unter Individuen gehören, abseits von staatlicher Regulierung). Es ist mitunter schwer anzugeben, wo genau diese Linie verläuft. Sie wechselt von einer Zeitperiode zur nächsten oder von einer Gesellschaft zur anderen. Im 19. Jahrhundert stellte die häusliche Privatheit des »Heims« für den Engländer sein (privates) *castle* dar, *seine* Frau war im »Privaten« so gefangen, dass sie kein eigenes Eigentum besitzen, nicht wählen und kein öffentliches Amt bekleiden durfte. Im 20. Jahrhundert ist die Familie zunehmend zum Gegenstand wachsender Staatseingriffe geworden, so dass sie immer weiter in die

»öffentliche« Sphäre hineingezogen worden ist. Im *Laissez-faire*-Kapitalismus waren die Wirtschaft, die Erziehung und die Presse Privateigentum, sie wurden privat organisiert und geleitet; sie gehörten zur »Zivilgesellschaft«. Heute, im entwickelten Kapitalismus, ist die Wirtschaft weithin privat, auch wenn es einen bedeutenden »öffentlichen« oder staatlichen Sektor gibt; die Erziehung ist im Wesentlichen »öffentlich« – wenngleich die *public schools* in Großbritannien immer noch privat sind! Und die Presse befindet sich in privatem Eigentum. (Könnte sie sonst »frei« sein?)

Hieran können wir sehen, inwiefern das *theoretische* Problem, welches Gramscis Werk hinsichtlich der Beziehungen zwischen Staat und Zivilgesellschaft aufwirft, zugleich ein historisches Problem darstellt. Die Linie Staat/Zivilgesellschaft ist eine der beweglichen Grenzlinien, deren Verschiebungen uns sehr viel über den sich ändernden Charakter des Staates sagen. So ist es z. B. ein wichtiger Einschnitt, wenn die Kultur kein Privileg und kein Vorrecht zur Kultivierung von *Privat*individuen mehr ist und der Staat anfängt, dafür Öffentliche Verantwortung zu übernehmen. Im Lichte dieser Überlegungen muss man sich daran erinnern, dass Gramscis erweiterte Staatsbestimmung weniger als eine Theorie von Staatsformen allgemein gedacht war; sie sollte vielmehr speziell auf den modernen demokratischen Staat und den von ihm reklamierten erweiterten Kreis von Funktionen passen, die so tief in die Zivilgesellschaft hineinreichen, dass die für das 19. Jahrhundert zuverlässige Unterscheidung Staat/Zivilgesellschaft ins Wanken gerät. Das soll nicht heißen, dass man sich die Entwicklung der Staatsformen als ein ständiges, schrittweises Vorrücken des Staates auf das Gebiet der Zivilgesellschaft vorstellen kann. Die Entwicklung der Rolle des Staates im Verhältnis zur Massenkultur vom 18. zum 20. Jahrhundert zeugt nicht nur von einer quantitativen Zunahme der Bedeutung des Staates bei der Regulierung von Kultur, sondern auch von einer Reihe qualitativer Transformationen in den Beziehungen von Staat und Kultur.

1. Recht, Klasse und Kultur: ein Beispiel aus dem 18. Jahrhundert

Die Klasse, die aus dem Sieg des Hauses Hannover im Jahre 1688 in erster Linie Nutzen zog, war die *landed interest*, der Großgrundbesitz. Sie bestand aus Männern mit großem Landbesitz, Aristokraten oder Bürgern, die sich nach und nach als eine »blendend erfolgreiche und selbstbewusste Kapitalistenklasse« einrichteten (Thompson 1965, 9). Sie sicherten ihr jährliches Einkommen durch Renten und landwirtschaftliche Verbesserungen, dehnten ihre Ländereien durch kluge Heiratspolitik und Einhegungen aus; sie spekulierten im Handel aufgrund der expandierenden Märkte im In- und Ausland, und sie fingen an, kleine Hausindustrien zu entwickeln. Land, Handel und der Markt schufen eine ungeheure Ansammlung agrarkapitalistischen Reichtums von Eigentum und Macht: die materielle Basis einer Klasse – »zutiefst kapitalistisch in der Denkungsart [...] zitternd vor Habgier und peinlich genau in ihrer Beachtung der Buchführung« (ebd.), also die erste »bürgerliche Kultur«, die die Welt je gesehen hatte.

Nach Meinung vieler HistorikerInnen war der Staat im 18. Jahrhundert eine parasitäre Formation; klein, kompakt, eine Abbildung des Zusammenhalts unter und der vertikalen Bande zwischen der kleinen Elite, die die »politische Nation« bildete. Er war, wie Namier (1929) gezeigt hat, durch die Rivalität von Fraktionen gespalten, aber gefestigt durch Nepotismus, Patronage, Begünstigung, Aufstiegsmöglichkeiten, Postenjägerei und das freie Spiel von Bestechung und Korruption. Die unabhängige Gentry auf dem Lande blieb zu Hause. Die Großgrundbesitzer und ihr Netz von Klienten und Günstlingen beschäftigten sich eifrig damit, den Staat zu ihren Gunsten zu beeinflussen, wozu sie das enge Fraktionenwesen der Parteipolitik des 18. Jahrhunderts ausnutzten. Der Staat war daher homogen, aber schwach. Große Bereiche des gesellschaftlichen Lebens blieben weitgehend außerhalb seiner Kontrolle. Die Staatsmacht hatte sich zu lokalen Bastionen der Gentry entwickelt, die auf ihren Landsitzen in ihren Sprengeln herrschte, Kontrolle ausübte und zu Gericht saß. Die zentrale Kontrolle des Staates über eine unruhige und aufbegehrende arbeitende Bevölkerung war unbeständig und unberechenbar. Die Macht wurde mal durch einen schwierigen Balanceakt von Verhandlungen zwischen den verschiedenen Fraktionen aufrechterhalten, mal durch drakonische Maßnahmen, Kommandounternehmen in den unregierbaren Bezirken und Ausfällen von Justizterror, dazu kam der *Riot Act,* der Schrecken der Bürgerwehren und des Galgens. Diese einmalige und parasitäre Formation residierte jedoch über eine erstaunliche Handelsausdehnung, die Aufhäufung von großen Gütern und Vermögen; sie führte mit Erfolg eine expansionistische Politik im Ausland und, wie Anderson (1980, 92) bemerkt, sicherte für die Besitzenden im Inland ohne die Hilfe eines stehenden Heeres oder einer regulären Polizeitruppe eine erstaunliche soziale Stabilität. Wie war das möglich? Zum Teil durch das Recht – »das stärkste Band der Politik« im 18. Jahrhundert.

War demnach das Recht einfach ein Zweig des Staates des 18. Jahrhunderts? Ja und nein. Einerseits ja, denn die »Herrschaft des Gesetzes« war schon errichtet. Die Gerichte und Richter leiteten ihre Autorität vom Staat und von der Krone ab. Der Staat unterstützte den »ordentlichen legalen

Prozess«. Andererseits nein, denn das Recht stand zur Disposition von Privatpersonen und war durch und durch von den Klassenverhältnissen der Zivilgesellschaft des 18. Jahrhunderts geprägt. Das Recht war, von oben betrachtet, eine machtvolle, fürchterliche Maschine. Es war auch willkürlich, ungeregelt und nicht kodifiziert: ein Durcheinander von hergebrachtem Gewohnheitsrecht und hastig verabschiedeten Verordnungen. Es war willkürlich, ohne Beziehung zwischen Vergehen und Urteil, und es war streng. Die allgemeine Strafe für Kapitalverbrechen war Tod durch öffentliches Erhängen. Die Richter nutzten häufig ihren weiten Ermessensspielraum – aber, Hay (1975) zufolge, auf unberechenbare Weise. Die herrschenden Gesellschaftsklassen hatten faktisch das Monopol auf die Ausübung legaler Macht. Sie benutzten es, um ihre Rechte und Besitztümer sowie ihre Autorität zu verteidigen und zu erweitern. Die unabhängige Gentry hatte die Prinzipien der gesetzlich garantierten Rechte eines frei geborenen Engländers während und nach der Englischen Revolution benutzt, um gegen Hof und Krone zu kämpfen. Mit den »frei Geborenen« meinten sie sich selbst – denn dieser Ausdruck schloss weder Frauen, Bedienstete, noch die Masse der arbeitenden Armen ein. Die »Herrschaft des Gesetzes« bedeutete für sie die Aufrechterhaltung der öffentlichen Ordnung, den Schutz des Eigentums und die Erhaltung der Freiheit – ihrer Ordnung, ihres Eigentums und ihrer Freiheiten. Sie sollten durch die Prozeduren und Zwänge des Rechts geschützt werden, und das hatte widersprüchliche Folgen. Einerseits stärkte die Herrschaft »durch das Gesetz« ihre Autorität. Sie identifizierten sich mit dem Gesetz und eigneten sich dadurch seine Macht an. Die Furcht vor dem Gesetz, die durch den Pomp und die Zeremonien in der Bevölkerung geschürt wurde, wurde auf sie übertragen. Sie nutzten die Gerichte, um Moralpredigten über die Vorzüge der hergebrachten Autorität, die Notwendigkeit der Achtung und des Gehorsams zu halten. Öffentliche Gerichtsverhandlungen und strenge Beachtung der Prozeduren – zumindest an den höheren Gerichten – wurden als formaler Beweis dafür angeführt, dass alle Menschen vor dem Gesetz gleich seien – wenngleich dem in der Praxis zuwidergehandelt wurde. Andererseits wurde es, da die Herrschaft des Gesetzes einmal als rechtmäßiges Erbe eines frei geborenen Engländers bekräftigt worden war, immer schwieriger, seiner Ausdehnung auf die armen und machtlosen EngländerInnen zu widerstehen. Selbst wenn das Gesetz in der Praxis selten in deren Interessen wirkte, so stand es ihnen doch frei, sich »an das Gesetz« zu wenden, Gerechtigkeit zu fordern und auf Abhilfe zu drängen. Manchmal wurden sie belohnt, nicht oft genug, um jemals den Klassencharakter der Gerechtigkeit, die sie erhalten hatten, unsichtbar werden zu lassen, aber doch oft genug, um die »Herrschaft des Gesetzes« nicht bloß als leeres Wort erscheinen zu lassen. Derart bildete das Recht, wie Thompson (1975) überzeugend und detailliert gezeigt hat, einen Rahmen, in dem die Freiheiten der grundbesitzenden Klassen und die Ungerechtigkeiten gegen die Armen verhandelt, aus- und durchgefochten wurden.

Die Rechtsausübung zeigt uns also ein Bild der massiven gesellschaftlichen Macht der herrschenden Klassen, einer legalisierten Macht allerdings: die Macht hatte ein gewisses Maß an Legitimität und Zustimmung erhalten, weil sie durch das Gesetz artikuliert wurde. Aus demselben Grund jedoch war sie dessen Grenzen unterworfen. Das Recht war daher niemals einfach und ausschließlich ein Instrument der Unterdrückung in den Händen der herrschenden Klasse. In den Haltungen und in der Kultur der Massen verwurzelte sich allmählich eine plebejische Version der »Herrschaft des Gesetzes« im Gegensatz zu den überwiegend patrizischen Interpretationen. Nicht nur, dass soziale Kämpfe von sich überlappenden Auffassungen von Recht und Gerechtigkeit umrahmt wurden. Die Gesetzessprache und die Präzedenzfalle konnten ausgebeutet und in die Vorstellungen der Massen über »Missstände und Gerechtigkeit« eingearbeitet werden. Wenn die Volksklassen durch das Recht an Macht und Eigentum gebunden waren, so konnten sie dieses auch benutzen, um Druck gegen Macht und Eigentum auszuüben. Wenn auch die Tatsache, dass Konflikte im Rahmen des Gesetzes durchgespielt wurden, dabei half, eine ungleiche und aufständische Gesellschaft zusammenzuhalten, galt paradoxerweise:

> »Die Oberen wussten, dass Proteste gegen bestimmte Übel Abhilfe provozieren und nicht die Obrigkeit als solche in Frage stellen sollten. Das galt allerdings nur, solange die Betroffenen einiges Vertrauen in die Bereitschaft der Obrigkeit hatten, an das Gesetz und die von ihm angeblich verkörperten Ideale gebunden zu sein. Die Verhandlungen wurden natürlich zwischen Ungleichen geführt.« (Brewer & Styles 1980, 18f., Einleitung)

Das empfindliche Gleichgewicht, auf dem diese Verhandlungen beruhten, kann am Beispiel der klugen Mischung von legalen und illegalen Mitteln beobachtet werden, welche die Volksklassen benutzten, um die Herrschaft des Gesetzes zu ihren Gunsten zu wenden. Wenn die Brotpreise stiegen oder die Versorgung mit Brot ausblieb, forderten die armen ArbeiterInnen von der lokalen Verwaltung Abhilfe dergestalt, dass diese »einen Preis festsetzen« sollten. Tat sie das nicht, kam es häufig zu Aufruhr und Tumult. Das Jahrhundert wurde ständig von diesen Brotaufständen der Ärmsten der

Armen unterbrochen, die dazu übergingen, »durch Aufruhr zu handeln«, wenn »Verhandlungen nach dem Gesetz« gescheitert waren (vgl. Hobsbawm & Rudé 1975). Diese Fälle von Aufruhr gehorchten jedoch in hohem Maße der Disziplin der Massen. Kornsäcke wurden aufgeschnitten, das Korn verstreut, Butter, Käse und Speck wurden »zu einem gerechten Preis« verkauft, das Geld dem Müller zurückgegeben. Brotrevolten waren äußerst zeremonielle und disziplinierte Aktionen. Die Umzüge waren mit Fahnen, Emblemen, Schmuckbändern und Schleifen geschmückt; die Menge wurde angeführt von einer Frau, die eine Glocke schlug, oder von Hörnern und Trommeln; Brotlaibe waren mit schwarzem Krepp drapiert oder mit Blut beschmiert. Dies war das »Theater« der Volksgerechtigkeit.

Diese kulturellen Praxen erzeugten ihre eigenen moralischen Ideen und Ansichten von der Gesellschaft. Die ländliche Gesellschaft wurde noch zu einem bedeutenden Teil durch Gewohnheit, Tradition und ungeschriebene Vorschriften geregelt. Sobald aber Eigentum, Handel und der freie Markt von Gütern und Arbeit dem gesellschaftlichen Leben ihre Muster aufzuprägen begannen und das ländliche England in einen voll entwickelten Agrarkapitalismus verwandelten, wurde die Gesellschaft allmählich auf den Weg von der »Gewohnheit« zum »Gesetz« des Eigentums und der Marktkräfte erzogen, geprügelt, getrieben und gelockt. Das Recht wurde zu einem der Hauptinstrumente dieser Verwandlung, es beinhaltete eine Verschiebung von Subsistenzwirtschaft zur Vermarktung für den Profit, von der Gewohnheit zum Recht, von den »organischen Zwängen der Gutsherrschaft und der Zunft zu den atomisierten Zwängen des freien Arbeitsmarktes [...] ein umfassender Konflikt und eine Neubestimmung auf allen Ebenen, weil gewachsene und magische Ansichten über die Gesellschaft dem Naturrecht Platz machten und die Ethik der Bereicherung sich auf eine autoritäre, moralische Ökonomie aufpflanzte« (Thompson 1965). Die Gewohnheiten, Praxen und Gedanken – die Kultur der »einfachen Leute« – standen im Zentrum dieser historischen Transformation.

Die Gewohnheiten bestimmten die wirkliche ökonomische Praxis, z. B. die Entscheidung, was ein »gerechter Preis« sei. Sie waren aber auch in die Ideologie und in den Glauben eingeschrieben: die Vorstellung, es könne so etwas geben wie einen *gerechten Preis;* es gäbe in Zeiten des Mangels eine *moralische Grenze* für das Recht des Müllers oder des Kaufmanns auf Profit auf Kosten der Armen; der Glaube, es gäbe, wie Thompson es nennt, eine »moralische Ökonomie«, die umfassender und zwingender sei als die reinen Gesetze des Marktes. Diese ganze Gewohnheitskultur musste niedergerissen und in eine auf die »Moralität« des freien Marktes gegründete

Kultur umgemodelt werden. Das Recht war eines der Mittel, mit deren Hilfe eine Kultur der Gewohnheit und des Paternalismus in eine Kultur des Rechts, des Eigentums und des freien Marktes umgestaltet wurde. Diese Umformung verlangte, dass die ältere plebejische Kultur aufgebrochen und verdrängt würde, damit an ihrer Stelle neue Muster, Haltungen und Gewohnheiten geformt werden könnten. Diese Transformation schloss die Zerstörung der einen Kultur ein sowie die »Reformation« der Gesellschaft, die Um-Erziehung der Menschen zu einem »neuen Typus von Zivilisation«: die Zivilisation eines voll entwickelten Agrarkapitalismus. Die Zersetzung dieser älteren Kultur und der Aufbau von Verhaltensweisen bei den unteren Volksklassen, die einer regulären »freien Arbeit«, dem Privateigentum und den Gesetzen der politischen Ökonomie entsprachen, wurde zum Teil durch die Vermittlung von Recht und Staat bewirkt.

Das ist gewiss nur ein »Schnappschuss« von den Beziehungen zwischen Recht und Massenkultur im 18. Jahrhundert. Wir können aber sehen, wie der Staat durch das Recht in die Beziehungen zwischen Klassen und Kulturen intervenierte. Er half dabei, Verhältnisse von Macht, Autorität und Zustimmung zwischen den herrschenden (d.h. den grundbesitzenden) und den beherrschten (d.h. arbeitenden) Klassen zu definieren und zu fixieren. Er vermittelte auch zwischen den Kulturen: paternalistisch/unterwürfig; plebejisch und patrizisch; autoritativ-legalistische Auffassungen von »Recht« und »Gerechtigkeit« versus Auffassungen der Massen. Der Staat spielte eine erzieherische/ideologische ebenso wie eine repressive/gewalttätige Rolle. Er verwandelte Praxen – gesetzliche (von Gewohnheitsregeln zum formalen Recht) und moralische (einen »gerechten« Preis festsetzen; durch Aufruhr »verhandeln«) sowie ökonomische. Er war Teil einer größeren historischen Transformation. Er war auch ein Instrument, durch welches die Gesellschaft an bestimmte historische Imperative »angepasst« wurde: die Bildung einer voll entfalteten bürgerlichen Gesellschaft; der Übergang von einer Natural- zu einer Markt-Wirtschaft; der Übergang zum Agrarkapitalismus. Er formte kulturelle Gewohnheiten, Gedanken und Praxen um, indem er die Gewohnheiten der Massen aufbrach und reorganisierte. Er stützte gleichwohl eine spezifische Art von Autorität (die »Herrschaft des Gesetzes«), die gesellschaftliche Kämpfe vermittelte und umfasste und eine bestimmte Art von Legitimität und Zustimmung zur Autorität eines bestimmten gesellschaftlichen Blocks absicherte. Für diesen ganzen Prozess bildeten die »Kulturen« der herrschenden und der Volksklassen einen wichtigen Ort.

2. Die Freiheiten der Presse und die Stimme des Volkes

Wir verschieben unsere Aufmerksamkeit in dieser zweiten Fallstudie vom Recht auf einen kulturellen Apparat im direkteren Sinne: die Presse. Wir untersuchen die Rolle des Staates bei der Herausbildung einer national-populären Presse. Die verschiedenen Klassen der Gesellschaft erhalten durch die Presseorgane eine Stimme. Das Volk und die »Meinung des Volkes« werden durch diese Organe gegenüber dem Staat repräsentiert. Die Organe der öffentlichen Meinung institutionalisieren daher ein bestimmtes Bündel von gesellschaftlichen und kulturellen Verhältnissen. Diese Konfiguration stützt sich auf ein ideologisches Modell: das Modell der »freien Presse«. Für dieses Modell ist es entscheidend, dass die Presse, im Unterschied zum Recht (das sich vom Staat herleitet), nicht zum Bereich des Staates, sondern zu dem der Zivilgesellschaft gehört. Der ganze Daseinszweck der »freien Presse« in demokratischen Klassengesellschaften besteht darin, dass sie nicht vom Staat geführt wird, weder sein Eigentum noch an ihn gebunden ist. Sie handelt frei und freiwillig. Die Gesetze zu Verleumdung und die der wirtschaftlichen Rentabilität bilden ihre einzigen Grenzen. Eben weil die Presse im Marktsinn »frei« ist, gilt sie als Bollwerk »des Volkes« gegen die Macht des Staates, als Verteidigerin der Freiheiten der EngländerInnen und als unabhängige Stimme der Nation. Das war im 19. Jahrhundert ein *neues* kulturelles Modell, eine neue Konfiguration kultureller Macht. Dieses Modell organisierte die Elemente der Gleichung von Staat – Kultur – Klasse in ein neues »Gleichgewicht von Autorität und Konsens« auf der Basis einer neuen Artikulation der Beziehungen zwischen Staat und Zivilgesellschaft.

Das lesende Publikum, der Markt und der vierte Stand

Das Auftreten einer unabhängigen »öffentlichen Meinung«, von Literaturproduktion für den Markt und einer freien Presse hing mit dem Anwachsen der städtischen Bourgeoisie zusammen. Das Lesen breitete sich in der zweiten Hälfte des 18. Jahrhunderts sehr rasch aus. Das neue Lesepublikum bestand aus autodidaktischen und gottesfürchtigen ArbeiterInnen, kleinen Geschäftsleuten, gebildeten Gesellen, unabhängigen Kaufleuten, aus Handwerkern und Büroangestellten. Frauen aller Klassen stellten einen bedeutenden Teil dieses neuen lesenden Publikums. »Allgemeine Literatur geht nun durch die Nation durch alle ihre Ränge hindurch«, bemerkt Dr. Johnson im Jahre 1779 (zit. n. Altick 1957).

Aber gerade die Vergrößerung der gesellschaftlichen Gruppen, die mit Handel und Manufakturwesen verbunden waren, sowie die der ihnen entsprechenden Gruppe *im* Haus (die nun zunehmend von der männlichen Arbeitswelt getrennt war) »verschoben den Schwerpunkt des Lesepublikums so weit, dass die Mittelschichten insgesamt fürs Erste in eine beherrschende Position gelangten« (Watt 1963, 49).

Wenngleich die Mittelschichten noch keine politisch geeinte Kraft darstellten, so entdeckten sie doch durch diese erweiterte »öffentliche Sphäre« in der Zivilgesellschaft eine bedeutende »Stimme«, eine Quelle kultureller Macht und ein Mittel der Selbst-Identifikation als Klasse. Neue Formen und Praxen wie der Roman, die großen literarischen Periodika, die Zeitungen, Schreiben und Veröffentlichungen für Geld, Rezensieren wurden *für* dieses neue Publikum geschaffen und handelten von ihm: sie formten seine Erfahrung und verschafften seinen kulturellen Idealen und Sehnsüchten Ausdruck. Die berühmten Zeitschriften der Zeit, der *Tatler*, der *Spectator*, das *Gentleman's Magazine*, trugen zur Formung des sozialen Geschmacks und der Gewohnheiten von Männern nach dem Bild des bürgerlichen »Gentleman« bei.

Benimmbücher, Broschüren zur religiösen Erbauung, die gebildeten Journale und die Romane dienten ebenfalls dazu, eine »private« Kultur zu schaffen und ein häusliches Ideal zu definieren: für die Bourgeoisie insgesamt und insbesondere für Frauen – Hüterinnen von Haus und Herd einer »gesunden und ordentlichen« (männlichen) Person. Die Welt der Mittelschichten erhielt durch die neu geschaffenen Institutionen freiwilliger Vereinigung (Zivilgesellschaft) eine ganz besondere kulturelle Prägung. Sie wurde geteilt und strukturiert in die »getrennten Sphären« von öffentlich und privat, um die sich die städtische bürgerliche Kultur gruppierte.

Die Presseorgane stellten beispielhafte Instanzen dieser neuen gesellschaftlichen Institutionen dar; außerhalb des Staates, in der Welt der Freiwilligkeit, in der Zivilgesellschaft, entwickelt, halfen sie dabei, die Klassen, an die sie gerichtet waren, als eine öffentliche, kulturelle Kraft zu konstituieren. Die Vermögen dieser aufsteigenden Klasse hingen von der Anwendung reiner *Laissez-faire*-Grundsätze ab, und sie dehnte diese neue politische Ökonomie auf die Welt des Publizierens aus: Schreiben um des Profits statt um der Protektion willen; Bücher zu drucken und auf dem Marktplatz zu verkaufen wie andere Waren; den privaten Geschmack eines wachsenden, kaufenden und lesenden Publikums zu bedienen; und ein Mittel bereitzustellen, mit dem sich der zahlungskräftige kommerzielle Inserent an seine Kundschaft wenden kann.

Eine große, neue Form der kommerziellen Publikation war die *Zeitung*. Das System staatlicher Lizenzierung von Zeitungen wurde im Jahre 1695 abgeschafft. Danach breiteten sich Zeitungen jeden Typs, jeder Art und Größe phänomenal aus. Um 1770 gab es in London neun Tageszeitungen. Im Jahre 1746 wurden 2500 Exemplare jeder Ausgabe der *London Daily Post* gedruckt. Der Markt wurde auch von einer Unzahl ungezeichneter täglich und dreimal die Woche erscheinender Zeitungen überflutet. Sie zirkulierten häufig zum halben Preis. Der Vertrieb der Zeitungen in der Stadt wurde von einer »fluktuierenden und notleidenden Population von Straßenhändlern« unterstützt (Harris 1978, 8). Um das Jahr 1790 wurden 4650 Exemplare von Londoner Zeitungen auf dem Postwege im ganzen Land vertrieben. Ein ähnliches Vertriebssystem entwickelte sich für die Provinzzeitungen. Diese expandierende Kulturindustrie konstituierte das »Lesepublikum« zum ersten Mal als einen *Kulturmarkt*. Sie führte die Maßstäbe des Verkaufs und der Popularität, des Raubdrucks und der »Schmierenpresse« in die Kultur ein, wo sie nun neben dem hohen Standard des literarischen Kanons und des literarischen Urteils existierten. Und sie verhalf den unabhängigen Mittelschichten dazu, sich als eine politische, gesellschaftliche und kulturelle Kraft zu formen.

Das war, nach heutigen Maßstäben, eine stark regulierte »Unabhängigkeit«, denn in den frühen Stadien mischte sich der Staat noch sehr ein. Lange Jahre fungierte der Minister als der Hauptvertreiber der Zeitungen in London. In den 60er Jahren des 18. Jahrhunderts wurde die Ausweitung des Privilegs der Abgeordneten, frankierte Sendungen durch die Post befördern zu lassen, für den Zeitungsvertrieb genutzt. Im Juni 1789 wurden auf diesem Weg in einer Woche 63.177 Exemplare befördert. Im Jahre 1712 wurden die ersten Stempelgebühren eingeführt. Sie waren als Mittel zur Kontrolle der Presse gedacht und trieben die Zeitungspreise in die Höhe. Die Zeitungseigner wandten alle möglichen Tricks an, um die Stempelgebühren zu umgehen, indem sie ihre Zeitungen als Broschüren registrieren ließen oder auf dreimaliges Erscheinen pro Woche umstellten. Neben der gestempelten Presse entstanden eine Menge kleinerer, illegaler Zeitungen. In den 40er Jahren des 18. Jahrhunderts jedoch wurde diese »ungestempelte Presse« durch einen gesetzlichen Angriff auf die Straßenhändler – ihr einziges Distributionsmittel – und später auf die Herausgeber selbst unterminiert.

Zur selben Zeit entfaltete das politische Establishment, das die Presse mit der einen Hand an die Kandare nahm, Aktivitäten als Privatleute, um sich mit der anderen Hand in einflussreiche Positionen in der Presse einzukaufen. In der Frühzeit der Presse kaufte der Premierminister Walpole das oppositionelle *London Journal* auf und verwandelte es in ein Vehikel der Regierungspropaganda; er gründete *Free Briton* und den *Daily Courant*, weitgehend von Regierungsangestellten geschrieben, und später den *Daily Gazeteer*. Er gab über 50.000 £ aus der Staatskasse für Propaganda aus, zum großen Teil für die Londoner Zeitungen. Da jedoch die gesamte Wirtschaft allmählich durch die allgemeine Anwendung der Gesetze der politischen Ökonomie des freien Marktes und der Profitmaximierung umgewandelt wurde, stand die Unabhängigkeit der Presse schließlich höher im Preis als ihre Zuverlässigkeit als gefügiges Instrument. Diese Unabhängigkeit wurde als ein System aufgefasst, durch das Meinungen, wie andere Waren, auf dem Markt außerhalb der direkten Kontrolle und Oberaufsicht des Staates zirkulierten.

In der Tat bilden in der heroischen Version des »Fortschritts«, die in der populären historischen Literatur bis auf den heutigen Tag vorherrscht, die Herausbildung der *Mittelschichten* als das führende soziale Element der Gesellschaft, die Schaffung des *freien Marktes* als das Grundprinzip der Wirtschaftsorganisation und die Ausbreitung einer *unabhängigen Presse* als vom Staat getrennter »vierter Stand« die wesentlichen Bestandteile der heroischen Erzählung. Diese Geschichte erklärt, wie die staatlichen Beschränkungen beseitigt wurden und wie die Mittelschichten auf der Grundlage des freien Marktes eine nationale Presse gründeten, und wie allein auf diese Weise die Freiheiten des englischen Volkes erhalten bleiben konnten. Zwischen den 90er Jahren des 18. Jahrhunderts und den 30er Jahren des 19. Jahrhunderts und wieder während des Chartismus wurde die Überlegenheit dieses kulturellen Modells durch eine *andere* Art von Presse machtvoll herausgefordert, die eine davon *verschiedene* Kultur artikulierte: die Stimme einer *anderen* Klasse. Diese Presse florierte als ein Teil der radikalen Handwerkerkultur der 90er Jahre. Sie entstand neben den Institutionen der ersten Industriearbeiterklasse in den Jahren bis zur Mitte des 19. Jahrhunderts: die radikale Presse, die »ungestempelte«, die »Hüterin der Armen«. Dieses alternative Netz von volksnahen Institutionen musste, wie die plebejische Kultur des 18. Jahrhunderts, erst aktiv zerstört werden, damit es einer ganz anderen Art von »Freiheit« überlassen werden konnte, die Meinungen »des Volkes« zu organisieren.

Die Herausforderung: radikale Presse und Massenkultur

Die Existenz einer breiten und »literarischen« Kultur in den Volksklassen dieser Periode ist sehr unterschätzt worden. Die Radikalisierung des politischen Klassenbewusstseins in der Periode industriellen Aufbruchs, politischer Agitation und revolutionärer Kriege trugen aktiv dazu bei, diese

Kultur zu verbreiten und zu entwickeln. Von Paines *Rights of Man* wurden in wenigen Wochen des Jahres 1791 50.000 Stück verkauft. Von Cobbetts *Address to Journeymen and Labourers* wurden 1826 200.000 Exemplare verkauft, von seinem *Political Register* pro Woche 44.000 Stück für zwei Pence. Von Woolers *Black Dwarf* gingen im Jahre 1820 12.000 Stück weg, während von der *Times* nicht mehr als 7.000 Stück verkauft wurden.

Diese radikale Arbeiterpresse wurde von der Obrigkeit und von den etablierten Klassen als subversive Kraft etikettiert. Edmund Burke nannte sie »das große Instrument zur Unterwanderung von Moral, Religion und der menschlichen Gesellschaft selbst« (zit. n. Aspinal 1973, 1). Lord Ellenborough sagte zur Rechtfertigung des neuen Stempelgesetzes von 1819 sehr deutlich, dass »dieses Gesetz nicht gegen die respektable Presse gerichtet ist, sondern gegen die Armenpresse« (ebd., 46). Diese »Armenpresse« hatte in der unruhigen Zeit zwischen den 90er Jahren des 18. Jahrhunderts und dem Reformgesetz von 1832 unter umfangreichen Störungen und Einschüchterungen zu leiden. 1799 wurde von allen gedruckten Zeitungen verlangt, dass sie sich registrieren ließen. Die Presse wurde in der Periode der *Six Acts* schwer eingeschränkt und wiederum durch die *Gagging Bills* 1819–20, die den Bereich der Stempelpflicht ausdehnten und das Gesetz gegen aufrührerische Raubdrucke verschärften. Trotz dieser Angriffe brachten es Dohertys *Voice of the People* und *The Pioneer*, Carlisles *Gauntlet* und Hetheringtons *Poor Man's Guardian* alle auf mehrere tausend LeserInnen, die ersten beiden sogar auf über 10.000 (vgl. Thompson 1987, 2. Bd., 815). Die Führer des Radikalismus in London standen in den 90er Jahren des 18. Jahrhunderts ständig wegen unerlaubter, aufrührerischer Drucke vor Gericht. Wie Thompson bemerkte (und zwar ganz entgegen dem Mythos):

> »Vielleicht in keinem andren Land der Welt war der Kampf um die Pressefreiheit so hart, endete mit einem so deutlichen Erfolg und wurde so sehr mit der Sache der Handwerker und Arbeiter identifiziert. Während Peterloo (aus einer paradoxen Stimmung heraus) das Recht auf öffentliche Demonstrationen begründete, wurden die Rechte einer ›freien Presse‹ in einer 15 Jahre oder länger dauernden Kampagne errungen, die in ihrer dickköpfigen, frechen und unbezwingbaren Dreistigkeit keinen Vergleich kennt.« (Ebd., 816)

Diese populäre Agitation führte zur Abschaffung der »Wissensteuern«, nur so konnte eine freie Presse existieren. Die Gebühr auf Broschüren wurde 1833 abgeschafft, die auf Anzeigen im Jahr 1853. Die radikale Massenpresse hatte einen großen Anteil am Sieg der »Meinungsfreiheit«. Aber nicht sie, sondern die kommerzielle bürgerliche Presse erntete deren Früchte. Wie kam es dazu?

Synthese, Transformation, Inkorporation

Nun gewann ein neues kulturelles Modell, gewannen neue Klassen-Kultur-Verhältnisse die Oberhand. In dieser neuen Formation wurde »Freiheit« neu gefasst. Es bedeutete nicht mehr »frei von der Tyrannei einer etablierten Obrigkeit«. Vielmehr gewann es die Bedeutung, dass Meinung *ausschließlich durch* die Gesetze des Marktes, der freien Konkurrenz, des Privateigentums und der Gewinnträchtigkeit bestimmt würde. Ein solcher Markt ist *formal* »frei«, in dem Sinne, dass der Staat oder das Gesetz niemanden daran hindert, eine Zeitung zu besitzen oder herauszugeben und Ansichten und Meinungen zu veröffentlichen – vorausgesetzt, er hat das nötige Kapital. Der Staat »greift« in diese Freiheit nur äußerlich und negativ »ein«, indem er darauf achtet, dass die Gesetze gegen Raubdrucke, Obszönitäten, freien Wettbewerb und so weiter nicht verletzt werden. Diese Art von formaler »Freiheit« hat natürlich auch ihre sehr realen Grenzen. Um eine moderne Zeitung zu besitzen, herauszugeben, zu vertreiben, zu kapitalisieren und zu halten, ist eine gigantische Aufhäufung von Kapital nötig. Die große Mehrheit der Leute ist im Grunde nur frei, die Meinungen zu *konsumieren,* die andere machen.

Die neue kommerzielle Presse, die sich im Gefolge der Abschaffung der »Wissensteuer« ausbreitete, *war* aber in zunehmendem Maße auf die Volksklassen angewiesen: als lesendes und kaufendes Publikum, nicht jedoch in dem Sinne, dass sie für die Sache der breiten Massen eingetreten wäre. So baute der »freie Markt« die Volksklassen in das Zeitungsgeschäft ein, aber nur als notwendige ökonomische Unterstützung. Zur selben Zeit und durch denselben Prozess *inkorporierte* der Markt sie politisch, kulturell und sozial in einer *untergeordneten* Position in eine Reihe von Verhältnissen, die durch die Prinzipien der Investition und der freien Marktkonkurrenz institutionalisiert waren. Innerhalb dieses klassen-kulturellen Verhältnisses bekam »Freiheit« eine bestimmte, aber eingeschränkte Bedeutung: sie bedeutete Freiheit von Staatsintervention, Freiheit zu konkurrieren und zu überleben – Freiheit für die ungehinderte Entfaltung der Kapitalakkumulation, der privaten Aneignung und der Marktkonkurrenz. Diese Freiheit begründete kein positives *kollektives* Recht darauf, seine Meinung zu äußern, und hatte kaum radikal-popularen Inhalt. Diese Definition von Freiheit ist nicht demokratisch, sondern *kommerziell.*

Dieser Typus von Verhältnissen wurde ab der Mitte des 19. Jahrhunderts in der Presse vorherrschend. Er enthielt die Keime eines kulturellen Musters, das in den modernen Beziehungen zwischen Staat, Klassen und öffentlicher Meinung dominant wurde. Er trieb die Aufteilung der Gesellschaft in zwei unterschiedliche und polarisierte Arten von »Publikum« voran: das kleine »Elite«-Publikum, das nicht aufgrund seiner Anzahl, sondern wegen der strategischen Bedeutung seiner Macht und seines Einflusses wichtig war (und daher interessant für Anzeigenkunden), und das »Massenpublikum«, das den Mangel an Einfluss durch seine rein zahlenmäßige Stärke kompensierte.

Dieses Muster wurde dann als eine kulturelle Unterscheidung zwischen der »hochwertigen« und der »Massen«-Presse reproduziert. Die Letztere fing erst in dieser Periode an, ihre eigene kulturelle Form – oder Formel – zu entdecken. Diese Formel stellte im Kern eine kulturelle Lösung für das Problem der Macht, der Rechte und Meinungen der Volksklassen dar – für das Problem der *Demokratie.* Das Problem bestand im Wesentlichen in folgendem: Wie waren die Volksklassen im Kreis und unter der Autorität der herrschenden Kultur zu halten, während ihnen das formale Recht zuerkannt wurde, Meinungen zu äußern? Zu diesem Zweck wurde eine Presse geschaffen, welche die Interessen, den Geschmack, die Vorlieben, Sorgen und das Bildungsniveau der Massen *widerspiegelte.* Das genügte, um die Identifikation und die Zustimmung der Massen zu gewinnen, ohne jedoch *eine* authentische »Stimme« der Interessen der Massen *zu werden,* die versucht sein könnte, ihren Meinungen eine unabhängige Stimme zu verleihen und sie so zu einer einheitlichen gesellschaftlichen und politischen Kraft zu schmieden (wie es die chartistische Presse versucht hatte). Die neue »populäre« Presse war eine Presse *über* die Volksklassen und wurde von diesen *gekauft,* sie war aber nicht von diesen *produziert* oder *ihrer Sache verpflichtet.* Die Formel für diesen Typus von kultureller Inkorporierung leitete sich aus einer Synthese zweier älterer Modelle ab: der Sonntagspresse und der Volksalmanache. Die Sonntagsblätter (»Sundays«) hatten häufig eine größere Verbreitung als die Tageszeitungen und verfügten über eine sozial breitere Leserschaft. Sie waren voll kommerzieller Unternehmungen, welche die weitgehend unpolitischen Interessen der städtischen Massenkultur widerspiegelten und Kriminalität und Gewalt, Sex und Skandalen, Sensation und Klatsch den Vorzug gaben. Im weiteren Verlauf des Jahrhunderts gab diese Formel das Modell für die neue kommerzielle »Massenpresse« ab. Denn die Erfolgsformel der Sonntagspresse stellte eine Synthese dar zwischen der alten, unpolitischen Tradition des populären Volksbuches, der Kriminal- und Gaunergeschichten und dem jüngeren politischen Radikalismus der ungestempelten und der chartistischen Presse:

> »Das stellte ein wichtiges Zwischenstadium in der Entwicklung der modernen Massenpresse dar; aber der in ihrer Ansprache an ein Massenpublikum liegende kommerzielle Druck führte auch zu einer gewissen Entwertung und Manipulation vieler Traditionen der früheren, radikalen Presse.« (Berridge 1978, 247)

Diese Formel *synthetisierte* traditionelle und radikale Aspekte: die »Unverblümtheit« der radikalen Tradition wurde auf einen bloßen Stil reduziert (»Der *Daily* [...] scheut sich nicht, einen Spaten eine olle Schippe zu nennen«), und die »Ausdruckskraft« der traditionellen Massenkultur trat als Sensationsmache auf (»Lesen Sie alles darüber!«). Diese Aspekte wurden jedoch auf dem Boden kapitalistischer, kommerzieller Grundsätze und Organisation synthetisiert.

Zusammengefasst können wir nun sehen, wie beim Übergang von der staatlichen zur Marktregulierung der Presse eine neue (und hoch widersprüchliche) Konfiguration von Klassen- und kulturellen Elementen entstand. Diese Formation war sehr verschieden von der ein Jahrhundert zuvor vorherrschenden. Sie setzte sich durch eine neue kulturelle Institution, die »freie« kommerzielle Presse, das heißt durch den Rückzug des Staates aus der Sphäre der Konkurrenz durch.

Diese institutionalisierte ihrerseits ein neues Bündel von klassenkulturellen Verhältnissen (das heißt gab ihnen eine »dauerhafte«, geregelte, stabilisierte Form und band sie an bestimmte Muster). Das Herzstück dieses Verhältnisses war die Konstituierung der Volksklassen als ein ökonomisch wesentliches, aber kulturell und ideologisch abhängiges und untergeordnetes Element. Sie waren durch eine *neue Form* an den Aufstieg der herrschenden Klassen gebunden oder in diesen Aufstieg inkorporiert: das sogenannte »Massenpresse«-Rezept. Dieses Rezept verwandelte alte (radikale und traditionelle) Elemente, arbeitete sie um zu einer neuen Synthese. Das ist der Ursprung und die Basis der modernen Diskurse der Massenpresse und des populären, kommerziellen Journalismus. Die Presse wurde unter der Wirkung dieser Diskurse in zwei ungleiche Teile aufgespalten: die »niveauvolle« Presse und die »Massen«-Presse, von denen jede einen anderen kulturellen Wert oder Index trägt. »Niveauvoll« ist ernst; »massenhaft« ist unterhaltend, aber trivial. Das gesamte Terrain kultureller Praxen und Verhältnisse in der heutigen britischen Gesellschaft ist in diese sich ausschließenden polarisierten, binären Gegensätze *aufgeteilt*. Was »populär« ist, kann nicht »ernst« sein. »Qualität« muss Macht haben. Was unterhaltend ist, kann keine »Qualität« haben, usw. Auch die LeserInnen werden als zwei verschiedene Arten von Publikum konstruiert: intellektuelles versus Massen-Publikum. Durch diese Prozesse wurde ein neues »Gleichgewicht der Kräfte« errichtet. Die

Volksklassen betraten den freien Markt der Meinungen unter der Führung und Autorität (Hegemonie) bürgerlicher Meinungen; Letztere wurden in ihrer (ideologisch) beherrschenden Stellung durch die »Logik« des kommerziellen Kapitals (ökonomisch) abgesichert.

Staat, Kultur und öffentliche Autorität: das Beispiel Rundfunk

Die klassen-kulturellen Verhältnisse, wie sie durch die Prinzipien der freien Presse, des freien Marktes institutionalisiert wurden, haben bis heute überlebt. Das Prinzip, Kultur solle weitgehend außerhalb des Staates, nach dem System: freie Auswahl, Marktkonkurrenz, private Profitabilität, organisiert werden, bleibt einflussreich. In Großbritannien spielt der Staat daher auch heute noch eine weitaus geringere Rolle in kulturellen Angelegenheiten als in anderen europäischen Gesellschaften. Osteuropäische – und einige westeuropäische – Länder haben Kulturministerien; Großbritannien hat nur ein Bildungs- und Wissenschaftsministerium (Department of Education and Science). Die französischen »Akademien« bestimmen die nationalen Maßstäbe für wissenschaftliche Qualifikation in einem Maße, das die British Royal Society gar nicht anstrebt. In Großbritannien werden nicht, wie in anderen Mitgliedsländern der UNESCO, regelmäßige Statistiken über das Gebiet der Kultur angefertigt als Indikatoren für die Richtung der »kulturellen Entwicklung« oder des »lebenslangen Lernens«. Jetzt gibt es einen mit Staatsgeldern finanzierten Kunstrat (Arts Council) und andere Gremien zum Schutz des nationalen Erbes. Die Haltungen zum Kunstrat sind alles andere als eindeutig. Auch wenn er vom Staat finanziert wird, werden seine Politiken im Einzelnen durch »unabhängige Komitees« bestimmt – das berühmte britische »vermischte« System.

Gewiss hat der britische Staat eine umfassende Verantwortung für die *Bedingungen der Kultur* in einem weiteren Sinne übernommen. Er übernimmt besonders durch sein Erziehungssystem Verantwortung für die Bestimmung und Verbreitung von kulturellen Traditionen und Werten, für die Organisation des Wissens, für die Verteilung von dem, was Pierre Bourdieu »kulturelles Kapital« nennt, auf die verschiedenen Klassen; und für die Bildung und Qualifizierung der intellektuellen Schichten – die Hüter der kulturellen Tradition. Der Staat ist zu einer aktiven Kraft in der *kulturellen Reproduktion* geworden.

Darüber hinaus ist das vom freien privaten Markt beherrschte Organisationssystem in entscheidenden Bereichen im 20. Jahrhundert meistens nicht mehr das vorherrschende System gewesen, durch das klassen-kulturelle Verhältnisse arrangiert werden (auch wenn seine Dominanz über die Kultur in den 80er Jahren rigoros wiederhergestellt wird). Es wurden neue Quellen kultureller Autorität und neue Modelle kultureller Hegemonie entwickelt, die neue klassen-kulturelle Verhältnisse begründeten und ein neues »Gleichgewicht von Autorität« zementierten. Sie alle wurden in den frühen und mittleren Jahrzehnten des 20. Jahrhunderts *sehr viel direkter vom und über den Staat vermittelt.* In unserer dritten Fallstudie betrachten wir eine solche Entwicklung und konzentrieren uns auf eine andere geschichtliche Übergangsperiode: das Ende des 19. und den Beginn des 20. Jahrhunderts.

3. Die Erhaltung der Demokratie

Das ist eine Periode grundlegender historischer Umwandlung. Sie ging einer gesellschaftlichen Krise mit den folgenden Hauptelementen voraus: Erstens endete Großbritanniens industrielle und kommerzielle Vorherrschaft mit der Industrialisierung der anderen Großmächte und der Steigerung der wirtschaftlichen Konkurrenz und der imperialistischen Rivalität. Zweitens zeigte sich dies in dem Verlust der Führung auf dem Feld der Produktion, als das Produktivitätsniveau Großbritanniens von Deutschland, Japan und den USA überholt wurde. Drittens setzte dieser Zusammenbruch der früheren wirtschaftlichen Überlegenheit eine Aufspaltung und Neuzusammensetzung der politischen Parteien, Formationen und Philosophien in Gang. Die politische Ökonomie des *Laissez-faire* und der politische Individualismus, zentral für die Parteien und Ideen der liberalen Reform (die vorherrschende politische Philosophie der Mitte des Jahrhunderts), verloren ihre Hegemonie, und neue politische Formationen tauchten auf und veränderten die politische Szenerie völlig. Die modernen Formen industrieller Massenproduktion traten zum ersten Mal in dieser Periode auf und ermöglichten neue Formen der Arbeiterorganisation. (Allgemeine Gewerkschaften für halb- und unqualifizierte Arbeit traten an die Stelle der Facharbeitergewerkschaften und der qualifizierten »Arbeiteraristokratien«, welche die Gewerkschaft und die radikale und liberale Politik in der vorangehenden Periode beherrscht hatten.) Schließlich brach diese gesellschaftliche Kraft ihr Bündnis mit dem radikalen Teil der liberalen Partei und trat auf die politische Bühne als unabhängige »Partei der Arbeit« – die Labour Party.

Gerade die Verschiebung im Gleichgewicht der gesellschaftlichen Kräfte, die man dann als »das Problem der Demokratie« bezeichnete, verdichtete diese verschiedenen Ebenen gesellschaftlicher und ökonomischer Krisen in einem Problem der *Klassenautorität.* Der Kampf um die Ausweitung des Wahlrechts auf alle erwachsenen Männer näherte sich schließlich seinem Abschluss. Und als die große Mehrheit der Männer in den Volksklassen als voll wahlberechtigte Bürger in die »politische Nation« eingetreten war, erhielt die Herausforderung der Demokratie an die alten Klassenbündnisse und politischen Führungsschichten einen neuen Schub: durch den neu auftretenden energischen und profilierten Feminismus, der für dasselbe Recht auf Repräsentation für erwachsene Frauen kämpfte.

Der »Aufstieg der Demokratie« erschütterte ältere Modelle kultureller und Klassenmacht bis in ihre Grundfeste. Der Staat konnte nicht mehr die Arena sein, in der die etablierten Klassen einfach von den Ansichten und Interessen des nicht repräsentierten Teils der Nation »Kenntnis nahmen« und sie irgendwie unterbrachten. Der Staat war nun, wenigstens formal, voll repräsentativ geworden (ein Mann, und wenig später, eine Person, eine Stimme) und seine Herrschaft musste daher die Form der Allgemeinheit annehmen und alle seine BürgerInnen gleich behandeln. Das warf ganz neue Probleme für die Regelung politischer, sozialer und kultureller Aufgaben auf. Die führenden gesellschaftlichen Klassen und deren Interessen mussten ihre beherrschende Position erhalten, jedoch irgendwie in einem Staat, der beanspruchte, die politische Macht egalisiert und »demokratisiert« zu haben. Die Frage war daher, wie Demokratie aufrechterhalten und, gleichzeitig, die Zustimmung *der Massen erhalten* werden sollte, und das unter den Bedingungen wirtschaftlicher Umwälzung und intensiverer internationaler Rivalität. Das verlangte nach einem Programm gesellschaftlichen Umbaus: Gesellschaft und Staat zu modernisieren, zu erneuern und zu restrukturieren und dabei die bestehende Hierarchie von Macht und Autorität beizubehalten und diesem nationalen Programm die massenhafte Zustimmung zu sichern: kurz, kein Problem der »Demokratie«, sondern der Hegemonie! Die einzige Kraft, die unter diesen Umständen Autorität und Führung durchsetzen konnte, war ein neuer Staatstyp: der allgemeine, neutrale Staat, der alle Klassen repräsentiert; der »Repräsentativstaat«, der Staat »des Volkes«, des Gemeinwohls, des »Allgemeininteresses«; der Staat, der die Gesellschaft auf bestimmten Wegen steuern, antreiben und erziehen kann und zugleich den Anschein von Universalität und Unabhängigkeit von den Klassen aufrechterhält – ein Staat, der »über den Kämpfen«, der auf keiner Seite steht.

Eine derartige, grundlegende Umbildung des britischen Staates geschah tatsächlich: in typisch pragmatischer britischer Art, nicht alles auf einmal; nicht alles in derselben Periode; einige Schritte zurück- und einige vorgehend, sich selbst vorantreibend, wie Middlemas gesagt hat, durch das langsame Anwachsen einer »kollektivistischen Neigung« statt durch das grobe Aufzwängen einer preußisch-staatlichen Lösung (vgl. Middlemas 1980). Wie die Demokratie erhalten werden könnte, das war auch eine kulturelle Frage: wie konnte oberhalb der widerstreitenden Klassenkulturen und -interessen eine Quelle nationaler, kultureller Autorität geschaffen werden, welche die Führung der herrschenden klassen-kulturellen Formationen stützen und sie doch mit dem »Siegel allgemeiner gesellschaftlicher Anerkennung« versehen konnte, um die Achtung und die Zustimmung anderer Klassen einzuschließen.

Folglich ist diese Periode stark von den verschiedensten neuen Lehren über Gesellschaft und Staat durchsetzt: ineinander übergreifend, einander ausschlachtend und sich voneinander in lautem Streit unterscheidend. Diese sich ausbreitenden Diskurse und Ideen waren insofern *negativ* vereint, als sie das alte Terrain des liberalen Individualismus und des *Laissez-faire* verließen; *positiv* durch ihre Zustimmung zu den neuen Modellen des sozialen Kollektivismus, in deren Zentrum eine neue Auffassung von der »ethischen« Rolle des Staates stand. Diese neue Auffassung vom Staat wurde durch eine ganze Anzahl von Lehren artikuliert: Sozialimperialismus, »nationale Effizienz«, Schutzzollpolitik, »neuer« Liberalismus, Sozialdemokratismus, die Koalitionspolitik von Lloyd George, Sozialdarwinismus, ethisches Christentum und andere philosophische Schulen und politische Strömungen, die zur Bildung eines neuen Kollektivismus beitrugen, gegründet auf dem Ideal des universalen, interventionistischen Staates. Diese Ideen wuchsen in der kulturellen Sphäre schon seit einiger Zeit heran. Schon im Jahre 1867 dachte Matthew Arnold, er höre im Geräusch der während der Reformagitation niederprasselnden Hyde-Park-Reden die Ankunft der Demokratie. Aber wie so viele seiner gebildeten ZeitgenossInnen und NachfolgerInnen deutete er sie als Vorbotin der »Anarchie«. Arnolds Hauptthema in *Culture and Anarchy* war die Frage, wie ein anderes Machtzentrum alternativ zur Demokratie gebildet werden könnte und welchen Preis die Nation würde zahlen müssen, wenn sie die Lösung des Problems einem direkten Kampf zwischen Aristokratie, Mittel- und Arbeiterklassen überlassen würde. Diese brauchten in schwierigen Zeiten etwas, das über das Schlachtgetümmel hinausweise, Maßstäbe für herausragende Leistungen und Intelligenz – ein Reich des Idealen, von »Süße und Licht«, jenseits, über und im Gegensatz zu den unmittelbaren klassen-kulturellen Interessen.

Dieses Ideal, das er »Kultur« nannte, konnte nur geschaffen werden, wenn es direkt auf eine Autorität gegründet würde, die sich von jeder Klasse abheben konnte und nur für das »beste Selbst« der Gesellschaft stehen bzw. es repräsentieren würde. Die Quelle dieser Autorität musste der Staat sein (vgl. Arnold 1963, 204).

Die rohe Gewalt des Monopols

Dieses Ideal wurde verwirklicht: eine Staatsaufsicht über die sich entwickelnden, neuen Kommunikationsmittel wurde institutionalisiert, durch die Meinung und Zustimmung reguliert wurde. In der Zeit zwischen den letzten Jahren des 19. Jahrhunderts und den 20er Jahren des 20. Jahrhunderts wurden in rascher Folge die stehende, die bewegte Fotografie und das Kino geboren, die Kabeltelegrafie, drahtlose Telegrafie, der Phonograph, das Telefon, das Radio und schließlich das Fernsehen. Der technische und kommerzielle Pionier von Funk und Radio war die 1897 gegründete große internationale Marconi Company. Sprache und Musik wurden erstmalig im Jahre 1906 gesendet. Dies erschien zunächst unbedeutend gegenüber dem kommerziellen Potenzial der »drahtlosen Telegrafie«, die rasch von Marconi dominiert wurde – ein Oligopol ganz neuer Art. Die strategische Bedeutung des Funks wurde erst während des Ersten Weltkriegs offensichtlich. Damit tauchte ein neuer Faktor auf: die Frage der Kontrolle. Seine strategische Bedeutung machte den Funk für das militärische und Verteidigungs-Establishment sehr interessant. Nach dem *Wireless Telegraphy Act* von 1904 mussten »alle Sender oder Empfänger von Funksignalen eine Lizenz haben, deren Bestimmungen und Bedingungen von der Post festgelegt werden«. Amateursender wurden zwischen 1914 und 1919 verboten. Das Imperial Communications Committee beschwerte sich im Jahr 1920, dass die Sender von Marconi »wichtige Sendungen stören« (Briggs 1961, 48f.). Wenngleich die allgemeine Struktur des Rundfunks noch chaotisch und sein ganzes Potenzial noch nicht erkannt war, hatte der Staat bereits »ein Interesse« begründet.

Dann wirkten mehrere Faktoren zusammen, dieses Chaos in eine sehr bestimmte und neue Formation umzuwandeln. Zuerst wollten die Produzenten ihre kommerzielle Vorherrschaft gegen die Konkurrenz von Amateuren und kleineren Rivalen konsolidieren: dazu mussten sie aber zunächst die Konkurrenz untereinander der Konsolidierung ihres Monopols unterordnen. Das wurde durch eine Verschmelzung der »großen Sechs« (Marconi, Metropolitan Vickers, General Electric, Radio Communications, Hotpoint und Western Electric) mit den »beiden kleinen« Gesellschaften (Burndept und Siemens) erledigt. Diese Entwicklung wurde von der Regierung ausdrücklich ermutigt. So bildete sich die kommerzielle und industrielle Basis der British Broadcasting Company. Das war ein machtvoller und restriktiver Zusammenschluss; ein weniger höflicher Name dafür wäre Kartell.

Ein zweites Element kam hinzu. Die Bedingungen des »booms«, unter denen sich das Radio in den Vereinigten Staaten in der ersten Zeit (1914–1929) ausbreitete, sollten als furchtbare Warnung dienen. Das amerikanische Radio existierte in einer ungeregelten und zügellosen Konkurrenz, was zu Wellensalat und »Störungen« führte. Das Senden wurde zu einem offenen Rennen, einem Kampf um das »Geschäft mit dem Radio«, ein Feld lukrativer Investitionen und ein Kanal für konkurrierende Werbung. Auf der einen Seite beschleunigte diese kommerzielle Konkurrenz »Störung und Überlagerung, ein Knäuel von Signalen und die gegenseitige Störung und Unterdrückung rivalisierender Programme« (ebd., 64). Andererseits förderte die ungeregelte Art des Funkmaterials einen »sorglosen« Umgang mit dem Medium – es war eher ein »Spielzeug zur Unterhaltung von Kindern als ein Dienst an der Menschheit« (ebd., 48).

Die Post und die Regierung wandten sich in Großbritannien entschieden gegen das »Chaos im Äther«, das sie auf die unlizenzierte und unregulierte Art der kommerziellen Konkurrenz zurückführten (also auf eben jenen Markt, der angeblich die Freiheit der Presse so gut bewahrt hatte), der kein öffentliches Interesse oder ernsthaftes gesellschaftliches Anliegen aufgezwungen werden könnte. Da sich die kommerziellen Interessen nun einmal durch eine Verschmelzung herausgebildet hatten und der Staat mit diesem Monopol verhandeln konnte, trat er in eine Art *kulturelle Partnerschaft* mit diesem ein. Im Januar 1923 erteilte die Post der vereinigten British Broadcasting Company im Januar 1923 eine exklusive *Lizenz,* »Nachrichten, Information, Konzerte, Vorträge, Bildungsprogramme, Reden, Wetternachrichten, Theater-Unterhaltung und jegliche andere Sendungen […] im Rahmen und im Umfang der besagten *Lizenz* zu senden« (ebd., 127). Dieses künstliche Ungeheuer wurde zur Basis des öffentlichen Rundfunks in Großbritannien: eine »Sendeautorität, ein nur notdürftig verkleidetes Instrument des privaten Unternehmertums, das doch merkwürdige Ähnlichkeit mit einem offiziell abgesegneten Monopol hatte« (Boyle 1972, 128). Als erster Spitzenmanager der Company wurde J. W. C. Reith ernannt, der ihr kulturelles Geschick leiten sollte.

Die BBC war eine Kulturinstitution ganz neuen Typs. Die Regelung durch »reine Marktkräfte«, durch offene und ungehinderte Konkurrenz, die zur »Befreiung« der Presse gedient hatte, war nicht mehr geeignet, um in einer auf ein technisches Medium von so enormer gesellschaftlicher und politischer Macht gestützten Massendemokratie einen neuen Ort kultureller Autorität zu erhalten. Da brauchte man eben eine neue Art von Partnerschaft zwischen Monopolkapital, Volk und Staat. Eine derartige Institution brauchte auch eine neue »Philosophie«. Die lieferte in erster Linie Reith. Hochherzig und gemeinsinnig wie Arnold, wenn auch moralisch strenger und selbstgerechter, war Reith davon überzeugt, dass – angesichts des »Chaos« rivalisierender Parteien, Kräfte und Doktrinen in einer Demokratie – die Gesellschaft eine feste moralische Führung, Achtung vor den traditionellen Werten und vor einem »besseren Selbst« brauche. Die Zustimmung und das Vertrauen der Leute müssen für eine Autorität gewonnen werden, die öffentlichen Geschmack und Werte nicht nur über das Medium des freien Marktes *widerspiegelt,* sondern die den öffentlichen Geschmack erzieht, *führt, formt* und auf »höhere Werte« lenkt. Reith erlegte dem Rundfunk ein hohes, strenges, idealistisches und traditionalistisches ethisches Regime auf. So eine Aufgabe, eine Berufung, konnte aber seiner Meinung nach nicht ohne die volle Autorität des Staates erfüllt werden. Nur der Staat konnte den Rundfunk mit der Legitimität kultureller Führung ausstatten. Reith war, in diesem Sinne, wenn auch keineswegs ein »Kollektivist«, so doch eine neue Art von intellektuellem Wächter – ein organischer Intellektueller des Staates. Das neue Instrument kultureller Erziehung brauchte, seiner Auffassung nach, ein Ideal vom Dienst an der Öffentlichkeit, einen Geist moralischer Verpflichtung und gesicherte Finanzen. All dies war unmöglich ohne das, was er die »rohe Gewalt des Monopols« nannte (Briggs 1961, 238). Und so führte der Mann, der zum Chefmanager eines lizenzierten Monopols ernannt worden war, vor dem Crawford Committee Argumente an, die dieses von der Notwendigkeit überzeugte, die »Company« in eine »Corporation« zu verwandeln: eine öffentliche Behörde mit Reith als ihrem ersten Generaldirektor! Die Formel für diese neue Art kultureller Institution wurde von Reith feinfühlig wie gewöhnlich, aber präzise formuliert: »eine öffentliche Dienstleistung, nicht nur ihrer Ausführung, sondern auch ihrer Verfassung nach – aber gewiss kein Staatsministerium« (Reith 1949, 102). Diese feinsinnige Verortung – *im* Staat, *vom* Staat Autorität beziehend, aber nicht *staatlich* – ist seit jeher die Grundlage der kulturellen Arbeit der BBC, die Begründung ihrer »Abhängigkeit« wie ihrer »Unabhängigkeit«.

Das gesamte Schwergewicht der BBC lag, wie beim Staat, dessen Entwicklung sie gewissermaßen spiegelte, auf »Zentralisierung«. Breite und Vielfalt, die in der Presse durch freie und ungeregelte Konkurrenz erreicht wurden, mussten irgendwie als *Strategie* in der vermischten Programm*politik* einer korporativen Institution *angelegt* werden. Die Rundfunkleute, ihre kulturellen Hüter, sollten die öffentliche Verantwortung übernehmen, die Kultur des gesamten Volkes als eine organische *nationale* Kultur darstellen und zugleich traditionelle Werte und Maßstäbe verteidigen und den Massengeschmack zu seinem »besseren Selbst« erziehen. Für diese Konzeption nationaler Kulturpolitik stand eher der Staat selbst Modell (der alle Interessen in sich ausbalancieren und interessenunabhängig handeln soll) als der Markt.

Ein Instrument der Nationalkultur

In der Zeit zwischen ihrem Ausbau als »öffentliches Dienstleistungssystem« und dem Zweiten Weltkrieg wurde die BBC zu einer nationalen, kulturellen Institution. Zwei Wörter, die sich in dieser Periode mit der BBC verbanden, liefern einen Schlüssel zum Verständnis dieser kulturellen Vormachtstellung. Die BBC wurde als »Autorität« betrachtet. Und sie war eine »Körperschaft«. Beide Wörter müssen buchstäblich und in ihrem metaphorischen Sinn verstanden werden.

Die BBC war buchstäblich autorisiert worden, das heißt, sie hatte die Lizenz, sich über den Rundfunk an die Nation zu wenden. Bildlich gesprochen jedoch baute sie eine Machtstellung (d. h. Autorität) gegenüber ihrem Publikum auf. Ihre Maßstäbe, die spezifische Zusammenstellung von Programmen, die gültigen Sprechweisen, der musikalische Geschmack, Bildung und die Auswahl von Unterhaltung, ihr »Rundfunkverhalten« (eine Zeit lang trugen alle Nachrichtensprecher von Reith Abendanzug und schwarzen Schlips, obwohl sie ja nicht gesehen wurden) setzten die autoritativen Maßstäbe, nach denen der öffentliche Rundfunk selbst beurteilt wurde.

Und die BBC war buchstäblich eine »Körperschaft«: sie vereinigte in einer Institution alle Elemente, die für Aufbau und Erhaltung eines nationalen Rundfunkmediums als notwendig erachtet wurden. Bildlich gesprochen aber inkorporierte sie alle Publikumsgruppen der Nation, das heißt, sie fasste sie zu einer organischen, wenn auch in sich vielschichtigen Einheit zusammen: regionale, lokale, metropolitane Gruppen; sie vereinigte auch alle Geschmacksrichtungen und Interessen in der Nation. Die BBC war integrativ in dem Sinn, dass sie für all diese Klassen und Arten von Publikum einen Platz schuf. Sie arrangierte und organisierte sie jedoch in einer bestimmten Hierarchie. Der Schwerpunkt lag auf den gebildeten, toleranten, ernsten, kultivierten, gemeinsinnigen, selbstlosen Mittelschichten – Arnolds Tugendwächter. Sie entwarf aber auch einen annehmbaren, wenngleich untergeordneten Platz für die vielen regionalen und der Arbeiterklasse angehörenden Hörerschaften und fügte sie dadurch in die nationale Hörerschaft ein (vgl. dazu Cardiff & Scannell 1982, 44). Auf diese Weise identifizierte sich die BBC mit einer bestimmten Darstellung der Nation, sie war ein nationales (kein regionales) Medium für eine nationale Hörerschaft. In ihren Programmen und Politiken richtet sich die BBC an die von ihr konstruierte Nation, indem sie die vielen englischen Stimmen in ihrer »Stimme« versöhnte. Die ganze Skala von »nationalen Stimmen« wurde der Nation durch das Medium der Schallwellen zurückgespiegelt. Und doch – die Standardstimme, der akzeptierte Akzent, die übliche Aussprache und der Tonfall der »BBC-Stimme«, setzte ihnen ihre Schranken und wies ihnen ihren Ort zu. Das war natürlich weder »Cockney« noch »Scouse«, nicht einmal das echte »Oxbridge«. Es war eine synthetische Spielart der Sprache der gebildeten Mittelschichten aus den an London grenzenden Grafschaften. Eben diese Stimme las die Nachrichten, leitete die Programme ein, beschrieb die Symphonien, interviewte offizielle SprecherInnen, machte die Ansagen, füllte die Lücken zwischen den Programmen: Sie war der Zement, der den Rundfunk zusammenhielt. In den anderen Programmbereichen der BBC, in ihrer mehr politischen, weniger kulturellen Rolle, spielte sich in vieler Hinsicht derselbe Prozess ab. Auch hier stellte sich die BBC als die Stimme der Nation dar, nicht als die des Staates, der Regierung oder gar »des Volkes«. Eine Schlüsselepisode bei dieser Verwandlung in eine nationale Institution war der Generalstreik. Während des Generalstreiks 1926 war das Land entlang der Klassenlinien und politischen Gräben tief gespalten. Das Kabinett Baldwin dachte, von Churchill angetrieben, ernsthaft daran, die BBC unter sein Kommando zu stellen, wie es das mit der Presse getan hatte. Reith focht hart darum, die »Unabhängigkeit« der BBC zu erhalten, wenngleich er mit der Regierungsseite sympathisierte. Zum ersten Mal wurde in diesem Moment die von den Prinzipien und Praktiken der »Unparteilichkeit und Ausgeglichenheit« geschützte Autonomie der BBC gegenüber dem Staat mit Nachdruck verkündet und verteidigt. In einem vertraulichen Schreiben an das leitende Personal fasste Reith, als der Streik beendet war, das empfindliche Gleichgewicht, auf dem diese Autonomie beruht, in Merksätze. Indem »wir« unabhängig blieben, argumentierte Reith, »bewahrten und erhielten wir das Wohlwollen und sogar die Zuneigung der Leute; [...] vertraute man uns, dass wir jederzeit das Rechte tun; [...] wir waren eine nationale Institution und sogar ein nationaler Wert.« »Auf der anderen Seite«, fuhr Reith fort, »da die BBC eine nationale Einrichtung war und da die Regierung in dieser Krise für das Volk handelte [...] war die BBC in dieser Krise auch für die Regierung«. Briggs bemerkt, diese verschlungene Grundsatzaussage »macht den Wunsch der BBC deutlich, ›authentische, unparteiliche Nachrichten‹ zu übermitteln und zugleich in jeder Bedeutung des Wortes ›eine Organisation im Rahmen der Verfassung‹ zu bleiben« (Briggs 1961, 365f.). Der komplizierte Balanceakt, durch den die BBC zugleich im Staat bleibt und doch von ihm – von der Regierung wie vom Volke – unabhängig bleibt, ist in diesen doppeldeutigen Formulierungen gut bezeugt.

Das ist, sehr knapp skizziert, die Geschichte, wie sich die BBC eine Identität als nationale, kulturelle Institution schuf, wie sie zur selben Zeit dazu diente, die kulturellen Maßstäbe und Werte oder herrschenden Klassenkulturen aufrechtzuerhalten, indem sie diese in einer einzigen »Stimme« organisierte und die anderen Klassen- und regionalen »Stimmen« in ihren organischen, korporativen Rahmen integrierte. Wie die BBC dann nicht nur einfach eine »nationale«, sondern eine Volksinstitution wurde und zeitweise mit dem Schicksal und Glück des ganzen britischen Volkes identifiziert wurde, das ist die Geschichte des großen Aufschwungs, den die BBC in den Jahren des Zweiten Weltkriegs nahm, als sie viele der Dinge symbolisieren sollte, für die Engländer zu kämpfen glaubten.

Rundfunk – der »Schattenstaat«

Sobald allerdings der Geist »nationaler Einheit« angesichts des Feindes abebbte, wurde das Modell, nach dem die BBC gegründet worden war und das sie über drei Jahrzehnte ausgebildet hatte, auf die Probe gestellt. Mit den neuen Experimenten im Fernsehen tauchte der Reiz eines neuen und höchst lukrativen, zum Radio alternativen Mediums erstmalig in den frühen 50er Jahren auf. Die Fragen nach dem am besten geeigneten Modell kultureller Führung kamen wieder auf. Die Tatsache, dass man sich 1954 für einen ITV Kanal (d.h. einen kommerziellen Sender) und nicht für eine zweite BBC (d.h. eine öffentliche Behörde) entschied, zeigt, dass die Regulierung und Ordnung der Kultur durch den freien Markt in Gesellschaften wie Großbritannien auch in der zweiten Hälfte des 20. Jahrhunderts eine lebendige Alternative zur staatlichen »Inkorporierung« bleibt. Die Bevorzugung des Marktes gegenüber der staatlichen Regulierung hat sich ja seit den 50er Jahren eher noch verstärkt. Das zeigt wiederum, dass die führenden Gesellschaftsklassen zwischen mindestens zwei verschiedenen und konkurrierenden, kulturellen und ökonomischen »Modellen« gespalten bleiben: freier Markt oder Staatsunterstützung. Das erinnert uns auch daran, dass der Staat zwar das notwendige Zentrum ist, durch den die vielen Konfliktlinien der Politik zusammengezogen und zu einem kohärenteren Handlungsimpuls der Regierung verknüpft werden, dass aber die »Einheit« des Staates niemals vollständig ist. Der Staat bleibt widersprüchlich, angetrieben durch konfligierende Perspektiven und politische Interessen; diese reflektieren häufig die wirklichen Uneinigkeiten zwischen und in den verschiedenen Teilen der herrschenden Klasse.

Die konservative Partei war zum Beispiel über die Frage tief gespalten, ob der zweite Kanal als eine »öffentliche Dienstleistung« oder als »marktorientierter kommerzieller« Sender aufgebaut werden sollte. Selwyn Lloyd unterschrieb in Opposition zu den eher »paternalistischen« Mitgliedern seiner Partei (z. B. Lord Hailsham) ein Minderheitengutachten an das Beveridge Committee, von dem das Marktprinzip bevorzugt wurde. Als der *Television Act* von 1953, der zur Einrichtung des ITV Senders führte, schließlich verabschiedet wurde, trug eine *pressure group* von konservativen Hinterbänklern im Bündnis mit denselben kommerziellen Interessen, die in den ersten Tagen der BBC darum gekämpft hatten, diese zu kolonisieren, den Sieg davon (Hersteller von Ausrüstungen, Werbeagenturen, große Investoren usw.). Der zweite Kanal wurde nicht durch eine staatliche Lizenz, sondern durch Verkauf von Werbezeiten solide finanziert. Er musste sich daher der Logik des Marktes unterwerfen. Das bedeutete eine explizite Ausrichtung auf ein Massenpublikum und seine Konsumtionsform durch Programme, die den herrschenden Publikumsgeschmack unmittelbar ansprechen. So wetteiferten in Großbritannien in der ersten Zeit nach dem Beginn der Radio- und Fernsehära zwei Arten von kulturellen Einrichtungen miteinander um die kulturelle Führung, die auf zwei konkurrierenden kulturellen Modellen gründeten und die Verhältnisse zwischen den Klassen und Kulturen auf zwei kontrastierende Weisen orchestrierten – die »paternalistische« BBC und der »populistische« ITV.

Die Wirkungen des Wettbewerbs waren jedoch komplex. Die BBC musste in ihrem Kampf um die Mehrheit des Publikums populistischer werden, bescheidener, mehr auf Konkurrenz bedacht sein. Aber der ITV verbreiterte und variierte auch mit der Zeit seine Produktion, produzierte auf öffentliche Kritik hin einen größeren Anteil von »wertvollem« Material. So kam es, dass die beiden Kanäle mehr Gemeinsamkeiten als Unterschiede haben.

Andererseits kann diese »friedliche Koexistenz« (d. h. scharfe Konkurrenz) zwischen diesen beiden Elementen des Duopols, das seither das

Fernsehen im Lande beherrscht hat, leicht missverstanden werden, was die Einmischung des Staates in die Kultur angeht. Denn das ITV (wie der neue vierte Kanal) ist nicht und war niemals eine reine Instanz des kommerziellen Modells, wie es die Presse des 19. Jahrhunderts war. Wenngleich ITV unabhängig organisiert und finanziert war, hatte ihm der Staat durch die Bestimmungen der Gründungsakte (im Prinzip) und durch die ihm vorgesetzte Aufsichts»behörde«, der Independent Broadcasting Authority (IBA), viele Maßstäbe, Kriterien und Anforderungen des öffentlichen Sektors aufgezwungen. Vom ITV wird erwartet, dass es auf seine Weise »der Nation dient« und einem Ideal öffentlicher Dienstleistung genügt. Es muss auch bestimmte festgelegte Programmkriterien und -maßstäbe erfüllen; einer breiten Skala von Publikumsinteressen und -geschmack dienen; es muss sich also an die Nation wenden. Seine Arbeit wird durch die IBA koordiniert. Seine Anträge auf Senderechte müssen (auch wenn die Einzelheiten privat bleiben) bestimmten Anforderungen genügen, und im Bereich von Nachrichten und politischen Sendungen sind die Anforderungen an »Ausgewogenheit, Neutralität, Unparteilichkeit« – die Bedingungen, nach denen das Fernsehen zugleich »unabhängig« und doch »im Rahmen der Verfassung« bleiben darf – weitgehend dieselben wie die in der Praxis der BBC herrschenden. Sie sind sogar in dem *ITV Act* klarer und formaler gefasst als in der *Charter* der BBC (vgl. Kumar 1977).

Das Fernsehen ist also mit vielen sichtbaren und unsichtbaren Fäden, direkt und indirekt, mit dem Staat verbunden. Die Rundfunkleute und die allgemeinen Strategien der Sender bleiben zwar in ihrer täglichen Arbeit ziemlich unabhängig, sind aber innerhalb des staatlichen Bereichs und der Staatsgewalt organisiert. Die Definitionen politischer Wirklichkeit, die innerhalb des Staates als »legitim« angesehen werden, bilden zugleich die Grenzen, in denen sich die Medienversion der Wirklichkeit bewegt. Die Sendeanstalten werden nicht direkt eine Regierungsmeinung reproduzieren; sie sind nicht in diesem Sinne das bloße Sprachrohr der regierenden Partei. Aber wie der Staat nicht den einen Unternehmer gegenüber dem anderen bevorzugt, sondern das System des privaten Unternehmertums *als Ganzes aufrechterhält,* so wirft kein Sender illegal sein Gewicht in die Waagschale der einen oder anderen politischen Partei; er achtet und pflegt aber den ganzen ideologischen Rahmen, die Grundstruktur gesellschaftlicher Verhältnisse, die bestehende Verfügung über Reichtum, Macht, Einfluss, Prestige – auf deren Fundamenten er schließlich selbst ruht. Wenn Rundfunk und Fernsehen irgendeine dieser Fragen behandeln, sind ihre Ausgangspunkte, ihre Parameter und Bezugsrahmen dieselben wie diejenigen, die der Staat für die Gesellschaft gesetzt hat. Die für den Staat neuralgischen Punkte (Nordirland, Streiks, Gewerkschaftsmacht, atomare Strategie, Inflation, linke Vorstöße in den politischen Parteien) werden früher oder später auch zu neuralgischen Punkten von Rundfunk und Fernsehen. Die Anstalten orientieren sich ständig an den Verschiebungen und Trends in der etablierten politischen Kultur und passen sich ihnen an. Wenn ein kontroverses Problem erörtert werden soll, wird jeder Mensch vom Rundfunk oder vom Fernsehen mit einem gewissen Instinkt fürs Überleben die herrschende Definition des Problems als Ausgangspunkt nehmen. Wenn die Nation gespalten ist, wenn bestimmte Probleme die Parteien und Klassen zerreißen, dann bildet der vom Staat repräsentierte letzte Rest von Konsens den einzigen Ruhepunkt oder die letzte Autorität, die für Rundfunk und Fernsehen ein gewisses Element von Legitimität bewahrt.

Allgemein scheint es so, dass sich BBC und ITV in diesem neuen Modell – wenn auch in unterschiedlichem Ausmaß – bewegen, sich nach dem Vorbild des Staates modellieren und dessen Praxen zu reproduzieren suchen. In Zeiten relativer Ruhe oder nationaler Einheit versorgt der allgemeine Konsens (der nach der liberal-demokratischen Theorie vom Staat repräsentiert werden soll) Rundfunk und Fernsehen mit seiner Autorität, Legitimität und mit praktischer Orientierung. In Zeiten des Streits und sozialer oder politischer Spaltungen umschiffen die Rundfunkleute die Gräben im Konsens, indem sie – wie die Beamten – eine »über den Kämpfen schwebende« Position der Unparteilichkeit und Neutralität einnehmen.

Dieses Bündel von grundlegenden Parallelen zwischen den Sendeanstalten und dem Staat (besonders stark in den Bereichen Nachrichten, aktuelle Ereignisse und politischer Kommentar) kann man in der aktuellen Praxis einzelner Programme verfolgen. Aktuelle (politische) Fernsehprogramme weisen der Form nach auf nichts so deutlich hin wie gerade auf die Quelle ihres Zusammenhalts: den Staat. Sie sind so organisiert, als sei die BBC wirklich eine Art von »Schattenstaat«: das Studio – ein Mikrokosmos des Parlaments; die FernsehmitarbeiterInnen – niemand anders als die »SprecherInnen des hohen Hauses« selbst; und die »FachkommentatorInnen« – die Entsprechungen zu den höheren Beamten und Staatssekretären mit ihren neutralen Schriftsätzen – selbstlose Wächter des »öffentlichen Interesses« (vgl. dazu auch S. 124ff. in diesem Band).

Schlussfolgerungen

Ich habe zu zeigen versucht, wie kulturelle Institutionen und Praxen ein bestimmtes Muster von Verhältnissen zwischen den Kulturen und Klassen in der Gesellschaft institutionalisieren (einrichten, fixieren, bewahren, stabilisieren). Diese Konfigurationen verschieben sich parallel zu viel weitreichenderen »epochalen« Verschiebungen und historischen Übergängen. Sie sind aber nicht einfach Neuanordnungen eines bestehenden Musters. Sie führen zur Errichtung neuer »Kräfteverhältnisse« zwischen den Klassen und den Kulturen. Sie modellieren den Charakter kultureller Führung in der Gesellschaft neu und geben ihr eine neue Gestalt. Sie mobilisieren Zustimmung und tragen dazu bei, die Unterstützung der Massen für verschiedene Typen von klassen-kultureller Macht zu gewinnen und zu bewahren. Der Umbau dieser Verhältnisse spielt in den Prozessen eine zentrale Rolle, durch die Hegemonie in bestimmten, historischen Perioden gewonnen oder nicht gewonnen wird. Ich habe gezeigt, wie in jedem der drei betrachteten Fälle ein anderes Modell kultureller Autorität ausgeformt worden ist; wie dies Modell für eine gewisse Zeit eine Art von Vorherrschaft erlangt hat und dadurch (wiederum für eine gewisse Zeit) die kulturelle Führung einer bestimmten sozialen Kraft oder eines Bündnisses sozialer Kräfte absicherte, indem sie die beherrschten Klassen in der Unterordnung positionierte und festhielt. Ich habe auch den Druck skizziert, der zur Auflösung eines jeden dieser Modelle und zu seiner Ablösung durch ein anderes Modell führte.

Es gibt offensichtlich keinen linearen Fortschritt beim Übergang von einem Modell zum anderen in Bezug auf die Rolle des Staates. Selbst im Rundfunk- und Fernsehmodell des 20. Jahrhunderts wurden die Beziehungen zwischen Staat und Kultur unterschiedlich organisiert, und es gibt sogar deutliche Belege dafür – stärker zunehmend unter dem Thatcherismus –, dass sich die herrschenden Klassen darüber uneinig sind, wie diese Beziehungen organisiert werden *sollten*. Gleichwohl ist die allgemeine Tendenz (der wichtigste Punkt in Gramscis erweitertem Staatsbegriff) nicht zu leugnen: die Hegemonie in Massendemokratien muss sich zunehmend auf die erweiterte kulturelle Rolle des Staates stützen.

Übersetzung: Wieland Elfferding

Die strukturierte Vermittlung von Ereignissen

In modernen, fortgeschrittenen, industrialisierten, kapitalistischen Demokratien wie Großbritannien heute spielen Massenkommunikationssysteme eine entscheidende ideologische Rolle. Die einzig vergleichbare Institution früherer Zeiten wäre die Kirche zu der Zeit, als der Katholizismus die einzige universale religiöse Institution darstellte. Sie integrierte – innerhalb eines gemeinsamen Kanons von Glaubensinhalten, Praxen und Doktrinen und durch ihre Hierarchie, ihre Ämter und Organisationen – die Mächtigsten und die Untersten im Lande in einem einzigen religiösen System. »Soziologisch« betrachtet helfen die modernen Massenmedien, unter den verschiedenen Regionen, Klassen und Kulturen einer komplexen Gesellschaft wie der britischen zu vermitteln – und sei es auch nur, indem sie eine Region oder Klasse mit Informationen und Bildern darüber versorgen, wie »die anderen leben« und auf welche Weise wichtige Ereignisse sie betreffen. Dies ist eine entscheidende Funktion, da unsere Gesellschaft komplex und vielschichtig ist und es für die Masse der Bevölkerung, die nicht im Zentrum der Macht und Entscheidungsgewalt steht, schwierig ist – aus ihrer eigenen begrenzten und verschiedenartigen Erfahrungswelt –, Kenntnisse über Trends, Bewegungen und Entwicklungen in der britischen Gesellschaft *als Ganzes* zu bekommen. Verglichen mit ähnlichen Gesellschaften in Westeuropa und Nordamerika ist das britische Massenkommunikationssystem (nimmt man die nationale Presse und die Radio- und Fernsehgesellschaften zusammen) sehr dicht konzentriert. Nicht nur »Nachrichten« und »Information«, sondern auch Bilder und ein Gefühl für das, was wichtig und »bedeutend« ist – was die Nation heute beschäftigt –, bindet die britische Gesellschaft von Süden bis Norden täglich zusammen. Durch die Auswahl dessen, was berichtet und was gezeigt wird, bestimmen die Medien mit, welche Themen täglich auf die öffentliche Tagesordnung gesetzt werden, und sie tun dies im Großen und Ganzen im *nationalen Maßstab.* Wenn wir sagen, dass die Medien dazu beitragen, die Gesellschaft zu »integrieren«, meinen wir damit nur, dass sie das Wissen von und den Kontakt zwischen verschiedenen wechselnden Gruppen in der Gesellschaft erhöhen. Früher brauchte es Wochen, bis »Nachrichten« aus London abseits liegende Regionen erreichten, und vielleicht Monate, bis eine päpstliche Bulle der Katholischen Kirche in Rom die englische Provinz erreichte. Aus der Tatsache, dass die Leute heutzutage miteinander – und mit dem

Landeszentrum – »in Kontakt« stehen, folgt nicht notwendigerweise, dass sie auch stärker miteinander »übereinstimmen«.

Die »Nachricht«, dass die Arbeitslosigkeit im Nordwesten oder in Schottland beträchtlich höher ist als im Südwesten, gibt den Menschen ein besseres Bild der Beschäftigungsstrukturen im ganzen Land. Sie muss aber die Leute in Glasgow nicht unbedingt dazu veranlassen, sich jenen »ähnlicher« oder stärker »verbunden« zu fühlen, denen es anderswo beträchtlich besser geht als ihnen.

Wenn wir von »Nachrichten« und »besser informiert sein« sprechen, müssen wir im Auge behalten, um welche Art von Information es sich handelt. Erstens sind es »Nachrichten« im engen Sinne: aktuelle Informationen darüber, was in Großbritannien und der Welt geschieht. Aber es sind gleichzeitig »Bilder« und »Abbildungen« von dieser Welt, die wir erhalten – und diese sind ein mächtiger Anreiz, Bescheid wissen zu wollen. Außerdem sind sie »Wissen« darüber, wie Menschen sich verhalten, woran sie denken, worüber sie sprechen und wie die Moden – bei Kleidern, Lebensstilen, Sprachen oder Ideen – sich ändern. Schließlich sind es »Nachrichten« darüber, wie Meinungen *über* Ereignisse sich ändern. Es wäre besser, all dies nicht »Informationen« im engsten Sinne zu nennen, sondern *praktisches soziales Wissen*. Beim Sehen von *Coronation Street* können wir vermutlich ebenso viel darüber »lernen«, wie wir uns die Arbeiter-Gemeinden des Nordens vorstellen – obwohl wir es uns nicht anschauen, um »informiert« oder »unterrichtet« zu werden – wie von *Nationwide* (das wahrscheinlich mehr »Unterhaltung« als »reine Nachrichten« enthält). Anstatt einfach zu sagen, die Medien »informieren und unterrichten«, wäre es wohl besser zu sagen, sie erweitern und formen unser generelles soziales Wissen – unsere »Bilder von der Welt« – über Ereignisse in unserer Gesellschaft und an anderen Orten.

Noch einmal, »soziologisch« betrachtet, überbrücken die Massenmedien eine Reihe von entscheidenden Rissen in unserer Gesellschaft. Die Art »sozialen Wissens«, das die Medien vermitteln, verbindet, grob gefasst, zwei getrennte Gruppen in der Gesellschaft. Erstens überbrückt es die Distanz zwischen den »Mächtigen« und den »Machtlosen«. Die Masse des Medienpublikums setzt sich aus einfachen Bürgern zusammen, die in ihrem Alltag kaum Zugang zur oder Informationen über die große Politik und Strategie oder über Entscheidungen und Ereignisse haben, die wahrscheinlich früher oder später ihr Leben unmittelbar betreffen werden. Zweitens überbrückt es die Distanz zwischen denjenigen, die »wissend« sind – den »Informierten« –, und denen, die hinsichtlich der Funktionsweise von

Macht »unwissend« sind. Wir haben von diesen als zwei offensichtlich verschiedenen Gruppen gesprochen. Doch man wird sehen, dass sie sich oftmals überschneiden. Diejenigen, die jeden Tag nationale Entscheidungen treffen, wissen tendenziell auch besser Bescheid – aus vielfältigen Gründen. Diejenigen, die dies nicht tun, mögen eine hohe Bildung besitzen, aber sie haben kaum Zugang zu der Art von privilegiertem Wissen, das wir hier meinen. Anders ausgedrückt: Die Massenmedien funktionieren und werden geformt durch die Art und Weise, wie *Macht* und *Wissen* in der Gesellschaft (ungleich) verteilt sind.

In diesem Artikel beschäftigen wir uns besonders mit »Nachrichten« (im weiten Sinne) über bedeutende nationale und internationale Ereignisse – Ereignisse von politischer, ökonomischer oder sozialer Bedeutung. Ein wesentlicher Teil der Medienzeit und der beträchtlichen technischen, sozialen und finanziellen Mittel werden in unseren Mediensystemen in diesen Bereich des »praktischen sozialen Wissens« investiert. Aber was sind »Nachrichten« – wer sagt, dass das, was wir bekommen, »die Nachrichten« *sind?* Wir können diese Frage auf zweierlei Weise angehen: Erstens durch eine allgemeine Definition; zweitens im Hinblick auf die Praxis derjenigen, die Informationen und Wissen zu Nachrichten verarbeiten. Zur Verdeutlichung können wir uns einen »stabilen Zustand« der Welt vorstellen, in der sich von einem auf den anderen Tag absolut *nichts* ändert. Das Leben geht weiter wie zuvor. Im strengen Sinne gäbe es nichts »Neues« zu berichten. Man erzählt sich, dass zur Zeit von Lord Reith, als BBC-Nachrichtensprecher noch im Smoking und mit schwarzem Schlips erschienen, ein Ansager tatsächlich eines Abends auftrat und sagte: »Es gibt heute keine Nachrichten.« Der Punkt ist, dass »Nachrichten«, wörtlich genommen, Information darüber sind, *wie sich die Dinge geändert haben,* seit wir zuletzt eine Bilanz des Weltgeschehens zogen. Gewöhnlich, nicht immer, ändern sie sich zum *Schlechteren.* Deswegen gibt es so wenig »gute Nachrichten« und deswegen sind »schlechte Nachrichten« fast immer »Nachrichten«. Diese Nachrichten über Veränderungen und neue Entwicklungen können natürlich verschiedene Formen annehmen. Sie können über etwas berichten, das wie ein Blitz aus heiterem Himmel kam – völlig unerwartet: ein Erdbeben in Süditalien und seine Folgen. Sie können uns über eine Richtungsänderung in einem Prozess berichten, den wir schon kennen: die Wiederaufnahme von Kampfhandlungen im Nahen Osten oder eine Wende in der Wirtschaftspolitik der Regierung. Sie können über etwas berichten, das zwar an anderen Orten alltäglich, für uns aber »Nachricht« ist: Wussten Sie, dass in Kambodscha immer noch

Millionen verhungern? Wussten Sie, dass Tausende von PalästinenserInnen immer noch in Übergangslagern leben? Was immer es auch ist, die Nachricht kommt zu uns als etwas Unerwartetes, etwas Ungewöhnliches und Unvorhersehbares. Sie durchbricht die gewohnte Erwartung, die wir im Hinterkopf haben, dass »die Dinge einfach weitergehen werden wie bisher«. In diesem Sinne können uns die Nachrichten auf Veränderungen in der Welt vorbereiten – fast immer jedoch »überraschen« sie uns bis zu einem gewissen Grad (und beunruhigen uns deswegen vielleicht, weil sich die Welt entgegen unseren Erwartungen und Hoffnungen als immer weniger stabil, vorhersagbar und sicher erweist).

Diese allgemeine Definition hilft, die Praxis der Nachrichtenleute und JournalistInnen und den »Nachrichten-Wert« eines Ereignisses zu erklären, nach dem sie entscheiden, worüber sie berichten und worüber nicht. Wenn Nachrichten an Veränderungen geknüpft sind, dann werden die größten, dramatischsten, unerwartetsten, weitreichendsten Veränderungen auch die wichtigsten »Nachrichten« sein. Natur- und von Menschen verursachte Katastrophen, Konflikte, die in offene Gewalt ausbrechen, dramatische Änderungen in der Politik und bei den Machthabern, der dramatische Auf- und Abstieg bedeutender Persönlichkeiten und Regierungen, entscheidende Durchbrüche, unerwartete Beschlüsse oder Kompromisse – all diese Ereignisse tendieren dazu, ganz »von selbst« den Weg an die Spitze der Nachrichten-Liste zu finden. Auf dem festen Hintergrund einer Welt im »stabilen Zustand« werden Katastrophen, Konflikte, Kontroversen und plötzliche Umschwünge immer einen hohen »Nachrichten-Wert« haben. Es hat keinen Zweck, den NachrichtensprecherInnen die Schuld zu geben, weil das, was sie uns berichten, den gleichmäßigen Verlauf unseres Lebens stört. Dramatische Richtungsumschwünge stellen das Hauptkriterium für den »Nachrichten-Wert« dar, aber es ist nicht das einzige. Die Nachrichten sind auch *ethnozentrisch:* Eine Katastrophe in fremden Ländern, die Großbritannien nicht betrifft, wird niedriger rangieren, weil sie für uns weniger wichtig ist (jedenfalls den NachrichtenredakteurInnen zufolge) als eine kleine Katastrophe, die dieses Land direkt betrifft. Sie kennen bestimmt den Witz über die Nachrichtenmeldung, die besagte: »Tausende starben bei Erdbebenkatastrophe. Drei Engländer verletzt.« Darin liegt mehr als ein Körnchen Wahrheit. Auch sind Nachrichten stark an Macht oder an mächtigen und prominenten Leuten und Persönlichkeiten orientiert. Auf Macht kommt es natürlich an, da eine bedeutende Entscheidung, von 20 Leuten im Kabinettsraum getroffen, Folgen für die gesamte Bevölkerung haben kann. Die Nachrichten sind also fasziniert von Macht – und von Leuten, die Macht ausüben, einschließlich der Art von Macht, die prominente Persönlichkeiten wie SportlerInnen und UnterhaltungskünstlerInnen haben.

Ein Teil der Nachrichten haben einen mehr »feierlichen« Charakter – auch wenn kein dramatischer Umschwung der Ereignisse zu verzeichnen ist. Nationale Ereignisse, wie die Parlamentseröffnung – Rituale, die die Öffentlichkeit mit dem symbolischen Leben der Mächtigen und der Nation verbinden – haben immer einen Anspruch auf einen Platz in den Nachrichten, obwohl sie nichts Ungewöhnliches beinhalten und regelmäßig jedes Jahr zu einer bestimmten Zeit stattfinden. Aber die wichtigste Nachrichtengruppe ist die, die Katastrophen, Konflikte, Kontroversen, Wandel, dramatische Umschwünge und Gewalt umfasst.

Über diesen Prozess der »Versorgung mit sozialem Wissen« in unserer Gesellschaft gibt es eine Reihe von Fiktionen. Zwei davon will ich kurz betrachten. Die erste Fiktion ist die, dass die Information ihrem Wesen nach *sachlich* ist oder weitgehend auf Tatsachen beruht. Da ganz besonders das Fernsehen nicht nur Informationen *über,* sondern tatsächlich »lebende« Bilder von Ereignissen in der Welt übermitteln kann, denkt man im Allgemeinen, es zeige, »was tatsächlich passiert«, es öffne »ein Fenster zur Welt« und bringe uns relativ »reines«, nicht durch Meinung verunreinigtes Wissen. Dies könnten wir als naturalistische Auffassung von Fernsehinformation bezeichnen. Daher meint man, sie trage zum »freien Fluss« bzw. zur Zirkulation von Information in unserer Gesellschaft bei. Diese Vorstellung vom »freien Fluss« wiederum wird untermauert und gestützt durch die wesentlichen Einschränkungen, denen Fernseh- und RundfunksprecherInnen in unserem System unterliegen, damit gesichert ist, dass sie »die Fakten« nicht illegitimerweise durch ihre eigene Meinung verunreinigen. Diese Einschränkungen sind in den Anforderungen enthalten, die Art von Informationen im Fernsehen müsste »objektiv«, »ausgewogen« und »unparteiisch« sein. »Objektivität« heißt, die FernsehjournalistInnen müssen das berichten, was sie als »Fakten des Falles« herausgefunden haben bzw. was sie dafür halten, ohne diese mit ihren persönlichen Ansichten zu vermischen. »Ausgewogen« bedeutet, dass, wenn es zwei Seiten zu einer Frage gibt oder zwei wesentliche Meinungen dazu, so muss beiden gleichermaßen Gehör verschafft werden. »Unparteiisch« heißt jedoch: selbst wenn jede Seite in einem Streit eine sehr fest gefasste Ansicht vertritt, dürfen die *BerichterstatterInnen* nicht zwischen beiden urteilen oder ihre persönliche Ansicht darüber äußern, welche Seite recht hat. Diese geltenden Fiktionen und Praxen sollen Rundfunk und Fernsehen, die mächtige Instrumente sind, daran hindern, illegitimerweise Entscheidungen zu beeinflussen, die eigentlich Regierungen, PolitikerInnen oder das Volk entscheiden sollten. Sie zwingen die BerichterstatterInnen, ihr einflussreiches »Recht zu berichten« nicht auszunutzen.

Da die tägliche Verantwortung für die Sendungen bei den Angestellten der Rundfunk- und Fernsehgesellschaften und -anstalten liegt, die nicht (außer den jeweiligen Vorstandsmitgliedern) politisch ernannt sind oder im Sold der Regierung stehen, sollen diese Einschränkungen zwei Dinge sicherstellen: erstens, dass Rundfunk und Fernsehen unabhängig vom politischen System sind; zweitens, dass Rundfunk und Fernsehen dem Volk als unabhängige Informationsquelle dienen können und (wie die Presse) als eine Art »vierter Stand« funktionieren. In der Praxis sind diese Beziehungen natürlich ausgedehnten und komplizierten Verhandlungen unterworfen. Aber im Großen und Ganzen nimmt man an, alle diese Faktoren zusammen würden sicherstellen, dass Rundfunk und Fernsehen eine »freie, unabhängige und zuverlässige« Quelle praktischen sozialen Wissens sind.

Die Gegner dieser Meinung sind in der Minderheit, aber sie wird in einigen Bereichen stark vertreten und hat in den letzten Jahren an Gewicht gewonnen. Sie zeigt die zahlreichen Möglichkeiten auf, die BerichterstatterInnen haben, zu entscheiden, auszuwählen, zu präsentieren und zu vermitteln. Sie verweist auf die häufige Wiederholung herrschender Meinungen, die im Fernsehen in einem günstigen Licht präsentiert werden, wogegen alternative oder Minderheitsansichten selten dargestellt werden. Sie weist auf die finanzielle Abhängigkeit von Rundfunk und Fernsehen von der Regierung und auf die engen Beziehungen zwischen BerichterstatterInnen und ihren mächtigen Informationsquellen hin. Und sie behauptet, Fernsehen und Rundfunk seien alles andere als unabhängig und häufig vielleicht systematisch »voreingenommen« in ihren Präsentationen.

Im Folgenden will ich die Implikationen dieser beiden Ansichten – »frei und unabhängig« kontra »voreingenommen« – genauer untersuchen und eine Alternative aufzeigen. Ich möchte den Streitpunkt an dieser Stelle kurz zusammenfassen: Ich meine, es gibt mehrere überzeugende Gründe dafür, warum das Bild »frei und unabhängig« inadäquat ist, um die Funktionsweise von Rundfunk und Fernsehen und das, was sie machen, zu verstehen – obwohl es nicht völlig falsch ist. Ich behaupte weiterhin, die einfache Vorstellung von der »Voreingenommenheit« – den BerichterstatterInnen die illegitime Äußerung ihrer eigenen Meinungen oder das »Kippen« der Ausgewogenheit vorzuwerfen – ist auch inadäquat, obwohl wiederum nicht völlig falsch. Stattdessen will ich beide Ansichten ersetzen durch eine Sicht des kommunikativen Prozesses als eines notwendigerweise *strukturierten*

Prozesses. Hiermit meine ich, dass die Art der Kommunikation, wie ich sie beschrieben habe, innerhalb bestimmter Strukturen stattfindet und von diesen daher stark beeinflusst, geformt und bestimmt wird. Zweitens meine ich damit, dass Rundfunk und Fernsehen nicht eine Sache (»frei« oder »voreingenommen«), sondern ein Prozess sind, der über eine bestimmte Zeit hinweg stattfindet, bestimmte Beziehungsmuster der darin involvierten Gruppen beinhaltet, davon abhängt, auf welche Weise soziale Praxen miteinander verknüpft sind und der bestimmte vorhersagbare und erkennbare Resultate besitzt. Diese Resultate sind nicht *zufällig.* Wenn wir die Strukturen, die Beziehungen, die Praxen, die Ideen oder Ideologien, die sie beeinflussen, die Bedingungen, unter denen sie funktionieren, die anderen Teile der Gesellschaft, zu denen sie in Beziehung stehen, begreifen, dann können wir die Muster identifizieren – und damit diesen Typus von Kommunikation als einen sozialen Prozess besser verstehen. Deswegen nenne ich die Versorgung mit sozialem Wissen durch Rundfunk und Fernsehen einen *strukturierten Prozess.* Ich will nun eine Reihe von Aspekten darstellen, um diese Behauptung zu untermauern.

Beginnen wir mit dem »freien Fluss« von Informationen – Rundfunk und Fernsehen als »offener Kreislauf«. Es ist wahr, dass Rundfunk und Fernsehen oft darüber berichten, was Leute tun und sagen – und dass diesen die »Nachrichten« durch die Medien wieder zurückgespielt werden, ebenso wie sie zu Massen von anderen Leuten gelangen. Jedoch in keiner Hinsicht können Rundfunk- und Fernsehanstalten und das Volk, das Publikum, in diesem zirkulären Austausch *gleiche* Partner sein. Die Sender verwalten und monopolisieren nicht nur die *Mittel* (technische, soziale, finanzielle), um Informationen zu finden *und* zu übermitteln. Sie müssen immer auch *selektieren.* Es gibt Millionen von wichtigen Ereignissen in der Welt, die jede Minute passieren. Es gibt nur eine halbe Stunde Nachrichten und vielleicht zehn Hauptpunkte dabei. Nicht nur, welcher Punkt in welcher Reihenfolge, sondern auch *welcher Aspekt* eines Ereignisses berichtet werden soll, liegt in der Verantwortung der BerichterstatterInnen. Jeder Bericht von JournalistInnen, der von der Arbeit vor Ort zurückkommt, ist eine Auswahl aus »allem, was passiert ist«. ReporterInnen oder Kameraleute haben jeweils ein oder zwei Aspekte für die Berichterstattung ausgesucht. Davon wiederum müssen die Nachrichtenredakteurinnen und -redakteure, wenn es hochkommt, ein paar Sekunden, die gezeigt werden sollen, auswählen. Einzelne Berichte müssen bearbeitet und für die Nachrichtensendung zurechtgeschnitten werden. Sie müssen der Länge, der Art und dem Format der Programme angepasst werden.

Kommentar und begleitende Bilder oder Informationen müssen in eine Reihenfolge gebracht werden. Übergänge müssen zwischen den einzelnen Berichten hergestellt werden. In gewisser Weise stimmt es, dass die »Nachrichten« von den Leuten wieder zu ihnen zurückfließen. Richtiger aber ist, dass es die BerichterstatterInnen sind, die den Kommunikationskreislauf initiieren und strukturieren; was sie nicht eingeben, wird auch nicht zirkulieren. Dieser Prozess der »Initiierung« von Kommunikation ist festgeschrieben und beinhaltet weitreichende editorische Eingriffe, viele Verfahren des *Formens* und der *Auswahl*, welche nicht nur auf den *vorhandenen*, zur Verfügung stehenden technischen Mitteln basieren, sondern auf *Urteilen* – z.B. auf Vorstellungen davon, was »bedeutend«, »wichtig« und »dramatisch« ist, was einen »Nachrichtenwert« hat und was nicht. Was zuerst ein naturalistischer Prozess zu sein schien (die Welt zu zeigen, wie sie ist), offenbart sich nun als eine sehr komplexe soziale Praxis – die Praxis des *Nachrichtenmachens* – des *Produzierens* von Information. Was zuerst ein perfekter Kreis zu sein schien, kann jetzt als ein Kreislauf gesehen werden, der zwischen *ungleich gewichteten* Elementen hergestellt wurde. BerichterstatterInnen kommunizieren; das Publikum »empfängt« ihre Kommunikation. »Freier Fluss« ist in Wirklichkeit *strukturierter* Fluss.

Sehen wir uns diese Praxen des *Produzierens* und des *Empfangens* von Information etwas genauer an. Ein Ereignis hat stattgefunden: eine Regierung ist gestürzt worden. Doch wie soll dieses »Faktum« gezeigt werden? Es kann nicht *alles* gezeigt werden – teilweise, weil es möglicherweise schon über viele Monate in Vorbereitung war, teilweise, weil währenddessen möglicherweise gerade keine ReporterInnen vor Ort waren, teilweise, weil man niemals alles filmen kann und zum Teil, weil zu wenig Zeit ist, alles zu zeigen, auch wenn man alles gefilmt hätte. Daher werden sehr wenige gefilmte Sequenzen oder Aufnahmen mit höchstens ein paar Minuten Reportage oder Kommentar in der Nachrichtensendung »für« das Ereignis »stehen« müssen: einige Feuerstöße aus einem Gewehr, dazu eine Aufnahme von Panzern, die auf den Hof des »Regierungspalastes« rollen und dazu ein Kommentar. Dies ist natürlich ein genaues Bild davon, »wie es passiert ist«, in dem Sinne, dass die Bilder nicht gefälscht sind und die ReporterInnen vor Ort uns so genau wie möglich schildern, »was passiert ist«. Aber im weiteren Sinne muss alles von *Bedeutung* ausgelassen werden – alle Dinge, die zum Umsturz führten, die damit verknüpften, komplexen Faktoren, die verschiedenen Fraktionen, die eine Rolle spielen, die Resultate innerhalb der nächsten paar Tage, die langfristigen Folgen für das globale Machtgefüge und die Auswirkungen auf unser Leben.

Und was gezeigt *wird,* muss gewissermaßen das »repräsentieren«, was tatsächlich passiert ist, aber nicht gesehen werden kann. Fernsehen kann daher das, was in der Welt passiert, nicht »widerspiegeln« oder »reflektieren«. Es muss Ereignisse in Geschichten übersetzen – in Worte und Bilder. Später am Abend könnten die Geschehnisse in einer aktuellen Dokumentation ausführlicher, über einen längeren Zeitraum untersucht werden (doch selbst dann bleiben die Darstellungen notwendigerweise selektiv und parteiisch). Was zu Anfang berichtet wurde, wird möglicherweise noch einmal gezeigt werden und wird die »Fakten-Grundlage« z.B. für eine Studiodiskussion zwischen verschiedenen ExpertInnen bilden. Fernsehen kann also nicht umfassend genau sein – nicht weil JournalistInnen »voreingenommen« sind, sondern weil es objektiv unmöglich ist. Sie müssen die Welt repräsentieren. Sie übersetzen komplexe historische Ereignisse in »Handlungsszenarien«. Sie müssen unter Verwendung einer implizierten Erklärungslogik ein Ereignis mit dem anderen verbinden. Rundfunk und Fernsehen sind per definitionem mit dem vielschichtigen Geschäft befasst, Ereignisse in der Welt nach etwas aussehen zu lassen. Sie produzieren Bedeutungen über die Welt. Dies ist eine *soziale,* keine natürliche Praxis, die Praxis der Bedeutungsproduktion.

Doch Ereignisse in der Welt sind bekanntermaßen zweideutig. Sie *bedeuten* nicht von sich aus irgendetwas. Sicherlich, die sowjetischen Panzer *sind* in Kabul – und die Kamera zeigt sie uns. Aber was bedeutet die »Invasion in Afghanistan«? Sowjetisches Eindringen oder das Resultat verdeckter amerikanischer Einmischung? Ein Fortschritt oder Rückschritt? Expansionistisch oder defensiv? Populär oder unpopulär in Afghanistan – und bei wem und bei wie vielen? Was die ZuschauerInnen betrifft, so spielt es keine Rolle, was sie über die sowjetische Invasion denken. Man kann sicher sein: sogar wenn dieselben aktuellen Bilder übermittelt werden, wird das Ereignis auf dem Bildschirm in Moskau, Washington, London und Karatschi verschieden dargestellt werden und jeweils etwas anderes bedeuten. Sehr wenige »Tatsachen« – besonders über Konflikte und kontroverse Ereignisse – erreichen uns jemals in Form von »reiner Information«. Wir würden nichts mit ihnen anzufangen wissen, wenn das der Fall wäre. Ihnen wird ständig Sinn gegeben durch die Einbettung in einen *sinnvollen, erklärenden Kontext.* Auch wenn die BerichterstatterInnen keine »Meinung« äußern – und sicherlich nicht ihre eigene Ansicht –, so *müssen* sie doch einen Interpretationsrahmen benutzen, andernfalls würden die Worte und Bilder keinen Sinn ergeben, und die Nachrichten würden nichts für uns bedeuten. Nachrichten zu produzieren bedeutet, die Realität zu interpretieren. Dingen einen Sinn zu geben, ist per definitionem ein Interpretationsprozess. Ob sie es wissen oder nicht (oder ob sie wollen oder nicht), BerichterstatterInnen interpretieren ständig die Welt für uns, deuten die Ereignisse, die sie dokumentieren, definieren Realität. Dies hat wenig oder nichts mit offener oder bewusster Voreingenommenheit zu tun. Aber gleichzeitig trifft es auch zu, dass diese Interpretationsschemata umso mächtiger sind, je unbewusster die Interpretationsvorgänge sind, je mehr wir ihre Existenz leugnen, je weniger wir darüber nachdenken, woher sie kommen. Sie formen und deuten weiterhin die Realität – aber sie tun dies unbemerkt und werden zur »Selbstverständlichkeit« und arbeiten deswegen, wie man sagt, »hinter dem Rücken der Leute«.

Wir können nun den »Fluss« des Kommunikationskreislaufs auf ziemlich unterschiedliche Weise betrachten. BerichterstatterInnen definieren, was Nachrichten sind, wählen Nachrichten aus, ordnen, redigieren und formen sie, übersetzen Ereignisse in ihre repräsentativen Bilder, transponieren Geschehnisse in eine limitierte Anzahl von Worten und Bildern, um daraus eine »Geschichte« zu machen, und benutzen Interpretationsschemata, um uns die soziale Realität zu erklären. Wir nennen dies den *Kodierungsprozess:* Nachrichten sind nicht »Realität«, sondern Repräsentanten von Realität, kodiert in Botschaften und Bedeutungen. Es wird jedoch oft angenommen, diese *kodierte Realität* gelange auf durchsichtige und unvermittelte Weise zu den ZuschauerInnen. Die einzigen Unterbrechungen im Kommunikationskreislauf werden als umständebedingt (sieht das Publikum zu?) und technikbedingt angesehen (können die Leute eigentlich verstehen, was sie sehen und hören? Ist der Schnitt zu abrupt und anspruchsvoll? Ist die Sprache zu komplex?). In der Tat, genauso wie die Kodierung von Realität eine soziale Praxis ist (oder eine Reihe von Praxen), so auch »der Empfang der Botschaft«. Das Publikum oder der Empfänger muss auch einen Interpretationsrahmen entwickeln, damit die »Botschaft ankommt« und die »Bedeutung begriffen wird«. Auch dies ist keine natürliche, sondern eine *soziale* Praxis. Sender und Empfänger müssen eine gemeinsame Sprache sprechen: Die Nachrichten in Chinesisch würden bei ITN (Independent Television Network) wenig Sinn ergeben. Sender und Empfänger müssen das gleiche perzeptorische System teilen, das dem Empfänger erlaubt, die durch elektronische Impulse übertragenen Zeilen und Punkte auf einem flachen Bildschirm zu »dekodieren« als »Repräsentation« einer erkennbaren Gruppe von Objekten und Menschen in der Welt: die »dunkle Masse« *ist* ein sowjetischer Panzer. Aber zweifellos muss das Publikum auch bis zu einem gewissen Grad den Interpretationsrahmen oder die Kodes, die

die BerichterstatterInnen benutzen, sowie eine ganze Menge von verfügbarem allgemeinem sozialem Wissen teilen. Wenn jemand nicht weiß, was das Wort »Inflation« bedeutet, oder dass es dazu eine Regierungspolitik gibt, welchen Sinn ergäben für diejenige/denjenigen ein paar Punkte und Zeilen auf dem Bildschirm zusammen mit einem Kommentar, der lautet: »Es hat diesen Monat einen starken Anstieg der Inflation gegeben«? Der Satz »Sowjetische Panzer rollten heute in Afghanistan ein« wird wenig oder nichts bedeuten ohne einen Sinn dafür, dass dies die Machtbalance zwischen Ost und West beeinträchtigt. Die BerichterstatterInnen werden einen großen Teil dieser Art von Kontextwissen *voraussetzen* müssen – sie können nicht jedes Mal zu den Anfängen der modernen internationalen Beziehungen zurückgehen, wenn es eine neue Wende in den Ereignissen gibt. Sie müssen dieses Wissen beim Publikum voraussetzen, und das Publikum wird es haben müssen, um dem, was gezeigt wird und zu hören ist, eine Bedeutung zu geben. Bedeutung ist abhängig von gemeinsamen Systemen, gemeinsamen Kodes, gemeinsamem Wissen und einem gemeinsamen Interpretationsrahmen zwischen Kommunikator und Empfänger. Andernfalls wird keine Information von A nach B gelangen – und es wird keinen Kreislauf geben. Wenn A »kodiert«, dann muss B (das Publikum) »dekodieren«. Beides ist eine soziale Praxis. Beides erfordert einen breiten Hintergrund gemeinsamer Voraussetzungen.

Bei den meisten Nachrichten *gibt* es solche gemeinsamen Perspektiven. Hier können wir den Begriff des *Konsenses* als deskriptiven Terminus einführen. Die Berichterstattung geht beim Publikum wie selbstverständlich von einem konsensuellen Hintergrundwissen und Bezugsrahmen aus. Doch wir müssen uns hüten, diese Bedeutung des Begriffs nicht vorschnell auf die weitere Bedeutung von »Konsens« auszudehnen – als wäre *Zustimmung* mitgemeint. Ich kann wohl sehr genau verstehen, was die Premierministerin in den Neun-Uhr-Nachrichten sagt. Ich stimme dem nur zufällig nicht zu. Es gibt einen Unterschied zwischen dem Verstehen der wörtlichen Bedeutung von Worten und Bildern (der denotativen Bedeutung) und entweder dem Verstehen oder, wichtiger noch, dem Übereinstimmen mit der interpretierten Bedeutung (der konnotativen Bedeutung). Es ist nicht einfach, eine genaue Trennlinie zwischen diesen beiden zu ziehen, aber es ist eine nützliche Unterscheidung. Und man kann sehen, dass es einen »Konsens« über die wörtliche Bedeutung geben kann, während gleichzeitig eine Divergenz oder ein Konflikt über die Interpretation besteht. Dies ist besonders da der Fall, wo über *Konflikte* oder *Kontroversen* berichtet wird (geradezu der Kern von Nachrichten), vor allem, wenn es sich um einen

Konflikt oder eine Kontroverse über wichtige Angelegenheiten handelt, die die Nation nicht nur berühren, sondern auch spalten. Denn in solchen Fällen gibt es üblicherweise unter den verschiedenen Gruppen im Publikum keinen großen »Konsens« im zweiten Sinne.

Damit ist unmittelbar das berührt, was man die »Objektivität« der BerichterstatterInnen nennen kann. Wo sie einen generellen Konsens über eine Angelegenheit oder ein Ereignis voraussetzen können – beide, die BerichterstatterInnen und die große Mehrheit der Nation, sind übereingekommen, die Angelegenheit in *dieser* Weise zu deuten –, ist »Objektivität« gesichert. Dies kann bei auswärtigen Angelegenheiten der Fall sein – ist es aber nicht immer. Würde *irgendjemand* einem BBC-Ansager einen Mangel an »Objektivität« vorgeworfen haben, wenn er im Jahre 1940 einen deutschen Bomber, durch Flak-Feuer abgeschossen, als ein »Feindflugzeug« bezeichnet hätte? Aber je näher man dem eigenen Lebensbereich kommt und je mehr es sich dabei um Konflikte und Kontroversen handelt, desto weniger können BerichterstatterInnen einen »Konsens« voraussetzen. Dies ist ihr Dilemma – und wieder hat es wenig mit »Voreingenommenheit« an sich zu tun. Streikende ArbeiterInnen als »militant« zu bezeichnen, wird von der Regierung (die Lohnforderungen niedrig zu halten versucht) und von den Arbeitgebern (die die Produktion in Gang und profitabel zu halten versuchen) begrüßt werden – und es mag von einer Mehrheit des Publikums (die von Streikmaßnahmen negativ betroffen ist) gebilligt werden. Aus genau demselben Grund wird dies von der in den Streik verwickelten Gewerkschaft als »Voreingenommenheit« angesehen werden und bei den ArbeiterInnen tiefe Empörung hervorrufen (die vielleicht nur widerwillig in Streik gegangen sind und glauben, einen guten Grund dafür zu haben). Die BerichterstatterInnen müssen dabei unwillkürlich in die Schusslinie geraten. Konflikte und Kontroversen sind das tägliche Brot von Rundfunk und Fernsehen. Gleichzeitig sind sie aber auch der BerichterstatterInnen tödlichste Feinde, weil sie die Praxis der Bedeutungsproduktion als das offenlegen, was sie ist. Sie unterminieren die Fiktion von der »reinen Tatsache« und der »vollkommenen Objektivität«, weil sie zeigen, dass diese Objektivität auf bestimmten Bedingungen beruht (z. B. auf der Existenz von Konsens über eine Angelegenheit). Wenn diese Bedingungen nicht erfüllt werden, wird der eingeschränkte, problematische Charakter der »Objektivität« von Rundfunk und Fernsehen sichtbar.

Objektivität ist ein anderer (höflicherer oder zweckmäßigerer) Name für Konsens. Die Berichterstattung kann »objektiv« sein, vorausgesetzt der Konsens hält. Zerbricht er, ist die Objektivität in Schwierigkeiten. Es folgt weiterhin, dass Rundfunk und Fernsehen zur Wahrung der »Objektivität« ständig dazu genötigt sind, eine konsensuelle Position einzunehmen, Konsens zu finden (sogar wenn er nicht existiert) und, wenn erst einmal Streit losgebrochen ist, Konsens zu produzieren. Wenn die BerichterstatterInnen annehmen können, die Mehrheit glaube, alle Streikenden seien »militant«, können sie diese interpretierende Kategorie ungestraft benutzen; aber bei vielen anderen Angelegenheiten ist es extrem schwierig festzustellen, worin der Konsens tatsächlich besteht. Bei kontroversen Fragen verschiebt er sich ständig. Er wird von vielen Faktoren beeinflusst. In solchen Fällen werden BerichterstatterInnen unweigerlich vor die heikle Aufgabe gestellt, abzuschätzen und zu beurteilen, wohin sich die »Meinungsbalance« bewegt – oder in welchem zulässigen *Rahmen*. In Zeiten wie in den 70er Jahren, als die öffentliche Meinung krasse Sprünge vollzog, ist dies eine komplizierte Angelegenheit. Die BerichterstatterInnen entscheiden auch darüber, wer eine Meinung am besten vertritt, welche Ansichten von Rechts wegen dargestellt werden müssen und welche so marginal sind, dass sie ausgelassen werden können. Diese Aufgabe der Erforschung des Konsenses wird noch dadurch erschwert, dass Konfliktsituationen oftmals einen Kampf darüber beinhalten, welche »Definitionen der Situation« sich durchsetzen werden. Einige werden zwangsläufig mehr als andere davon profitieren, wo die Ansiedlung des Konsenses vermutet wird. Einen Streik als »militant« oder das Aufstellen von Streikposten allein als »Gewalt« zu definieren, hilft und befriedigt unweigerlich Regierung und Arbeitgebern und nicht Streikenden und Streikposten. Wiederum hat dies wenig oder nichts mit »Voreingenommenheit« zu tun.

Wichtiger noch, solche »Definitionen der Situation« sind von *entscheidender Bedeutung.* Wenn sie die Oberhand gewinnen und zum Konsens werden, können sie zum Beispiel die Bereitschaft der Leute erhöhen, eine gegen die Streikenden gerichtete, antigewerkschaftliche Gesetzgebung zu unterstützen. Wie Leute Situationen definieren, hat Auswirkungen darauf, was sie tun und welche Politik sie zu unterstützen bereit sind. Definitionen werden daher zu Faktoren für die Art und Weise der Konfliktlösung. Sie beeinflussen das Gleichgewicht sozialer Kräfte. Aber dies ist ein entscheidendes Moment in jedem Kampf, denn es beeinflusst die Fähigkeit der einen oder anderen Seite, für die eigene Politik öffentliche Unterstützung zu beanspruchen und damit das »nationale Interesse« zu repräsentieren. Indem sie eine bestimmte Definition als »bestehenden Konsens« voraussetzen, tragen BerichterstatterInnen dazu bei, *sie erst recht dazu zu machen* (eine Art »self-fulfilling prophecy«). Wenn *jeder* Streik der »gewerkschaftlichen Militanz« zugeschrieben wird, wird dies zur vorherrschenden, selbstverständlichen Definition werden. Sie wird sozusagen konsensualisiert – ein Prozess, kein Ding, und zudem einer, bei dem Rundfunk und Fernsehen eine festgelegte Rolle spielen. Durch die »Gestaltung des Konsenses« werden Rundfunk und Fernsehen dazu beigetragen haben, *Zustimmung herzustellen.* So kann als schon feststehende Tatsache zusammengefasst werden: »Die große Mehrheit des britischen Volkes ist gegen Streiks und gewerkschaftliche Militanz …« Die umstrittene Annahme ist zur anerkannten Weisheit geworden. GegnerInnen dieser Sicht müssen jetzt ihre Sache gegen den Hintergrund einer offenbar universellen Übereinkunft (Konsens) vertreten, dass »Streiken« »militant sein« bedeutet (wobei »militant« = schlecht, »gemäßigt« = gut ist). Ich habe dieses Beispiel gewählt, weil die Mediensprache in den 70er Jahren hinsichtlich der Beziehungen zwischen Arbeit und Kapital geradezu durchdrungen war von der Verwendung dieser beiden offensichtlich deskriptiven, jedoch hoch emotionalen, politisch aufgeladenen Begriffe – dem Gegensatz zwischen »Militanten« und »Gemäßigten«. Die Medien entwickeln ein – objektiv – quasi selbstverständliches Interesse an »der Mitte«, an *Mäßigung.* In diesem Sinne können wir sagen, dass die Medien nicht nur den Konsens in irgendeiner Angelegenheit widerspiegeln, sondern auf vielfache Art dazu beitragen, Konsens zu konstruieren, zu formen und zu beeinflussen. Das ist eine bittere Tatsache, mit der BerichterstatterInnen leben müssen.

Kehren wir für einen Moment zurück zur Beziehung zwischen Mitteilen und Empfangen, »Kodieren« und »Dekodieren«: Es kann jetzt festgehalten werden, dass die »Übermittlung« sozialen Wissens nicht wie ein offener Kanal funktioniert, in dem Tatsachen oder Ereignisse »für sich selbst« sprechen, durch den die einfache, unproblematische Bedeutung der Ereignisse übertragen wird, um am anderen Ende in genau derselben Weise empfangen zu werden. Stattdessen müssen BerichterstatterInnen Ereignisse interpretieren, den Erklärungsrahmen oder Kontext auswählen, in den diese gestellt werden sollen, die Bedeutung, die ihnen sinnvoll erscheint, bevorzugen oder »vorziehen« und so eine Bedeutung kodieren. Wie die BerichterstatterInnen hat auch das Publikum seine eigenen (sehr verschiedenen) Positionen, lebt in (verschiedenen) Beziehungen und Situationen, hat seine eigene (wiederum jeweils verschiedene) Beziehung zur Macht, zur Information und zu deren Quellen und bringt *sein* eigenes Interpretationssystem zum Tragen, um eine Bedeutung zu verstehen oder die Botschaft zu *dekodieren.* Statt »perfekter Übermittlung« oder »freiem Fluss« können wir *drei* typische Positionen feststellen, die ein Publikum wahlweise zur angebotenen Bedeutung einnehmen kann. Das Publikum kann die Bedeutung, mit der Ereignisse vorgeprägt und kodiert wurden, anerkennen. In diesem Falle richtet es seinen Interpretationsrahmen am Sender aus und dekodiert innerhalb der herrschenden, bevorzugten oder »hegemonialen« Definition der Ereignisse. Oder es kann die angebotene allgemeine Bedeutung annehmen, aber Ausnahmen machen, die diese Bedeutung modifizieren, wenn es die Ereignisse zu seiner eigenen Situation in Beziehung setzt. Ein Beispiel hierfür wäre, wenn ein Publikum zwar die herrschende Definition teilt, »Streiks ruinieren die Nation«, dies aber auf seine Situation in folgender Form anwendete: »*Wir* jedoch sind schlecht bezahlt und wären berechtigt, für bessere Löhne zu streiken«. Hier ist die herrschende Definition mit der eigenen Situation vermittelt worden. Drittens mag die herrschende Definition zwar genau verstanden, doch in entgegengesetzter Richtung gelesen oder dekodiert worden sein. Streikende könnten die Definition gut und gern folgendermaßen lesen: »Sie *müssen* das natürlich sagen – es passt in ihr Konzept. Ich bin nicht der Meinung, dass Streiks, sondern schlechtes Management oder geringe Investitionen die Ursache unserer ökonomischen Übel sind.« Hier dekodiert das Publikum *oppositionell.* Die BerichterstatterInnen können nicht garantieren, dass das Publikum Ereignisse innerhalb des hegemonialen Rahmens dekodieren wird, auch wenn sie den Kommunikationskreislauf initiieren und deswegen als erste die Möglichkeit haben, »den Vorgängen in der Welt Bedeutung zu geben«. Es gibt daher keine »perfekte« Kommunikation, keine reine Transparenz zwischen Quelle und Empfänger. Das vollkommen transparente Medium wäre das vollkommen zensierte oder eines, in dem die einzigen vorhandenen Ideen, die der Welt Bedeutung geben würden, die *dominanten* oder »herrschenden« Ideen wären. Da Ereignisse mehr als eine Bedeutung haben können und Gruppen die Ereignisse verschieden, je nach ihren Interessen oder gesellschaftlichen Positionen deuten und Konflikte die Gesellschaft zwangsläufig genau darüber spalten, welche Definition der sozialen Realität sich durchsetzen wird oder soll, werden Massenkommunikationssysteme in unserer Art von Gesellschaft immer das bleiben, was Enzensberger »undichte Systeme« nennt.

Aber jetzt müssen wir fragen, *woher* der Interpretationsrahmen und die »Definitionen von Situationen« kommen, welche die BerichterstatterInnen entwickeln. Dies ist eine komplexere Frage als es zuerst den Anschein haben mag. Die Medien sind gehalten, sowohl »ausgewogen« als auch objektiv zu sein. Dies garantiert, dass hinsichtlich jedes Konflikts oder jeder Kontroverse *mehr als eine Ansicht* dargestellt werden wird. In diesem Sinne ist die Kommunikation öffentlicher Angelegenheiten sehr stark nach dem Modell des »Zweiparteien-Systems« strukturiert. Es gibt immer mindestens zwei Seiten, zwei Ansichten – mit MedienvertreterInnen als neutralen und unparteiischen Vorsitzenden oder »SprecherInnen«, die die Debatte leiten, in der Mitte. Dies verhindert, dass sich eine einzelne, monolithische Ansicht durchsetzt, und garantiert ein gewisses Maß an Pluralismus und Verschiedenheit. Wir müssen jedoch weiter untersuchen, wie »Ausgewogenheit« und »Unparteilichkeit« tatsächlich in der Praxis funktionieren.

Da die BerichterstatterInnen immer, um in den Worten einer wichtigen Richtlinie zu sprechen, die letzten sein sollten, wenn überhaupt, die eine Meinung äußern, müssen die Ansichten zu einem Konflikt, die dargestellt *werden,* von außerhalb der Medien kommen. Bei politischen Ereignissen werden dies die Ansichten der Pressesprecher der beiden großen politischen Parteien sein, und diese werden *zitiert* werden (verbal oder visuell) – oft Wort für Wort vor laufender Kamera – gewissermaßen als Zeugen für die Objektivität der BerichterstatterInnen. Es ist der »Arbeitsminister«, nicht etwa BBC oder ITN, der feststellt: »Streikposten sind nicht typisch, sie sind in der Tat sehr untypisch für die Art, wie der durchschnittliche britische Arbeiter oder Gewerkschafter denkt.« Ebenso wird im Tarifstreit sowohl den Arbeitgebern als auch den Gewerkschaftsmitgliedern Zeit eingeräumt werden, ihre Definition dessen, was vor sich geht, anzubieten. Dies wahrt in der Tat die Unparteilichkeit der BerichterstatterInnen. Gleichzeitig bedeutet es, dass die etablierten Stimmen der mächtigen korporativen Gruppen gewöhnlich, rechtmäßig, die erste Möglichkeit haben werden, und zwar ausführlich, eine Konfliktsituation zu definieren. Die Mächtigen erhalten die primäre Definitionsmacht bei diesen Konflikten. Sie haben Zugang zum Thema, sie stellen die Regeln der Debatte auf, sie legen fest, was für die Art und Weise, wie das Thema behandelt werden wird, »relevant« und was »irrelevant« ist. So können sie bei schwierigen ökonomischen Bedingungen einen Streik als »Bedrohung für eine schon schwache Wirtschaft« definieren. Dies wird zur »bevorzugten« Definition (Konsens). Andere, die (wie wir zeigen werden) notwendigerweise später kommen, müssen die Angelegenheit *in diesen Begriffen* diskutieren. Es wird ihnen äußerst schwer fallen, die Diskussionsthemen »niedriger Lohn« oder »Vergleichbarkeit« als gleichermaßen plausible Arten, den Streik zu diskutieren, einzuführen. Die *primäre Definition* eines Themas gewinnt enorme Glaubwürdigkeit und Autorität und ist nur schwer zu verschieben. – Natürlich werden auch andere Ansichten dargestellt werden. Aber sie werden darauf hinauslaufen, den Sachverhalt *im Bezugsrahmen* der primären Definition zu verhandeln. Es ist viel schwerer, ein bestehendes Bezugssystem zu durchbrechen und eine ebenso glaubwürdige Alternative dagegenzusetzen. Um ein anderes Beispiel zu nehmen: Wenn die vorherrschende Definition der Probleme, die Schwarze in dieser Gesellschaft haben, lautet: »Die Ursache des Problems liegt darin, dass es hier zu viele von ihnen gibt«, dann wird die anerkannte alternative Ansicht wahrscheinlich diese sein: »Die Zahlen sind nicht so hoch wie von öffentlichen Quellen angegeben«. Man kann sehen, dass diese Ansichten sich *unterscheiden*. Man kann aber genauso sehen, dass sie auch übereinstimmen, nämlich insofern, als sie unter derselben Prämisse bzw. Annahme funktionieren – dass es sich um ein *Problem der Zahl handelt* (zu viele *vs.* weniger als angenommen). Race-Probleme werden so als *Zahlenprobleme* definiert. Ist diese Definition erst einmal eingeführt, werden Hunderte von Sendungen unendliche Variationen dieses Themas spielen, ohne einmal die zugrunde liegende Annahme oder die verwendete Logik, die daraus folgt, anzuzweifeln. Es wäre eine äußerst lange und geschickt geführte Kampagne notwendig, das zweifelhafte Zahlenspiel zu verdrängen und durch ein alternatives Erklärungssystem zu ersetzen – wie z. B.: »Das grundlegende Problem ist nicht eines der Zahlen, sondern es besteht in der Feindseligkeit von Weißen gegenüber Schwarzen.«

Solche radikalen Verschiebungen gibt es nur vereinzelt. Und wenn sie vorkommen, dann zumeist deswegen, weil die Bedingungen innerhalb der Elite selbst sich verschoben haben oder weil die Gesellschaft eindeutig in gleiche Teile gespalten ist. In den 70er Jahren herrschte die Auffassung vor, die »Einkommenspolitik« sei die Lösung für unsere ökonomischen Schwierigkeiten. Da dies vom Staat als »im nationalen Interesse« definiert wurde, wurde es übernommen und diente als Grundlinie der Medienberichterstattung über einen großen Bereich ökonomischer Probleme. Jetzt, da dieses Allheilmittel durch die »Notwendigkeit zur Kontrolle der Geldversorgung« ersetzt worden ist, dient *dies* als unausgesprochene Prämisse der Medienberichterstattung. Eine Interviewerin würde als einwandfrei unparteiisch beurteilt werden, wenn sie eine Frage unter der Prämisse formulieren würde: »Da Sie selbstverständlich nicht die von der Regierung vorgegebenen Geldmengengrenzen überschreiten können …« Doch dies kommt daher, weil der Neokeynesianismus, dem sich auf verschiedene Weise *beide,* sowohl die Labour- als auch die Regierungen der Konservativen vor Frau Thatchers Zeit, verschrieben hatten, durch eine neue, monetarische Orthodoxie ersetzt worden ist. Systemverschiebungen *innerhalb* der Machtebene *werden* schnell zur Grundlinie der »Realität« in den Medien, denn es ist Teil ihrer Aufgabe, solchen Verschiebungen gegenüber sensibel zu sein. Für Quellen *außerhalb* des Machtgefüges ist es extrem schwer, die Diskussionsbedingungen zu durchbrechen oder zu ändern. Obwohl es daher zutrifft, dass sich eine einzelne, monolithische Definition fast *nie* unangefochten durchsetzt – die Deutungen in den Medien sind in diesem Sinne »plural« –, ist die Bandbreite der zulässigen Definitionen systematisch begrenzt (d. h. nicht »pluralistisch«). Die Medien stehen nicht »im Lohn« einer bestimmten Partei oder Gruppe – und die BerichterstatterInnen wachen eifersüchtig über diese Unabhängigkeit. Dies widerspricht nicht der Tatsache, dass sie ihre Definitionen systematisch darauf hin zurechtbiegen, wie die Machtkräfte in der Gesellschaft die politische Realität definieren.

Dies ist eine Frage der *Struktur*, nicht des Personals. Es legt in der Tat die Unzulänglichkeiten des Konzepts von der »Voreingenommenheit« offen. »Voreingenommenheit« muss in versteckter oder verdeckter Weise funktionieren. Aber die Ausrichtung der Medien innerhalb des Machtapparates ist eine Frage der *Position* von Rundfunk und Fernsehen (und nicht der Voreingenommenheit der BerichterstatterInnen) – und funktioniert recht offen und unverdeckt. Per definitionem sind es die Mächtigen, die Ereignisse deuten – das meinen wir, wenn wir sie die »Mächtigen« nennen. Da ihnen öffentlich die Verantwortung für die Führung der Geschäfte aufgetragen ist, sind sie die anerkannten, legitimen, autoritativen Quellen der Nachrichten. Da ihre Entscheidungen und Handlungen sich auf die gesamte Bevölkerung und die Zukunft der Nation auswirken werden, könnte keine verantwortungsbewusste Sendeanstalt sie regelmäßig ignorieren. Und da Rundfunk und Fernsehen selbst nicht bei der Beeinflussung von Meinungen ertappt werden dürfen, sondern anerkannte Externe zitieren müssen, müssen sie sich in der Tat *auf diese verlassen*, um die Diskussionsbedingungen festzulegen. Andernfalls könnten sie leicht (wie auch schon geschehen) in Verdacht geraten, den Prozess der öffentlichen und politischen Rechenschaftslegung zu usurpieren. Die Definitionen der Situation legen zwangsläufig die Bedingungen fest, unter denen Probleme diskutiert und entschieden werden. Daran ist nichts »Verstecktes« oder Verdecktes.

Die Medien sind jedoch nicht lediglich die Bauchredner der Macht, weil man von ihnen verlangt, die offiziellen und alternativen Ansichten »auszubalancieren«. Aber so wie Rundfunk und Fernsehen zuerst den Konsens definieren müssen, um sich auf ihn berufen und mit ihm arbeiten zu können, so müssen sie auch *definieren,* was »Ausgewogenheit« ist.

Wiederum kommt es auf die Analogie zum parlamentarischen System an. Diejenigen, die ein *einzuforderndes* »Recht auf Antwort« haben, werden vorzugsweise aus »den Reihen der anderen offiziellen Seite, der Opposition«, innerhalb des Machtapparates ausgewählt werden. Den »Ausgleich« zu einer Regierungsmeinung bildet die Meinung der »Opposition«. Den »Ausgleich« zu einer Arbeitgeberansicht bildet die eines Gewerkschaftsführers. So wird in der Diskussion »Pluralismus« sichergestellt. Aber es wird auch systematisch die *Bandbreite begrenzt,* innerhalb derer sich »Ausgewogenheit« bewegen darf. Obwohl Behauptung und Gegenbehauptung eine lebhafte, manchmal scharfe, demokratische Debatte garantieren, ist es oftmals auch ein Gespräch zwischen Gruppen, die viele grundlegende Bezugspunkte gemeinsam haben. Der heutige Arbeitsminister des Schattenkabinetts wird die Industrieprobleme von morgen erben. Beide, der Finanzminister und sein »Schatten«, haben mit monetaristischen Lösungen herumgewerkelt. Beide Arbeitsminister glauben an die Notwendigkeit, »die Macht der Gewerkschaften einzuschränken«, obwohl sie sich hinsichtlich der Mittel und des Maßes unterscheiden. Doch simplifizieren wir nicht das Problem! *Diskussion* und nicht die monolithische Darstellung einer einzelnen Ansicht prägen das britische Fernsehen in Bezug auf »Tagesereignisse«. Daher mangelt es der einfachen Verschwörungstheorie an Glaubwürdigkeit. Aber überschätzen wir den »Pluralismus« nicht. Die Bandbreite, innerhalb derer sich die Diskussion bewegen kann, bevor sie hart an die Grenzen stößt, durch die außerhalb des Konsenses liegende Ansichten als »extremistisch«, »unverantwortlich«, »partikularistisch« oder »irrational« definiert werden, ist äußerst schmal, und die Grenzen sind systematisch *strukturiert,* nicht zufällig.

Wenn die Medien diese zulässigen Grenzen überschreiten, geraten sie in schwieriges Fahrwasser. Wenn sie zu sehr in die Breite gehen, wird man ihnen vorwerfen, extremistischen Ansichten oder Minderheitsmeinungen Glaubwürdigkeit zu verleihen. In jedem Falle kennen sie die anerkannten Quellen gut, doch jenseits des korporativen Kreises von Macht und Einfluss ist die Meinungsbewegung weitgehend unerforschtes Gebiet. Bei kontroversen Fragen, z. B. hinsichtlich Polizeigewalt, haben der Innenminister, sein »Schatten«, der Polizeipräsident und der Polizisten-Verband rechtmäßig Zugang zu dem Gegenstand. Das Nationale Bürgerrechtskomitee kann, oder kann auch nicht, um eine Meinungsäußerung gebeten werden – es wird aber klar als eine minoritäre »pressure group« gekennzeichnet werden. Die Hackordnung innerhalb des Machtsystems ist genau definiert. Wie sollten die BerichterstatterInnen wissen, wer außerhalb dieser Ordnung zählt? Wann ist die »alternative ökonomische Strategie« des linken Flügels von Labour glaubwürdig genug, um als Alternative zur ökonomischen Politik der Konservativen und von Labour anerkannt zu werden? Wann ist die Bewegung für nukleare Abrüstung genügend »legitimiert«, um ihre Ansichten als glaubwürdige Alternative denen des Verteidigungsministers gegenüberzustellen? Dies sind Fragen, die einer sehr subtilen Beurteilung bedürfen, und wie BerichterstatterInnen sie lösen, wird dazu beitragen, »Ausgewogenheit« nicht etwa widerzuspiegeln, sondern sie zu *konstruieren*. Alternative Gesichtspunkte werden manchmal im Namen einer Pressure Group »eingefügt«, nicht durch deren eigene Aussage, sondern über die Fragenden oder InterviewerInnen. Man wird oftmals Sir Robin Day zu einem Minister sagen hören: »Natürlich, einige Leute würden sagen …« Doch in solchen Fällen spielen die Medien eine *vermittelnde* Rolle. Diejenigen, deren Ansichten »eingefügt« sind, werden in die Diskussion eintreten, wenn auch auf indirekte Weise. Diejenigen, die auf den sensiblen politischen Seismografen der BerichterstatterInnen keinen Ausschlag verursachen, bleiben außen vor. Wie »Objektivität« und »Unparteilichkeit«, so ist auch »Ausgewogenheit« nicht eine Tatsache, sondern ein Prozess. Sie ist das Resultat einer sozialen Praxis. Diese findet innerhalb eines ganz bestimmten Machtsystems bzw. einer Machtstruktur statt.

Die Konzepte »Ausgewogenheit« und »Konsens« sind daher eng miteinander verwoben. »Konsens« impliziert nicht eine einzelne, einheitliche Position, der sich die gesamte Gesellschaft verschrieben hat. Er bildet den grundsätzlichen *gemeinsamen Boden* – die zugrunde liegenden Werte und Prämissen –, auf dem die beiden Positionen sich bewegen, die im Detail scharf divergieren können. »Konsens« ist bedingt durch strukturierte Uneinigkeit – all diese gemeinsamen Prämissen, die es ermöglichen, dass »Hinz und Kunz *übereinkommen,* miteinander zu streiten«. »Ausgewogenheit« wird daher *durch Konsens* eingerahmt. Labour und die Konservativen sind sich in Bezug auf die richtige Wirtschaftspolitik zutiefst uneinig. Aber beide heißen das Zweiparteien-System gut. Der »Konsens« ist die zugrunde liegende Prämisse (Zweiparteien-Regierung), die die Uneinigkeit über bestimmte politische Linien einrahmt. Und genau innerhalb der Grenzen dieses Konsenses bewegen sich bezeichnenderweise Rundfunk und Fernsehen. Eine revolutionäre Gruppe, die das Zweiparteien-System zu überwinden sucht, bildet kein Element in einer »ausgewogenen« Diskussion, da sie den Konsens über den grundlegenden Charakter des politischen Systems nicht teilt. Gruppen, die nicht so »weit außerhalb« stehen, die aber auch nicht »zum Zentrum des Systems« gehören, befinden sich am Rande des Konsenses – und von daher am Rande der in den Medien gewöhnlich praktizierten »Ausgewogenheit«.

Im Großen und Ganzen sind die Medien gewissenhaft und fair, unparteiisch und »ausgewogen« innerhalb des Bezugssystems des Konsenses, so wie wir (und sie) ihn definiert haben. So sind sie im Großen und Ganzen auch nicht für die Regierungs- oder Oppositionspartei »eingenommen«. Sie sind aber »eingenommen« für das System und für die »Definitionen der politischen Realität«, die das System definiert. Andernfalls würden sie Gefahr laufen, eine Art »Partei im Exil« zu werden – mit eigener mächtiger Stimme! Rundfunk und Fernsehen können sich nicht darauf festlegen, ob die Wirtschaftspolitik von A oder von B die Räder der Industrie in Gang halten wird. Aber sie *sind* darauf festgelegt, »die Produktion in Gang zu halten«, da sowohl A wie auch B dies als »im nationalen Interesse« definieren. Was jeweils glaubwürdig als »nationales Interesse« definiert und behauptet werden kann, wird zur Grundlage, von der aus die BerichterstatterInnen arbeiten müssen. Ein früheres verdientes Mitglied des Verwaltungsrates von BBC, Sir Charles Curran, formulierte den Punkt einmal auf treffende Weise: »Ja, wir sind voreingenommen – voreingenommen für die parlamentarische Demokratie.« Und denkt man einmal darüber nach – könnte die Situation denn anders sein? Könnte eine Sendeanstalt lange in Großbritannien überleben, wenn sie »für eine Ein-Parteien-Diktatur eingenommen« wäre? Könnte sie überhaupt glaubhaft entstehen oder überleben? Dies heißt nicht, dass die Grenzen, innerhalb derer »Ausgewogenheit« zurzeit funktioniert, nicht erweitert oder ausgedehnt werden könnten. Aber der »Konsens«-Charakter von Rundfunk und Fernsehen entsteht nicht aus »Voreingenommenheit« im üblichen Sinn, sondern ist eine strukturelle Bedingung, von der das gesamte Rundfunk- und Fernsehunternehmen abhängt.

Wir haben die Analogie des »Parlaments« benutzt, aber tatsächlich wäre es besser, uns das Funktionieren von Rundfunk und Fernsehen in Analogie *zum Staat* zu denken. Sie müssen, wie der Staat, auf dem Boden des »nationalen Interesses« stehen. Sie müssen offensichtlich außerhalb von und über dem Spiel der Parteiinteressen stehen. Sie müssen widerstreitende Interessen ausgleichen. Ihr Personal muss, wie das des Staates, »neutral«, aber dem »System als Ganzes« verpflichtet sein. Die Parallelen sind sogar noch enger. Denn da Rundfunk und Fernsehen nicht zu einem »Staat im Staate« werden dürfen, müssen sie ihre »Definition der politischen Realität« *vom* Staat übernehmen. Was der Staat als »legitim« definiert, ist »der Bezugspunkt für die Form aller im Fernsehen gezeigten Realität«. Natürlich besitzen Rundfunk und Fernsehen andere, ausgleichende Verantwortlichkeiten, welche diese Wiedergabe weniger monolithisch machen. Denn sie müssen *auch* Konflikte behandeln (auch wenn dies den Mächtigen Unannehmlichkeiten bereitet), über Trends berichten, die »schlechte Nachrichten« für den Staat sind, bis zu einem gewissen Grad Meinungsverschiedenheiten in der Gesellschaft wiedergeben, offizielle Ansichten in Frage stellen und untersuchen und die offizielle Politik auf ihre Kohärenz und inneren Widersprüche hin überprüfen. Dies trägt dazu bei, Rundfunk und Fernsehen »offen« zu halten, und schafft oft ein Klima des »Kalten Krieges« zwischen BerichterstatterInnen und PolitikerInnen. Dies wiederum erweitert die Möglichkeiten der Medien, »Konsens« wiederzugeben und zu konstruieren, aber es verschiebt nicht ihre grundsätzliche Ausrichtung. Was als »legitime Opposition« definiert wird, besitzt rechtmäßigen Zugang zur Diskussion im Fernsehen. Was am Rande der staatlichen Definition von Konsens liegt, wird für den Fernsehdiskurs marginal sein. Was die Unversehrtheit des Staates bedroht – besonders wenn es mit Mitteln der Gewalt geschieht –, kann beim Fernsehen nicht gezeigt werden, es sei denn nach ausdrücklicher Erlaubnis (z. B. Interviews mit IRA-Sprechern). Der Staat *definiert letztendlich das Terrain,* auf dem die Repräsentationen der Welt im Fernsehen konstruiert werden.

Bedeutet dies, dass Fernsehen einfach – wie einige Leute behauptet haben – ein »ideologischer Apparat« *des Staates* ist? In einigen Ländern trifft das tatsächlich zu. Aber in Großbritannien wird die Beziehung zwischen Rundfunk und Fernsehen und dem Staat – wie die der Justiz – durch die klassische Doktrin der »Gewaltenteilung« geregelt. Andernfalls könnten sie ihre geforderte Funktion nicht erfüllen, *sowohl* »unparteiische Wissensquelle« *als auch* »Teil des Systems« zu sein. Curran machte die treffende Beobachtung, dass die »BBC die *Position* einer quasi-juristischen Unparteilichkeit hat«. Trotz wirklicher Unterschiede in Organisation und Finanzierung gilt dies auch für den ITV-Komplex, wo es um politische Kontroversen und Ausgewogenheit geht. Dies heißt *nicht,* wie Curran behauptet, dass Rundfunk und Fernsehen völlig autonom sind und nur äußerem Einfluss und Druck unterliegen. Aber sie sind formal unabhängig – relativ autonom. Während des Generalstreiks (1926), in der Frühzeit der BBC, argumentierte Lord Reith überzeugend, es wäre im besten Interesse der Regierung, die BBC nicht unter ihre Befehlsgewalt zu stellen, wie Churchill es wünschte, sondern sie als unabhängige Informationsquelle zu belassen. Er stellte an den Rundfunk eine doppelte Anforderung: Er sollte »seine Position im Lande selbst bestimmen« *und* »in der Krise für die Regierung« sein.

Er schaffte die Quadratur des Kreises bei diesem offensichtlichen Widerspruch durch eine subtile und delikate Formulierung: »Da die BBC eine nationale Institution war und da die Regierung in dieser Krise für das Volk handelte, war die BBC in dieser Krise auch für die Regierung.«

Wir haben somit behauptet, dass keine der dominanten Erklärungen – »unabhängig und unparteiisch« oder »voreingenommen« – adäquat ist, denn sie können das *determinierte Verhältnis* nicht fassen, in dem Rundfunk und Fernsehen in unserer Gesellschaft stehen. Nur das Konzept der determinierten Struktur erlaubt uns dies.

In diesem Artikel haben wir die *ideologische* Rolle der Medien erörtert. Es ist schwer, diesen Begriff genau zu definieren, aber wir haben ihn auf recht einfache Weise benutzt. Unter »Ideologie« verstehen wir keine hoch systematischen und kohärenten »Philosophien« der Gesellschaft, sondern die Summe der verfügbaren Wege, die gesellschaftliche Wirklichkeit zu interpretieren, definieren, verstehen und zu erklären. In jeder Gesellschaft wird die Bandbreite der verfügbaren Ideologien begrenzt sein. Darüber hinaus sind diese »praktischen Anschauungen« keine vereinzelten Ideen, sondern zu Erklärungsketten verknüpft. Sie sind nicht »frei fließend«, sondern determiniert, in bestimmter Weise strukturiert, geformt und in der Gesellschaft verteilt. Obwohl sie einerseits genau die »Ideen in den Köpfen der Leute« darüber sind, was die Gesellschaft ist und wie sie funktioniert, entstehen diese »Ideen« andererseits aus der Art und Weise, wie die Gesellschaft organisiert ist, sie sind historisch geformt; sie werden durch komplexe soziale Organisationen und unter Verwendung fortgeschrittener technischer Mittel vermittelt und verbreitet.

Darüber hinaus haben sie *praktische Auswirkungen,* weil es die Ideen sind, die das Handeln sozialer Gruppen und Klassen organisieren, die Einfluss darauf haben, wie diese Gruppen Realität definieren, wie sie widerstreitende gesellschaftliche Interessen wahrnehmen und daher auch darauf, was Leute tun, wen sie unterstützen und für welche Politik sie sich einsetzen. Ideologien dringen in die soziale und materielle Organisation der Gesellschaft ein und beeinflussen praktische Resultate. Sie sind oder können materiell wirksam werden. Es ist daher von großer Bedeutung, welche Ideen oder »Ideologien« Glaubwürdigkeit gewinnen und ständig benutzt werden, um Probleme zu definieren und zu verstehen, welche uns als adäquate Führer durch diese Probleme dienen oder als Landkarte der sozialen Welt und damit *konsensuell werden.* Die quasi-monopolistische Position von Rundfunk und Fernsehen gibt ihnen in unserer Gesellschaft eine große kulturelle Macht darüber, welche Ideen ständig zirkulieren, welche als »legitim« definiert und welche als »irrelevant« oder »marginal« klassifiziert werden. Dies ist eine Frage ideologischer Macht – und Institutionen wie Rundfunk und Fernsehen und die Presse, die über die Mittel zur »Definition der Realität« verfügen, spielen zwangsläufig eine ideologische Rolle, wie lästig diese Tatsache den Berichterstattern auch ist. Wir haben versucht zu zeigen, warum unser Rundfunk- und Fernsehsystem per definitionem nicht eine einzelne, einfache, monolithische Gruppe von »herrschenden Ideen« über die soziale Welt verbreiten *kann*. Aber wir haben auch gezeigt, warum das Machen von Sendungen selbst eine ideologische Praxis ist und sein muss, und warum es bei den Definitionen der Situationen, die Rundfunk und Fernsehen konstruieren, systematisch die Tendenz gibt, die vorherrschenden sozialen, politischen und ökonomischen Anordnungen, von denen sie selbst ein bestimmender Teil sind, zu begünstigen.

Übersetzung: Gottfried Polage

Die Konstruktion von ›Race‹ in den Medien

In diesem Artikel geht es mir um zwei zusammenhängende Probleme. Zum einen handelt es sich um die Art und Weise, wie die Medien – zum Teil vorsätzlich, zum Teil unbewusst – die Frage der Race definieren und konstruieren, mit dem Effekt der Reproduktion rassistischer Ideologien. Zum anderen geht es um die komplizierten Fragen von Strategie und Taktik, die dann entstehen, wenn die Linke in die Konstruktionsweise von Race in den Medien einzugreifen versucht, um die selbstverständlichen Annahmen, auf denen ein Großteil der Medienpraxis fußt, zu dekonstruieren.

Wir müssen beide Fragen in ihrem Zusammenhang denken: die oft komplexen und subtilen Weisen, in denen die Ideologien des Rassismus in unserer Kultur aufrechterhalten werden, und die genauso komplizierte Frage, was ihnen im praktisch-ideologischen Kampf entgegenzusetzen ist. Beides zusammen bildet die Grundlage für eine umfassendere antirassistische Strategie, in der – wie ich hier zeigen will – die Vernachlässigung der ideologischen Dimensionen gefährlich ist.

Eine Art rassistischen Alltagsbewusstseins durchdringt aus sehr vielfältigen Gründen unsere Gesellschaft. Die Medien arbeiten viel mit diesem Alltagsbewusstsein, sie benutzen es als ihre Ausgangsbasis. Wir müssen Wege und Mittel finden, und zwar dringend, mit deren Hilfe wir ein antirassistisches Alltagsbewusstsein konstruieren können – in Ergänzung der ebenso dringenden und notwendigen politischen Aufgabe, den offen organisierten Rassisten und ultrarechten Organisationen den Weg zur Macht zu verbauen. Diese Aufgabe der Popularisierung antirassistischer Ansichten ist bzw. muss Teil eines breiteren, demokratischen Kampfes sein, bei dem es nicht so sehr um die rechtsextremistischen »Hardliner« geht oder gar um die kleine Zahl bereits Engagierter und Überzeugter, sondern um alle Aspekte des gesunden Menschenverstandes in der gesamten Bevölkerung – vor allem in der arbeitenden Bevölkerung, denn sie wird letztendlich der Grundpfeiler im Kampf um den Aufbau eines antirassistischen Volksblocks sein.

Das Thema Rassismus und die Medien berührt unmittelbar die Frage der »Ideologie«, da die Medien überwiegend in der Sphäre der Produktion und Transformation von Ideologien operieren. Eine Intervention in die Konstruktion von Race in den Medien ist daher eine Intervention in das ideologische Kampffeld. Was die Literatur zum Ideologiebegriff angeht, so ist da in den letzten Jahren viel trübes Wasser den Fluss hinuntergeflossen; hier ist jedoch nicht der Ort, sich damit theoretisch auseinanderzusetzen. Ich verwende den Begriff, um mich auf solche Bilder, Konzepte und Prämissen zu beziehen, durch die wir bestimmte Aspekte des gesellschaftlichen Lebens darstellen, interpretieren, verstehen und ihnen einen Sinn geben. Sprache und Ideologie sind nicht das gleiche – der gleiche linguistische Begriff (z. B. »Demokratie« oder »Freiheit«) kann innerhalb verschiedener ideologischer Diskurse verwandt werden. Andererseits ist Sprache das wichtigste Medium, in dem die verschiedenen ideologischen Diskurse ausgearbeitet werden.

Um das folgende verständlich zu machen, müssen noch drei wichtige Dinge über Ideologie gesagt werden. Erstens, Ideologien bestehen nicht aus isolierten und voneinander getrennten Begriffen, sondern aus der Artikulation verschiedener Elemente zu einem bestimmten Satz oder einer bestimmten Kette von Bedeutungen. In der liberalen Ideologie ist »Freiheit« mit Individualismus und freier Marktwirtschaft verknüpft, in der sozialistischen Ideologie ist »Freiheit« mit dem Kollektiven verknüpft. Sie ist abhängig von gleichen Lebensbedingungen und steht nicht im Gegensatz zu ihnen wie in der liberalen Ideologie. Der gleiche Begriff wird in der Logik verschiedener ideologischer Diskurse unterschiedlich positioniert. Eine Möglichkeit des ideologischen Kampfes und der Transformation von Ideologien besteht darin, die einzelnen Elemente anders zu artikulieren und dabei eine andere Bedeutung zu produzieren – die Kette, in der sie gegenwärtig ihren festen Ort haben, auseinanderzubrechen (»demokratisch« = der »freie« Westen) und eine neue Artikulation festzuschreiben (»demokratisch« = Vertiefung der demokratischen Inhalte des politischen Lebens). Natürlich ist das »Auseinanderbrechen der Kette« nicht auf den Kopf beschränkt – es findet im Rahmen einer gesellschaftlichen Praxis und im politischen Kampf statt.

Zweitens, ideologische Aussagen werden von Individuen getroffen – aber Ideologien entstammen nicht einem individuellen Bewusstsein oder individuellen Absichten. Vielmehr formulieren wir unsere Absichten *innerhalb von Ideologien.* Sie waren vor den einzelnen Individuen da und bilden einen Teil der determinierenden gesellschaftlichen Formen und Verhältnisse, in die die Individuen hineingeboren werden. Wir müssen »durch« die Ideologien hindurch sprechen, die in unserer Gesellschaft wirksam sind, und mit deren Hilfe wir uns auf die gesellschaftlichen Verhältnisse und unseren Platz darin »einen Reim machen«. Von daher ist die Transformation von Ideologien kein individueller, sondern ein kollektiver Vorgang bzw. eine kollektive Praxis. Diese Prozesse wirken überwiegend *unbewusst*, sie folgen kaum bewussten Zielsetzungen. Es sind die Ideologien, die verschiedene gesellschaftliche Bewusstseinsformen produzieren, und nicht umgekehrt. Sie sind dann am wirksamsten, wenn uns nicht bewusst ist, dass der Art, wie wir eine Aussage formulieren und zusammenbauen, ideologische Prämissen zugrunde liegen, und wenn es so aussieht, als seien unsere Formulierungen nur schlichte Beschreibungen dessen, wie die Dinge sind. »Kleine Jungen spielen gerne raue Spiele, kleine Mädchen aber sind süß und niedlich« basiert auf einem ganzen Satz ideologischer Prämissen, obwohl diese Aussage ein Aphorismus zu sein scheint, der auf der Natur selbst gründet, nicht darauf, wie Männlichkeit und Weiblichkeit historisch und kulturell gesellschaftlich konstruiert werden. Ideologien haben die Tendenz, hinter der selbstverständlichen, »naturalisierten« Welt des »gesunden Menschenverstandes« aus dem Blickfeld zu geraten.

Drittens, die Funktionsweise von Ideologien beruht auf der »Leistung«, ihren (individuellen oder kollektiven) Subjekten Identifikations- und Wissenspositionen zu bauen, die es ihnen ermöglichen, ideologische Wahrheiten als authentische, originäre Wahrheiten zu »äußern«. Nicht, weil sie tatsächlich unserer innersten, authentischen, einmaligen Erfahrung entstammen, sondern weil wir uns in den Positionen gespiegelt sehen, die im Mittelpunkt der Diskurse stehen, und von denen aus die von uns formulierten Äußerungen »Sinn ergeben«. Die gleichen Subjekte (d.h. ökonomische Klassen oder ethnische Gruppen) können daher in verschiedenen Ideologien verschieden konstruiert werden. Wenn Mrs. Thatcher sagt: »Wir können es uns nicht leisten, uns selbst höhere Löhne zu zahlen, ohne sie durch eine höhere Produktivität zu verdienen«, dann versucht sie im Zentrum ihres Diskurses eine Identifikation für ArbeiterInnen zu konstruieren, die sich selbst nicht mehr als in Opposition oder als in einem *antagonistischen Gegensatz* zum Kapital stehend sehen, sondern zunehmend im Rahmen einer *Interessenidentität* von Arbeitern und Kapital. Aber auch dieser Vorgang ist nicht nur eine Frage des Kopfes. Entlassungen sind ein wirksames materielles Mittel, »Kopf und Herz« zu beeinflussen.

Die Wirkungsweise von Ideologien besteht also in der Transformation von Diskursen (der Desartikulation und Reartikulation ideologischer Elemente) und der Transformation (dem Auseinandernehmen und Neuzusammensetzen) der handelnden Subjekte. Es spielt eine Rolle, wie wir uns selbst und unsere sozialen Beziehungen »sehen«, weil das in unsere Handlungen und Praxen einfließt, sie durchdringt. Deshalb sind Ideologien der Ort eines bestimmten Typs gesellschaftlichen Kampfes. Dieser Ort existiert nicht unabhängig und isoliert von anderen Beziehungen, denn Vorstellungen und Ideen schwimmen nicht frei in den Köpfen der Menschen herum. Die ideologische Konstruktion Schwarzer Menschen als ein »Bevölkerungsproblem« und die restriktive Polizeipraxis in Schwarzen Gemeinden forcieren und untermauern sich gegenseitig. Ideologie ist auch eine Praxis. Sie hat eine eigene spezifische Funktionsweise. Und sie wird in spezifischen Anordnungen entwickelt, produziert und reproduziert – insbesondere in den ideologischen Apparaten, die gesellschaftliche Bedeutungen »produzieren« und in der Gesellschaft verbreiten, in Apparaten wie den Medien. Sie ist daher ein Ort besonderer Kämpfe, die nicht einfach auf andere Kampfebenen reduziert oder ihnen einverleibt werden können – z. B. auf den ökonomischen Kampf, den man manchmal für die determinierende und alles regelnde Instanz hält. Hier geht es um das, was Lenin einmal die »ideologischen gesellschaftlichen Verhältnisse« genannt hat, um Verhältnisse, die ihre eigene Zeit und Besonderheit haben. Die Ideologie hat ihren Ort in spezifischen Praxen. Von daher stellt der ideologische Kampf, wie jede andere Form des Kampfes, eine Intervention in ein bestehendes Feld von Praxen und Institutionen dar – Praxen und Institutionen, die die dominanten Diskurse der gesellschaftlichen Sinngebung aufrechterhalten.

In der klassischen Definition wird »Ideologie« tendenziell als eine abhängige »Sphäre« betrachtet, die einfach das, was anderenorts geschieht – z. B. in der Produktionsweise – »ideenförmig« reflektiert, ohne selbst determinierend zu sein oder eine eigenständige Wirksamkeit zu besitzen. Diese Konzeption von Ideologie ist reduktionistisch und ökonomistisch. Natürlich ist die Bildung und Verbreitung von Ideologien determinierenden Bedingungen unterworfen, von denen einige außerhalb des Bereichs der Ideologie selbst liegen. Rupert Murdoch und Trafalgar House kommandieren durch ihre Zeitungen *The Times, Sunday Times* und *Express* die Ressourcen der institutionalisierten ideologischen Macht in einem Ausmaß, das für keine Fraktion der Linken gegenwärtig erreichbar wäre. Aber Ideologien nehmen nicht auf ewig den Platz ein, der ihnen von »der Ökonomie« zugewiesen wurde – ihre einzelnen Elemente besitzen, wie Laclau (1981) argumentiert hat, »keine notwendige Klassenzugehörigkeit«. So gehört z. B. »Demokratie« *sowohl* zur Ideologie der herrschenden Klasse und meint damit das westliche System einer parlamentarischen Regierungsform *als auch* zu den Ideologien der Linken, in denen damit die gegen den herrschenden Block gerichtete »Volksmacht« gemeint ist. Natürlich stehen bzw. wurden historisch bestimmte ideologische Diskurse in einen eindeutigen Zusammenhang mit einer bestimmten Klassenlage gestellt, obwohl auch die Köpfe kleiner Geschäftsleute nicht unbedingt ausschließlich mit »Mittelstandsideen« gefüllt sind. (Ein kleiner Geschäftsmann kann sich leichter mit den Interessen eines unabhängigen, selbständigen Kleinkapitalisten identifizieren als etwa ein Fließbandarbeiter bei British Leyland.) Diese »Spuren«, wie Gramsci es nannte, und historischen Verbindungslinien – das Feld vergangener Artikulation – erweisen sich als erstaunlich widerstandsfähig gegenüber Veränderungen und Transformationen; so ist es angesichts der Geschichte des britischen Imperialismus außerordentlich schwer, die Vorstellung vom »britischen Volk« von ihren nationalistischen Konnotationen zu lösen.

Neue Formen des ideologischen Kampfes können alte »Spuren« wiederbeleben – so wie der Thatcherismus die liberale politische Ökonomie wiederbelebt hat. Aber selbst in solchen gut abgesicherten Fällen sind Transformationen *möglich* (»das Volk« als Verkörperung nicht »der unter der herrschenden Klasse geeinten Nation«, sondern das *gewöhnliche* Volk *gegen* die herrschende Klasse – kein gleiches und einigendes Verhältnis, sondern ein antagonistisches). Daraus folgt, dass es keine feststehende, gegebene und notwendige Form ideologischen Bewusstseins gibt, die ausschließlich durch die Klassenlage diktiert wird. Ein Drittel der britischen Arbeiterklasse betrachtete sich, geht man nach seinem Wahlverhalten, regelmäßig als »rechtmäßig denen untergeordnet, die von Natur aus dazu geboren sind, über andere zu herrschen«.

Bei der letzten Wahl von 1979 war es Mrs. Thatcher eindeutig gelungen, einen Teil der qualifizierten und organisierten Arbeiter dazu zu bringen, ihren Widerstand gegen Einkommenspolitik, Lohnkontrolle und die Forderung nach »Wiederaufnahme der Verhandlungen« mit Thatchers eigenem, ganz anders gearteten Konzept der »Regulierung der Lohnhöhe durch den freien Markt« *gleichzusetzen*. So wenig wie die Arbeiterklasse für reaktionäre oder sozialdemokratische Vorstellungen unzugänglich ist, so wenig verschließt sie sich von vornherein rassistischen Vorstellungen. Die gesamte Geschichte des Labour-Sozialismus und -Reformismus widerlegt die idealistische Hoffnung (die auf einem Ökonomismus beruht), dass die ökonomische Lage der Arbeiterklasse sie unausweichlich zu einer ausschließlich fortschrittlichen, antirassistischen oder revolutionären Denkweise führt. Im Gegenteil. Gerade in den letzten beiden Jahrzehnten konnten wir beobachten, wie eindeutig rassistische Vorstellungen und Praxen nicht nur Teile der Arbeiterklasse durchdringen, sondern zunehmend in die Organisationen und Institutionen der Arbeiterbewegung selbst eindringen.

Sehen wir uns also die Apparate, die die Ideologien hervorbringen und zirkulieren lassen, einmal näher an. In der modernen Gesellschaft sind die verschiedenen Medien besonders wichtige Orte der Produktion, Reproduktion und Transformation von Ideologien. Ideologien werden natürlich an vielen Orten der Gesellschaft produziert, und nicht nur im Kopf. Die Arbeitslosigkeit ist, wie die Thatcher-Regierung nur allzu gut weiß, neben anderen Dingen auch ein enorm wirksames ideologisches Instrument, um die Arbeiter dazu zu bekehren oder zu zwingen, ihre Lohnforderungen zu mäßigen. Aber Institutionen wie die Medien haben hier eine zentrale Bedeutung, da sie definitionsgemäß Teil der vorherrschenden *ideologischen* Produktionsmittel sind. Genauer gesagt sind es ihre »Produkte«, die Repräsentationen der Gesellschaft, Bilder, Beschreibungen, Erklärungen und Rahmen, die erklären, wie die Welt aussieht und warum sie so funktioniert, wie sie dem Sagen und Zeigen nach funktioniert. Und unter den vielen ideologischen Produkten befindet sich eben auch die von den Medien konstruierte Definition dessen, was ›Race‹ ist, welche Bedeutung die Bilderwelt der ›Race‹ trägt und was unter dem ›Race-Problem‹ zu verstehen ist. Die Medien tragen dazu bei, die Welt im Rahmen der Kategorien von ›Race‹ zu klassifizieren.

Die Medien sind nicht nur eine machtvolle Quelle von Vorstellungen über Race. Sie sind auch einer der Orte, an dem diese Vorstellungen artikuliert, transformiert, aus- und umgearbeitet werden. Wir haben von »Vorstellungen« und »Ideologien« im Plural gesprochen, denn es wäre falsch und irreführend, würden wir die Medien als etwas betrachten, das sich einheitlich einer einzigen rassistischen Weltanschauung verschworen hat. Innerhalb der Medienwelt wirken liberale und humane Vorstellungen – z. B. unter vielen FernsehjournalistInnen und bei Zeitungen wie dem *Guardian* – neben dem expliziteren Rassismus anderer JournalistInnen und Zeitungen wie dem *Express* und der *Mail*. Die Scheidelinie zwischen Letzteren und der extremen Rechten ist allerdings in gewisser Hinsicht, z. B. in der Politik der gezielten Rückführung von Schwarzen in ihre Heimatländer, sehr dünn.

Es wäre einfach und bequem, fungierten sämtliche Medien schlicht als Sprachrohr einer einheitlichen und rassistischen Weltanschauung der »herrschenden Klasse«. Aber es gibt weder solche einheitlich verschworenen Medien noch eine einheitlich rassistische »herrschende Klasse«. Ich bestehe nicht auf Komplexität um ihrer selbst willen. Wenn aber Kritiker der Medien von einem vereinfachten oder reduktionistischen Verständnis ihrer Wirkungsweisen ausgehen, machen sie sich zwangsläufig unglaubwürdig und schwächen ihre eigene Sache, da die Theorien und Kritiken nicht mehr mit der Wirklichkeit übereinstimmen. Darüber hinaus haben diese Unterschiede und komplexen Zusammenhänge *reale* Auswirkungen, die in jede ernsthafte politische Einschätzung über eine mögliche Abwehr oder Richtungsänderung dieser Tendenzen Eingang finden müssen. Wir wissen z. B., dass die Sendeanstalten keine solche staatliche »Unabhängigkeit und Autonomie« besitzen, wie es die offizielle Version will. Aber wenn wir versäumen, danach zu fragen, warum »Unabhängigkeit« und »relative Autonomie« für die Funktionsweise der Medien so wichtig sind, und sie stattdessen einfach auf das reduzieren, was wir für ihre wesensmäßige Natur halten – auf reine Instrumente rassistischer Ideologie oder der Ideologie der herrschenden Klasse –, dann werden wir unfähig sein, ihre Glaubwürdigkeit und Legitimationsgrundlage auseinanderzunehmen, die sie nämlich tatsächlich besitzen, und zwar genau deswegen, weil die »Autonomie« kein reines Betrugsmanöver ist (vgl. S. 124ff. in diesem Band). Außerdem führt es uns zu einer vereindeutigten Weltsicht, in der der Staat nicht als eine notwendig widersprüchliche Formation begriffen wird, sondern als ein einfaches, leicht durchschaubares Instrument. Diese Sichtweise mag dem ultraradikalen Bewusstsein schmeicheln, aber sie lässt keinen Raum für den Begriff des Klassenkampfes, und sie bestimmt kein praktisches Terrain, auf dem solche Kämpfe geführt werden könnten. (Wieso sie so lange als »Marxismus« gelten konnte, bleibt schleierhaft.) Wir müssen uns also mit den komplexen Wegen befassen, auf denen Race und Rassismus in den Medien konstruiert werden, um überhaupt in der Lage zu sein, eine Veränderung herbeizuführen.

Ein anderer wichtiger Unterschied liegt zwischen dem, was wir »offenen« oder »expliziten« und »impliziten« Rassismus nennen könnten. Mit *explizitem* Rassismus meine ich die vielen Fälle einer offenen und bevorzugten Berichterstattung über Argumente und Positionen oder Wortführer, die eine offen rassistische Politik oder Sichtweise verbreiten. Derlei Fälle gibt es viele; sie haben sich in den letzten Jahren gehäuft; mehr noch in der Presse, die zum offenen Anhänger extremistischer, rechter Positionen geworden ist, als im Fernsehen, wo die Regeln von »Ausgewogenheit«, »Unparteilichkeit« und »Neutralität« gelten. Mit *implizitem* Rassismus meine ich jene scheinbar naturalisierte Repräsentation von Ereignissen im Zusammenhang mit Race – ob in Form von »Tatsachen« oder »Fiktion« –, in die rassistische Prämissen und Behauptungen als ein Satz *unhinterfragter Vorannahmen* eingehen. Diese ermöglichen die Formulierung rassistischer Aussagen, ohne dass die rassistischen Behauptungen, die ihnen zugrunde liegen, je ins Bewusstsein drängen.

Wir können beide Arten des Rassismus – verschieden kombiniert – in den britischen Medien antreffen. Natürlich ist der unverhüllte Rassismus trotz seiner mangelnden Salonfähigkeit politisch gefährlich. Die offene Parteinahme von Teilen der Massenpresse ist eine ernstzunehmende Entwicklung. Nicht nur, dass sie offen rassistische Politik und Ideen verbreiten und sie in die anschauliche populistische Umgangssprache übersetzen (in den Sensationsblättern mit ihrer großen Leserschaft in der Arbeiterklasse). Die bloße Tatsache, dass solche Dinge jetzt offen ausgesprochen und verteidigt werden können, genügt, um ihre öffentliche Äußerung zu legitimieren und erhöht die öffentliche Toleranzschwelle gegenüber dem Rassismus. Der Rassismus wird »akzeptabel« – und nicht allzu lange danach »wahr«; er wird zur gesunden Menschenverstand; zu dem, was jeder weiß und was allgemein gesagt wird. Aber der implizite Rassismus ist verbreiteter – und in vieler Hinsicht heimtückischer, denn er ist weitgehend *unsichtbar,* sogar für die, die die Welt in seinen Begriffen formulieren.

Beispielhaft für *diesen* Typ rassistischer Ideologie ist jene Art von Fernsehsendung, die irgendein »Problem« der ›Race-Verhältnisse‹ [race relations] behandelt. Sie wird wahrscheinlich von einem aufrichtigen liberalen Fernsehmoderator gestaltet, der hofft, damit in der Welt etwas Gutes für die Race-Verhältnisse [race relations] zu tun, und der bei der Befragung von Menschen, die für die Sendung interviewt werden, eine sorgfältige Ausgewogenheit und Neutralität bewahrt. Die Sendung endet dann mit einer Moralpredigt; verschwänden nur die »Extremisten« auf beiden Seiten, dann könnten die »normalen Schwarzen und Weißen« besser lernen, miteinander ein harmonisches Leben zu führen. Aber jedes Wort und jedes Bild derartiger Sendungen ist von einem unbewussten Rassismus durchsetzt, denn sie fußen sämtlich auf der ungenannten und unerkannten Annahme, dass die *Schwarzen* die *Quelle des Problems* sind. Im Grunde genommen basiert dieses ganze »Problem«-Fernsehen über Race und Einwanderung auf solchen rassistischen Prämissen. Das war unsere Kritik in der CARM-Sendung *It Ain't Half Racist, Mum,* und sie traf die Moderatoren bis ins Mark ihrer Berufsehre. Die Kritik untergrabe ihre berufliche Legitimation, da sie zu verstehen gebe, sie seien parteiisch gewesen, wo sie hätten ausgewogen und unparteiisch sein sollen. Sie sei ein Affront gegen den liberalen Konsens und das in Rundfunk und Fernsehen vorherrschende liberale Selbstverständnis. Beide Reaktionen beruhen auf dem grundsätzlichen Missverständnis, dass sich Rassismus und liberale Überzeugung per definitionem gegenseitig ausschlössen – wohingegen die beiden innerhalb des impliziten Rassismus recht gut miteinander klarkommen. Und sie basieren auf der Annahme, dass dem Fernsehdiskurs nur dann Rassismus nachgewiesen werden kann, wenn einzelne Moderatoren bewusst und vorsätzlich rassistisch sind. Tatsächlich aber hängt ein ideologischer Diskurs *nicht* von den bewussten Intentionen derjenigen ab, die innerhalb dieses Diskurses Aussagen formulieren.

Wie wird nun Race und ihr »Problem« im britischen Fernsehen konstruiert? Das ist eine komplizierte Thematik, und ich kann an dieser Stelle nur kurz ihre Dimensionen beschreiben. Ich beziehe mich dabei auf einige der Themen, die in den beiden Sendungen, an denen ich beteiligt war, ausgearbeitet wurden. Wie wir in *The Whites of Their Eyes* zu zeigen versuchten, verfügen die Medien über ein reichhaltiges Vokabular und eine reiche Syntax über Race. Der Rassismus hat eine lange und bedeutsame Geschichte in der britischen Kultur. Er wurzelt in den Verhältnissen von Sklaverei, kolonialer Eroberung, ökonomischer Ausbeutung und Imperialismus, die die Beziehungen der europäischen Races zu den »Eingeborenen« der kolonialisierten und ausgebeuteten Peripherie prägten.

Drei Merkmale bestimmten die diskursive Machtkoordination der Diskurse, in denen diese Beziehungen historisch konstruiert wurden. 1. Ihre Bilder und Themen wurden um das fixierte Verhältnis von Unterwerfung und Herrschaft polarisiert. 2. Ihre Klischees gruppierten sich um die Pole natürlich »überlegener« und natürlich »minderwertiger« Arten. 3. Beides wurde aus der »Sprache« der Geschichte in die Sprache der Natur verschoben. Natürliche physische Kennzeichen und ›Rassen‹-Merkmale wurden zu unveränderlichen Zeichen der Minderwertigkeit. Die untergeordnete Stellung ethnischer Gruppen und Klassen erschien nicht als Resultat spezifisch historischer Verhältnisse (Sklavenhandel, europäische Kolonisation, aktive Unterentwicklung der »unterentwickelten« Gesellschaft), sondern als gegebene Eigenschaften einer minderwertigen *Abstammung*. Verhältnisse, die durch ökonomische, soziale, politische und militärische Herrschaft abgesichert waren, wurden in eine von der Natur zugewiesene Standesordnung transformiert und »naturalisiert«. So schrieb Edward Long, ein scharfsinniger englischer Kenner Jamaikas zur Zeit der Sklaverei in seiner *Geschichte Jamaikas* von 1774 – ganz so, wie Zeitgenossen von Elisabeth I. über die »Great Chain of Being« gesprochen haben könnten – von »Drei Stufen des Menschen (der [sic!] Weiße, Mulatto [im Original], Schwarze), die voneinander abhängen und in einer bestimmten Stufenfolge einzuordnen sind, in der die Weißen die höchste Stufe einnehmen«.

Was wir in unserer Sendung u. a. beschreiben wollten, war das »vergessene« Ausmaß, in dem zur Zeit der Sklaverei und des Imperialismus die Massenliteratur mit diesen verfestigten Negativattributen der kolonisierten

Races durchsetzt war. Diese zugeschriebenen Eigenschaften finden wir in Tagebüchern und Berichten, Notizbüchern, ethnografischen Protokollen und Kommentaren von Reisenden, Forschern, Missionaren und Verwaltungsbeamten in Afrika, Indien, dem Fernen Osten und in Nord- und Südamerika. Und noch etwas ist wichtig: Das »abwesende«, aber alles beherrschende »Weiße Auge«, der ungenannte Standort, von dem aus all diese »Beobachtungen« gemacht werden und von dem aus sie allein einen Sinn ergeben. Es ist die Geschichte der Sklaverei und der Eroberung, geschrieben, betrachtet, dargestellt und fotografiert von den Siegern. Sie kann von keinem anderen Standpunkt aus *gelesen* und mit Sinn versehen werden. Das »Weiße Auge« befindet sich stets außerhalb des Rahmens – aber es sieht und ordnet alles, was darin ist.

Einige der vielsagendsten Szenen, mit denen wir arbeiteten, stammten aus frühen Filmen über die Britischen Raj in Indien – heute die Quelle endloser Radio-»Reminiszenzen« und historischer Paradestücke im Fernsehen. Die Annahme lässiger Überlegenheit strukturiert jedes Bild – sogar die Anordnung im Bildfeld: im Vordergrund das koloniale Leben (Tea-Time auf der Plantage), im Hintergrund die indigenen Träger. In den späteren Stadien der Hochzeit des Imperialismus wuchert dieser Diskurs durch die neuen Medien der Massenkultur und Massenpresse – Zeitungen und Journale, Karikaturen, Zeichnungen, Werbung und Unterhaltungsroman. Gegenwärtige Kritiker imperialistischer Literatur sind der Meinung, dass wir, wenn wir unser Verständnis der Belletristik des 19. Jahrhunderts über den einen Zweig der »gehobenen Literatur« auf die Massenliteratur ausdehnen, neben dem bürgerlichen Roman einen zweiten mächtigen Strang englischer literarischer Imagination finden würden: die männlich beherrschte Welt imperialer Abenteuer. Ich erinnere mich an einen Diplomanden, der über die Konstruktion von Race in der Massenliteratur und Kultur am Ende des 19. Jahrhunderts arbeitete und völlig verzweifelt zu mir kam: der Rassismus war dermaßen *allgegenwärtig* und zugleich dermaßen *unbewusst* – einfach selbstverständlich –, dass es unmöglich war, ihn irgendwie in den Griff zu kriegen. In dieser Zeit wurde die Vorstellung von *Abenteuer* gleichbedeutend mit der Demonstration moralischer, sozialer und physischer Herrschaft des Kolonisators über den Kolonisierten.

Später marschierte dieser Begriff von »Abenteuer« – eine der Hauptkategorien moderner *Unterhaltung* – über die Druckseiten schnurstracks in die Kriminal- und Spionageliteratur, in die Kinderbücher, die großen Hollywood-»Schinken« und Comics. Und dort gibt es ihn noch, periodisch wiederkehrend, bis heute. Viele dieser älteren Fassungen sind durch die Zeit etwas abgeschliffen. Sie sind uns scheinbar fremd geworden durch unser überlegenes Wissen und unseren Liberalismus. Aber dennoch erscheinen sie immer wieder erneut auf dem Bildschirm, besonders in Form »alter Streifen« (einige dieser »alten Streifen« werden natürlich nach wie vor produziert). Wir können ihre ständig wiederkehrende Resonanz besser fassen, wenn wir einige der Grundbilder in der »Grammatik der Race« identifizieren.

Da gibt es z. B. die vertraute *Sklavenfigur:* zuverlässig und auf eine einfache, kindliche Weise liebend – die hingebungsvolle »Mammy« mit den rollenden Augen oder den treuen Feldarbeiter oder Hausdiener, der »seinem« Herrn zugetan und ergeben ist. Der bekannteste Hollywood-»Schinken« (*Vom Winde verweht)* enthält von beiden reichhaltige Varianten. Die Figur des Sklaven ist keineswegs beschränkt auf Filme und Sendungen über Sklaverei. Manche »Rothäute« und viele Asiaten sind in dieser Verkleidung auf der Leinwand erschienen. Eine tiefe und unbewusste Ambivalenz durchzieht diese Klischees. Sind die »Sklaven« auch treu und kindlich, so sind sie zugleich unzuverlässig und unberechenbar – imstande, »unangenehm« zu werden und verräterische Komplotte zu schmieden, verschlossen, arglistig und mörderisch, sobald ihr Herr oder ihre Herrin sich umdreht; und auf unerklärliche Weise neigen sie dazu, bei der geringsten Gelegenheit in den Busch zu verschwinden. Die Weißen können sich nie sicher sein, ob dieser kindische Einfaltspinsel –»Sambo« – nicht hinter vorgehaltener Hand die Weißen Manieren seines Herrn verspottet, selbst dann, wenn er sich bemüht, die Weiße Kultiviertheit nachzuäffen.

Ein anderes Grundbild ist das des »Eingeborenen«. Die gute Seite dieser Figur wird als eine Art primitiver Adel und als einfache Würde gezeigt. Die schlechte Seite als Betrug und Arglist und darüber hinaus als Wildheit und Barbarei. Bis heute wimmelt es in der Massenkultur von zahllosen wilden und ruhelosen »Eingeborenen«, und die Tonaufnahmen wiederholen beharrlich den dröhnenden Laut nächtlicher Trommeln, die Andeutung primitiver Riten und Kulte. Kannibalen, herumwirbelnde Derwische, prächtig herausgeputzte indianische Stammesangehörige drohen beständig die Leinwand zu überfluten. Man sieht sie jeden Augenblick aus der Dunkelheit auftauchen, um die schöne Heldin zu enthaupten, die Kinder zu kidnappen, das Lager niederzubrennen; sie drohen, den unschuldigen Forscher oder den Kolonialverwalter und seine Gattin zu kochen und aufzufressen. Solche »Eingeborenen« bewegen sich stets als eine anonyme gemeinschaftliche Masse – in Stämmen oder Horden. Ihr Gegenstück ist stets die Figur des einzelnen Weißen, der – ganz allein »da draußen« – seinem Schicksal die Stirn bietet oder im *Herz der Finsternis* (Joseph Conrad, 1902, Vorlage für *Apocalypse Now*) die Bürde auf sich nimmt (R. Kipling, *The White Mans Burden*), unter Beschuss Gelassenheit und eine unerschütterliche Autorität demonstriert – er bändigt die rebellischen Indigenen oder erstickt den drohenden Aufstand mit einem einzigen Blick seiner stahlblauen Augen.

Die dritte Variante ist die des »Clowns« oder »Entertainers«. Sie fängt sowohl den »angeborenen« Humor als auch die körperliche Geschmeidigkeit des professionellen Unterhaltungskünstlers ein, der für »die anderen« eine Show abzieht. Wenn wir seine physische und rhythmische Anmut bewundern, die offene Ausdruckskraft und Emotionalität des »Entertainers«, oder wenn uns die Dummheit des »Clowns« aus der Fassung bringt, ist niemals ganz klar, ob wir mit ihm oder über ihn lachen.

Was man bei all diesen Bildern feststellt, ist ihre tiefe Ambivalenz – die doppelte Vision des Weißen Auges, durch das sie betrachtet werden. Der primitive Adel des alternden Stammesangehörigen oder Häuptlings und die rhythmische Anmut der Indigenen enthalten sowohl die Sehnsucht des Zivilisierten nach einer für immer verlorengegangenen Unschuld als auch die Gefahr der Zivilisation, überrannt oder unterwandert zu werden durch die Rückkehr der Barbarei, die stets dicht unter der Oberfläche lauert, oder durch eine rohe Sexualität, die »auszubrechen« droht. Gute wie böse Seiten sind beides Aspekte eines *Primitivismus.* In diesen Bildern wird *Primitivismus* definiert durch die solchen Menschen anhaftende Naturnähe.

Ist nun all dies, wie wir manchmal annehmen, so weit entfernt von der Repräsentation von Race, wie sie unsere Bildschirme heute füllt? Die *spezifischen* Versionen mögen verblichen sein. Aber ihre *Spuren* können wir noch immer in umgearbeiteter Form in vielen neueren und modernisierten Bildern finden. Und auch wenn sie eine andere Bedeutung zu tragen scheinen, sind sie oft nach wie vor da, wohlauf und quicklebendig, als Guerilla-Armee und Freiheitskämpfer in Angola, Zimbabwe oder im namibischen »Busch«. Schwarze sind immer noch die angsteinflößendsten, gewieftesten und blendendsten Schieber (und Polizisten) der New Yorker »Bullen«-Serien. Sie sind leichtfüßige, Unsinn quatschende Untermenschen, die Verbindung Starsky und Hutch zum drogendurchtränkten Ghetto. Die hinterlistigen Schurken und ihre bulligen Schlägertypen in der Welt von James Bond und seiner Nachkommenschaft werden gewöhnlich immer noch von »irgendwo da draußen« in Jamaika rekrutiert, wo die Barbarei noch andauert. Das sexuell verfügbare »Sklavenmädchen« lebt und gedeiht, es schwebt dahin in exotischen Fernsehfilmen oder auf Taschenbuch-Umschlägen, obwohl sie jetzt, in ein glitzerndes Gewand gehüllt und von einem Chor aus Weißen umrahmt, im Zentrum besonderer Bewunderung steht. Primitivismus, Barbarei, Tücke und Unzuverlässigkeit – alles »dicht unter der Oberfläche« – können noch immer an den Gesichtern Schwarzer Politiker in der ganzen Welt, die heimlich die Unterwerfung der »Zivilisation« planen, abgelesen werden: So wurde z. B. Robert Mugabe – bis zu dem Zeitpunkt, an dem er sowohl einen Krieg als auch eine Wahl gewann und, zumindest zeitweise, der beste (weil politisch glaubwürdigste) Freund wurde – von Großbritannien auf diesem letzten Außenposten des edwardischen Traums belassen.

Die Weiße Version des »Old Country« ist immer noch ein häufiges Thema nostalgischer Dokumentarsendungen: »Old Rhodesia«, dessen verlässliche Diener, wie man ja erwarten konnte, im Nebengebäude Verrat ausbrüteten und sich heimlich wegstahlen, um sich mit der ZAPU im Busch zu vereinigen … Stammesmänner im grünen Khaki. Schwarze Stegreifkomiker bestätigen immer noch ihre zwiespältige Aufnahme in den britischen Unterhaltungssektor: sie sind die Ersten, die einen rassistischen Witz erzählen. Kein Staatsbesuch der Queen im Commonwealth ist vollständig ohne eine Truppe hin- und herwogender Körper oder ohne eine berittene, huldigende Gruppe von Stammesmännern. Schwarze können sich ja so gut bewegen, so *rhythmisch*, so *natürlich*. Und die Abhängigen, die keinen Tag ohne den Schutz und das Wissen ihrer Weißen Herren auskommen könnten, kehren in den hungernden Opfern der Dritten Welt wieder, wo sie passiv auf die Ankunft von Technologie und Hilfe warten, als Gegenstand unseres Mitleids. Sie werden nicht als die Objekte ständiger Ausbeutung und Abhängigkeit oder der weltweiten Verteilung von Arbeit und Reichtum dargestellt. Sie sind Opfer des Schicksals.

Diese neueren, aufpolierten und modernisierten Bilder scheinen die alte Welt von »Sambo« hinter sich gelassen zu haben. Ja, viele von ihnen sind Brennpunkt versteckter, verbotener, genüsslicher aber tabuisierter Bewunderung. Viele besitzen aktivere und tatkräftigere Eigenschaften – z. B. einige der Schwarzen Athleten und natürlich die Entertainer. Aber die Konnotationen und Echos, die sie auslösen, hallen von sehr weit her wider. Sie formen nach wie vor das Bild der Weißen von den Schwarzen – auch wenn der Weiße Abenteurer nicht als *Sanders of the River* (Kolonialfilm der 30er Jahre) den Dschungelfluss entlangsegelt, sondern als Stanley oder Livingstone in einem historischen Film; und auch wenn das, was gezeigt werden soll, nicht mehr die Brutalität, sondern die Heiterkeit des afrikanischen Dorflebens ist: die Sitten eines alten Volkes, »unverändert bis in die moderne Zeit hinein« (oder anders ausgedrückt: in unseren anthropologischen Augen sind sie immer noch konserviert in ökonomischer Rückständigkeit, eingefroren in der Geschichte durch ihnen unbekannte Kräfte, die – wie es scheint – auf der Leinwand nicht zeigbar sind).

»Abenteuer« ist die eine Form, in der wir Race begegnen, ohne dem Rassismus der eingesetzten Perspektiven ins Auge sehen zu müssen. Eine weitere, noch komplexere Form ist die »Unterhaltung«. Im Fernsehen wird scharf getrennt zwischen »ernsthaften«, informativen Sendungen, die wir uns ansehen, weil es gut für uns ist, und der »Unterhaltung«, die wir uns ansehen, weil es Spaß macht. Und die reinste Form von Vergnügen in Unterhaltungssendungen ist die Komödie. Die Komödie ist per definitionem eine freigegebene Zone, losgelöst von allem Ernst. Alles ist »netter, sauberer Spaß«. Im Reich von Spaß und Vergnügen ist es verboten, ernsthafte Fragen zu stellen, weil es so puritanisch klingt und den Spaß verdirbt. Dennoch ist Race eines der wichtigsten Themen in Situationskomödien. Sie werden auf ordentlicher »antirassistischer« Grundlage verteidigt: Das Auftreten von Schwarzen neben Weißen in Situationskomödien, so wird argumentiert, trägt dazu bei, ihre Anwesenheit in der britischen Gesellschaft natürlich und normal zu machen. Und ohne Zweifel funktioniert das auch so in einigen Fällen. Aber wenn man die Anlässe der Scherze genauer untersucht, wird man – so wie wir in unseren zwei Sendungen – oftmals feststellen, dass diese Komödien Schwarze nicht einfach einbeziehen: es geht dort *um* ›Race‹. Die gleichen alten Kategorien rassistisch definierter Charaktere und Eigenschaften und die gleichen Verhältnisse von Über- und Unterlegenheit bilden den Angelpunkt, um den sich die Witze dann drehen, die Spannungspunkte, die die Situation in den Situationskomödien herbeirufen und verändern. Aber die Komik-Schublade, in der sie stecken, schützt und bewahrt den Zuschauer davor, seinen unbewussten Rassismus einzugestehen. Sie provoziert Dementis.

Das gilt noch viel mehr für die Stegreifkomiker im Fernsehen, deren Repertoire in den letzten Jahren zu ungefähr gleichen Teilen von sexistischen und rassistischen Witzen beherrscht wird. Manchmal hört man, wiederum zu ihrer Verteidigung, dass dies ein Zeichen für die Akzeptanz der Schwarzen sein müsse. Aber es *könnte* auch einfach sein, dass Rassismus normaler geworden ist – schwer zu sagen. Man sagt auch, dass die besten Erzähler antijüdischer Witze selbst Juden seien, genauso wie Schwarze auch die besten, gegen sich gerichteten »Weißen« Witze erzählen. Aber diese Argumentation tut so, als ob Witze in einem Vakuum existierten, völlig losgelöst von den Zusammenhängen und Situationen, in denen sie erzählt werden. Jüdische Witze, die Juden unter sich erzählen, sind Bestandteil des Selbstbewusstseins der Gemeinschaft. Ihre Wirkung wird kaum dadurch erzielt, dass sie über die Race herziehen, denn sowohl Erzähler als auch Zuhörer gehören unter den gleichen Bedingungen zur selben ›Race‹. Werden rassistische Witze jedoch über die Race-Schranke hinaus erzählt und unter Bedingungen, in denen Verhältnisse ›rassistisch‹ begründeter Minderwertigkeit und Überlegenheit vorherrschen, dann vertiefen sie die *Unterschiede* und reproduzieren die ungleichen Beziehungen. Denn in dieser Situation basiert die Pointe auf dem Vorhandensein von Rassismus. So reproduzieren sie die Kategorien und Verhältnisse des Rassismus, indem sie sie durch das Lachen normalisieren. Die erklärtermaßen guten Absichten der Witze-Erzähler sind hier keine Lösung des Problems, denn die Witze-Erzähler haben keine Kontrolle über die Umstände – Umstände eines andauernden Rassismus –, in denen ihr Witz-Diskurs gelesen und gehört wird. Die Zeit *mag* kommen, wo Schwarze und Weiße sich gegenseitig Witze über sich erzählen können, ohne die rassistischen Kategorien der Welt, in der sie erzählt werden, zu reproduzieren. In Großbritannien ist die Zeit dafür mit Sicherheit *noch nicht reif.*

Zwei weitere Schauplätze, die wir in beiden Sendungen zu beschreiben versuchten, beziehen sich auf die »ernstere« Fernsehproduktion Nachrichten und aktuelle Berichterstattung. Hier wird Race als *Problem* konstruiert und als Anlass für Konflikte und Diskussionen. Es gab durchaus gute Beispiele für Sendungen, in denen die Schwarzen nicht ausschließlich als Ursprung des »Problems« auftauchten, und in denen ihnen nicht ausschließlich die aggressive Urheberschaft zur Last gelegt wurde. Aber im allgemeinen tendieren die Sendungen in diesem Bereich dazu, die Schwarzen – insbesondere die bloße Tatsache ihrer Existenz (ihre »Zahl«) – als den Auslöser eines Problems für die Weiße Gesellschaft Englands zu betrachten. Sie erscheinen als Gesetzesbrecher mit verbrecherischer Veranlagung, die »Scherereien« machen, als kollektiver Urheber gesellschaftlicher Ruhestörung.

Jedes Mal, wenn Schwarze Gemeinden auf rassistische Provokationen (wie in Southall) oder auf Schikane und Provokation seitens der Polizei (wie in Bristol) reagierten, gingen die Medien tendenziell davon aus, dass das »Recht« auf der Seite des Gesetzes stand, und sie sprachen von »Krawall« und »Rassenkriegsführung« und nährten damit die bestehenden Klischees und Vorurteile. Die die Auseinandersetzungen herbeiführenden Umstände sind gewöhnlich *abwesend:* so – um nur zwei aktuelle Beispiele zu nennen – die skandalöse und provozierende Demonstration der National Front durch eine der größten Schwarzen Bezirke, durch Southall, und die unzähligen Polizeirazzien im letzten Zufluchtsort Schwarzer Jugendlicher, die Bristol explodieren ließen. Diese Zusammenhänge fehlen entweder völlig oder werden so spät in den Prozess der Sinngebung einbezogen, dass sie die vorherrschenden Definitionen dieser Ereignisse nicht verdrängen können. So sind sie ein weiteres Zeugnis der zerstörerischen Natur der Schwarzen und asiatischen Völker *an sich*.

Die Analyse der Berichterstattung über Southall zeigt, wie rasch die Medien, Fernsehen wie Presse, durch die offiziellen Polizeierklärungen mit der autoritativen Definition des Ereignisses versorgt wurden. Jene ordneten, was ein- und ausgeblendet wird, und formten die Berichterstattung der Medien und ihre Erklärung der Vorfälle. Indem sie sich nach den autoritativen Quellen richteten, reproduzierten die Medien eine Darstellung des Ereignisses, die – mit einigen wichtigen Ausnahmen – den Kampf zwischen Rassismus und Antirassismus übersetzte in a) einen Kampf zwischen Asiaten und Polizei und b) einen Kampf zwischen zweierlei Arten des Extremismus: den sogenannten rechten und linken »*Faschismus*«.

Das führte dazu, dass die beiden zentralen Probleme der Southall-Affäre heruntergespielt wurden: die Stärke und wachsende Legitimation der extremen Rechten und ihre dreiste provozierende, gegen die Schwarzen gerichtete Politik der Straße einerseits, und der Rassismus und die Brutalität andererseits. Beide Themen mussten dem Programm der Medien durch militanten und organisierten Protest *aufgezwungen* werden. Die meisten Presseberichte waren so sehr mit der Ausschmückung grauenerregender Details über »umherziehende Horden Jugendlicher of Colour«, die junge Weiße »mit einem Brotmesser« jagen, beschäftigt, dass sie versäumten, den Tod des von der »Special Patrol Group« erschlagenen australischen Lehrers, Blair Peach, auch nur zu erwähnen.

Ein gutes Beispiel dafür, wie die wirklichen Ursachen der Race-Auseinandersetzung durch den von den Medien gesetzten Rahmen verschluckt und transformiert werden können, ist die Southall-Berichterstattung von *Nationwide* (allabendliche Regional-Berichterstattung) einen Tag nach den dortigen Ereignissen. Diese Sendung wurde von zwei ineinander verschränkten Erklärungsrahmen beherrscht. Im ersten wird die Auseinandersetzung verschwörerisch als links-außen gegen rechts-außen – Anti-Nazi League gegen National Front – abgebildet. Das ist die klassische Fernsehlogik, bei der sich die Medien mit dem gemäßigten, konsensuellen, neutralen Durchschnittsbetrachter identifizieren und im Kontrast dazu den Extremismus beider Seiten herausstreichen und dann miteinander gleichsetzen. In dieser spezifischen Übung in »Ausgewogenheit« werden Faschismus und Antifaschismus als *Gleiches* präsentiert – beide sind gleichermaßen *schlecht,* denn die Mitte bewahrt unter allen Umständen das Wohl aller. Dieser Balanceakt eröffnete Martin Webster von der National Front die Möglichkeit, auf dem Bildschirm zu erscheinen, um das Terrain der Diskussion mitzubestimmen: »Nun«, sagte er, »wir sollten uns über die Trotzkisten, Ultrakommunisten der verschiedensten Sorten, über hysterische Marxisten und andere dazu passende linke Spinner unterhalten.« Ein ordentlicher Rundumschlag also. Dann, nach einer überleitenden Passage – »Southall, ein Tag später« – Übergang zum zweiten Erklärungsrahmen: krawallmachende Asiaten vs. Polizei. »Ich habe gestern Abend ebenfalls Fernsehen gesehen«, äußerte Mr. Jardine, der Vorsitzende der Polizeigewerkschaft, »und ich habe mit Sicherheit keine Polizisten Steine werfen sehen ... Also kommen Sie mir nicht damit.« Die Stärke des organisierten politischen Rassismus und die Umstände, die ihn heraufbeschworen, waren für *Nationwide* als eine mögliche alternative Problemstellung schlichtweg unsichtbar.

Im CARM-Programm *It Ain't Half Racist, Mum* versuchten wir die Wirkungsweise des impliziten Rassismus in einer anderen Sendung zu beschreiben: in der »Großen Debatte« der BBC über Einwanderung. Wir brauchten hier gar nicht erst mit irgendwelchen vorgefassten Meinungen anzufangen, am wenigsten mit Spekulation über die persönlichen Ansichten der beteiligten Moderatoren über Race. Es genügte, sich das Programm mit einem bestimmten Fragenkatalog im Kopf anzusehen: Hier gibt es ein Problem, das definiert wird als »das Einwanderungsproblem«. Was ist das? Wie wird es durch die Sendung definiert und konstruiert? Welcher Logik folgt die Definition? Und von was leitet sich diese Logik selbst ab? Ich denke, die Antworten sind klar. Das Einwanderungsproblem besteht darin, dass »es hier zu viele Schwarze gibt«, um es klar auszudrücken. Definiert wird es durch die *Zahl der Schwarzen* und mit der Frage, was man dagegen tun kann. Die Logik des Arguments lautet: »Einwanderung = Schwarze = zu viele davon = schickt sie nach Hause«. Das ist eine rassistische Logik. Und sie stammt aus einer Argumentationskette, deren Vertreter Enoch Powell war. Der Powellismus war die Tagesordnung, an die sich die Medien hielten. Jedes Mal (und das geschah weitaus öfter als die fünf oder sechs Male, die wir in unserer Sendung dokumentiert haben), wenn der Moderator versuchte, die Grundlinie der Sendung vorzugeben, auf die sich die anderen beziehen sollten, verwies er auf die Sichtweise von Mr. Powell. Und jedes Mal, wenn einer von dieser »Logik« abwich und die zugrunde liegenden Prämissen hinterfragte, wurde er wieder mit einem »wie Mr. Powell sagen würde« zurückgeholt.

Daraus folgt mit Sicherheit nicht (und mir ist nichts bekannt, was dies nahelegen würde), dass Robin Day sich dieser Linie verschrieben hätte oder mit Mr. Powell über irgendetwas in Bezug auf Race übereinstimmen würde. Ich weiß absolut nichts über seine Ansichten von Race und Immigration. Wir haben auch keinerlei Urteile über seine Ansichten gefällt, da sie für unsere Argumentation keine Rolle spielten. Wenn die Medien auf eine systematisch rassistische Weise operieren, dann nicht deshalb, weil sie ausschließlich von aktiven Rassisten betrieben und organisiert werden; das wäre ein Fehler in den Kategorien. Es käme der Behauptung gleich, man könne den Charakter des kapitalistischen Staates durch den Austausch seines Personals verändern. Dagegen haben sowohl die Medien als auch der Staat eine *Struktur,* einen Komplex von *Praxen,* die nicht auf die darin angestellten Individuen reduzierbar sind. Das, was die Funktionsweise der Medien definiert, ist das Resultat einer Reihe komplexer, oftmals widersprüchlicher gesellschaftlicher Verhältnisse und nicht die persönlichen Meinungen der Medienangehörigen. Wichtig ist nicht, dass diese eine rassistische Ideologie produzieren – ausgehend von einer vermeintlich einzigen und einheitlichen Weltanschauung –, wichtig ist vielmehr, dass sie so wirksam durch einen spezifischen Komplex ideologischer Diskurse gebunden, »ausgesprochen« werden. Die Macht dieses Diskurses liegt in seiner Leistung, eine Vielzahl von Individuen zu binden – Rassisten, Antirassisten, Liberale, Radikale, Konservative, Anarchisten, Nichtwisser und schweigende Mehrheitler.

Dennoch stimmte das, was wir über den *Diskurs* des Problem-Fernsehens gesagt haben, und zwar nachweisbar, trotz der verletzten Gefühle einzelner Individuen. Die Prämisse, auf der die »Große Einwanderungsdebatte« aufbaute, und die aufgestellte Argumentationskette waren rassistisch. Die Beweise dafür liegen in dem, was gesagt und wie es formuliert wurde. Wenn das Thema eingeführt wird mit »die Zahl der Schwarzen ist zu hoch« oder »sie vermehren sich zu schnell«, dann ist die Opposition daran gebunden oder genötigt, damit zu antworten, dass »die Anzahl nicht so hoch ist, wie sie angegeben wird«. Diese Sichtweise richtet sich gegen die beiden ersten, bleibt aber in derselben Logik gefangen – in der Logik des »Zahlenspiels«. Liberale, Antirassisten, ja zornige Revolutionäre können sich so »frei« in dieser Debatte äußern – und sind tatsächlich auch oft dazu gezwungen, um die Sache nicht durch Passivität zu verlieren. Allerdings, die Bedingungen der Diskussion zu verändern, die Annahmen und Ausgangspunkte in Frage zu stellen, die Logik zu brechen – das ist eine gänzlich andere, langwierigere und schwierigere Aufgabe.

Ein Moment des Kampfes liegt darin, die Diskussion um Race an einer anderen Stelle zu beginnen. Das aber setzt voraus, dass das sichtbar gemacht wird, was gewöhnlich unsichtbar ist: die Annahmen, auf denen die jetzigen Praxen beruhen. Man muss bloßlegen, was man auseinandernehmen will. Natürlich ist das nicht die einzige Interventionsmöglichkeit – und ein Problem der Strategie-Diskussion in der Linken besteht in eben dieser ihrer Inflexibilität: in der Annahme, dass es nur einen Schlüssel zur Tür gibt. Das war auf jeden Fall der wichtigste (wenn auch nicht einzige) Grund dafür, warum die Gruppe, die die letzte Fassung der CARM-Sendung vorbereitete, sich dafür entschieden hat, kein absolutes, alles umfassendes Resümee über den Stand der antirassistischen Sache – in fünfundzwanzig Minuten – anzustreben, sondern sich stattdessen an das vorgegebene Terrain zu halten (wir suchen uns das Kampffeld nicht selbst aus) und sich ein sehr spezifisches Ziel zu setzen. Kurz, eine Sendung *über* Medien und Rassismus zu machen, *in* den Medien, *gegen* die Medien.

Das ist einer der zentralen Kritikpunkte an der CARM-Sendung: Sie habe sich zu sehr mit der Entlarvung der Medien befasst und nicht generell die Sache des Antirassismus vertreten. Über diesen Punkt kann es – was auch der Fall ist – grundsätzlich geteilte Meinungen geben. Allerdings haben es die Kritiker, wie ich fürchte, vorgezogen, diese Unterschiede nicht auf die grundsätzliche Problematik politischer Einschätzung zurückzuführen, sondern auf »mangelndes Zutrauen« unsererseits (vgl. z. B. Gardner & Henry). Ich war der Ansicht, dass die begrenzte Möglichkeit, die *Open Door* bot, mit all den Problemen (außerhalb der Hauptsendezeit, niedriges Budget, wenig Studiozeit, begrenzter Zugang zur Ausrüstung etc.) am besten zu nutzen war, indem wir ein bestimmtes Ziel im Auge behielten – die Medien ein einziges Mal gegen die herrschende Praxis der Medien selbst zu lesen und damit einiges über ihre normale Funktionsweise zum Vorschein zu bringen. Das bedeutet, die zu behandelnden Themen einzuschränken, eher Schmalspur zu fahren, als ein Sperrfeuer über Geschichte und Ursachen des Rassismus *im Allgemeinen* loszulassen. Vielleicht war das falsch. Wenn, dann lag das aber nicht unbedingt daran, dass wir unsere »linken« Nerven verloren hätten, worin – so scheint mir – der größte und geläufigste Vorwurf liegt.

Eine weitere Kritik bezieht sich auf den Adressatenkreis. So kritisieren z. B. Gardner und Henry an der CARM-Gruppe, dass sie sich an das »allgemeine Publikum« wandte, was ihrer Meinung nach der Übernahme des traditionellen Medienstandpunktes gleichkommt, der im Publikum eine undifferenzierte, passive Masse sieht. Sie hätten es vorgezogen, wenn die Sendung »die Schwarze, linke und antirassistische Bewegung mit Instrumenten und Wissen über die Funktionsweise des Fernseh-Rassismus ausgestattet hätte« (Gardner & Henry 1979, 275). Auch hier handelt es sich um eine grundsätzliche Meinungsverschiedenheit. Die andere Sichtweise – die meinige – geht davon aus, dass Schwarze, linke und antirassistische Gruppen, die sich bereits im antirassistischen Kampf engagieren, zu den letzten gehören, die darüber aufgeklärt werden müssen, wie der Fernseh-Rassismus funktioniert – schon gar nicht in einer fünfundzwanzigminütigen Sendung auf einem öffentlich-rechtlichen Kanal. Die organisierten Aktivisten sind für diese Zwecke im Besitz weitaus effektiverer, interner Kanäle. Ihr Problem ist die pure Tatsache eines zunehmend rassistischen Alltagsbewusstseins und der fehlende »Zugang« zu den Mitteln, mit deren Hilfe sie sich mit diesem verbreiteten Bewusstseinstyp auseinandersetzen könnten. Ich fürchte allerdings, dass der Kampf auf dieser Ebene der *Popularisierung* eine ganz anders geartete politische Aufgabe darstellt als die Bestätigung der bereits bestätigten Ansichten der bereits Überzeugten. Da heißt es, um das schmuddelige und verworrene Mittelfeld zu kämpfen – das Feld, auf dem Powellismus, Thatcherismus und die National Front in den letzten Jahren so ungeheuer viel Vorsprung gewonnen haben. Wollen wir in dem langwierigen Stellungskrieg an Boden gewinnen, dann muss nicht nur das »Mittelfeld« Gegenstand des Kampfes werden, sondern das liberale Bewusstsein selbst. Denn der »liberale Konsens« ist der Dreh- und Angelpunkt dessen, was ich den »impliziten Rassismus« nenne. Er ist es, der den aktiven und organisierten Rassismus aufrechterhält. Das war also zumindest eines der Ziele, die wir angepeilt hatten. Und da unsere Analyse uns sagte, dass wir das Alltagsdenken nicht innerhalb eines Abends austauschen können, versuchten wir bewusst abzuwägen, was die Sendung realistischerweise erreichen konnte und *was nicht.* »Pessimismus der Intelligenz, Optimismus des Willens« – nichts wäre schlimmer für die Linke als die Verwechslung eines winzigen Scharmützels mit der Entscheidungsschlacht.

Eine dritte Hauptkritik war, die Sendung reproduziere Standardformen der vorherrschenden Fernsehpraxis. Sie versuche gewissermaßen, die Profis auf ihrem eigenen Gebiet zu schlagen, statt jenen Rahmen bewusst zu durchbrechen. Diese Kritik beruht auf einer wesentlich komplexeren, wenn auch meist nicht genannten These, dass die Wirksamkeit der ideologischen Diskurse weniger in deren Inhalten und Prämissen liegt als in den Formen.

Deshalb bestehe die Hauptaufgabe darin, »die Formen des Fernseh-Diskurses zu dekonstruieren«: »Wir wollten eine *offensive,* anstoßerregende Sendung machen«, argumentierten Gardner und Henry. Das ist eine komplizierte und umstrittene Frage, auf alle Fälle kein simples Entweder/Oder, wie die These behauptet. Ich selbst war der Ansicht, wir hätten in Richtung »Dekonstruktion« weitergehen sollen als die materiellen Beschränkungen der Programmgestaltung möglicherweise zugelassen hätten.

Die Frage der Form hängt mit politischen Optionen zusammen – und zwar mit solchen, für die es keine simplen Lösungen gibt, mit denen wir aber Tag für Tag konfrontiert werden. Man findet heute in jedem linken Buchladen die phantasievoll gestylten, stilbewussten, rahmenbrechenden, avantgardistischen »kleinen Zeitschriften« der Linken, die an jedem Punkt die »herrschenden Ideologien« ihrer Form nach brechen – und unbarmherzig auf ein kleines, bürgerliches, progressives Publikum beschränkt sind. Man findet dort auch die traditionell entworfene, antik anmutende krude Ästhetik der Zeitschriften aus der Arbeiterbewegung *(Tribune, Morning Star, Socialist Challenge* zum Beispiel) – ebenfalls unbarmherzig auf ein ebenso kleines und bereits überzeugtes Publikum beschränkt. Keine von beiden scheint die außerordentlich schwere Frage einer wirklich revolutionären Form *und* eines wirklich revolutionären Inhaltes gelöst zu haben oder das Problem der politischen Wirksamkeit, womit ich den Durchbruch zu einem Massenpublikum meine. Wäre die gesellschaftliche Arbeitsteilung doch nur durch ein paar neue typografische oder stilistische Kunstgriffe abzuschaffen!

Aber es wäre natürlich nicht richtig, am Ende bei einer Verteidigung des Getanen stehen zu bleiben; das wäre eine simple spiegelbildliche Umkehrung der vorgebrachten Kritik. Wir wussten, wir hatten eine äußerst seltene Chance – eine Chance, die die Linke sich nicht leisten konnte zu vergeben. Wir waren uns darüber im Klaren, dass das Programm hätte besser sein können, erfolgreicher, einschließlich der erfolgreicheren Umsetzung der Ideen, die wir wieder über Bord warfen bzw. werfen mussten. All das ist wirklich diskutierbar und zu Recht Gegenstand von Kritik. Mir geht es allerdings um eine andere Lehre, die ich aus dieser ganzen Geschichte ziehen möchte. Es geht mir um das Ausmaß der Unfähigkeit auf Seiten der Linken, sich den wahren Problemen der Strategie und Taktik eines massenhaft geführten antirassistischen Kampfes zu stellen und sie konstruktiv durchzudiskutieren. Um ehrlich zu sein, unser gemeinsames Wissen reicht nicht aus, um die Rückseite einer Briefmarke zu füllen. Und dennoch tun wir in unseren Diskussionen über taktische Fragen und in unseren politischen Einschätzungen weiterhin so, als seien die Antworten bereits komplett in einer Art Neuausgabe von Lenins *Was tun?* niedergelegt. Wir treffen politische Einschätzungen, indem wir die eigene Position verabsolutieren und denen, die grundsätzlich anderer Überzeugung sind, mangelndes Zutrauen unterstellen. Auf diese Weise halten wir unerschütterlich an sektiererischer Selbstgerechtigkeit und Zersplitterung fest.

Irgendwie scheint es unsere linke Reputation aufzuwerten, wenn wir die Diskussion so führen, als gäbe es irgendeine *Theorie* des politischen Kampfes, eingraviert in tönerne Tafeln, die umstandslos in die eine »wahre« Strategie umsetzbar wäre. Die Tatsache, dass wir weiterhin strategische Schlüsselgefechte verlieren und tatsächlich bereits entscheidend an Boden verloren haben, bringt unsere absolute Sicherheit darüber, dass wir die »richtige Linie« verfolgen, auch nicht einen Moment lang ins Schwanken. Wie ich sehe, ahnen wir gerade erst, wie ein massenfähiger, antirassistischer Kampf zu führen wäre oder wie der Zug des rassistischen Alltagsbewusstseins, der heute das Denken der Massen beherrscht, umzuleiten wäre. Diese Lektion sollten wir besser ziemlich schnell lernen. Wir haben keinen Grund zur Selbstzufriedenheit – nicht, wenn wir sehen, wie rassistische Parolen auf den Fußballfeldern ertönen, und wenn wir hören, wie rassistische Parolen den Gesang der Arbeiterjugendlichen auf den Tribünen umformen und infizieren. Angesichts dieses Kampfes um die Köpfe und Herzen der Massen hieße es, auf den Gewinn des dramatischen Vorgefechtes zu setzen und dabei das Risiko einzugehen, den Krieg zu verlieren, wenn wir nur an einer Front kämpfen, mit nur einer Waffenart, nur eine Strategie anwenden und alles auf eine Taktik setzen.

Übersetzung: Gabriela Mischkowski

Der Thatcherismus und die Theoretiker

Dieser Beitrag stellt in mehrfacher Hinsicht eine »Zusammenfassung« dar. Erstens fasst er im Verlauf der Argumentation verschiedene Positionen der jüngeren Ideologiedebatte zusammen, ohne die einzelnen Argumente und Gegenargumente weiter auszuführen. Zweitens stellt er eine »Zusammenfassung« meiner eigenen vorläufigen Position zu einer Reihe von Diskussionspunkten in dieser Debatte dar. In den vergangenen Jahren sind wir von einer wahren Flut von Theoretisierungen des Ideologischen überschwemmt worden. Ein Großteil davon kam in Form ausgefeilter Dekonstruktionen der klassischen marxistischen Ideologietheorie daher. Mein Beitrag geht von dieser Periode verstärkter theoretischer Auseinandersetzungen aus und reflektiert sie. Diese Phase intensiver Theoretisierung hat allerdings auch Widerspruch hervorgerufen – eine harsche Kritik an der Über-Abstraktion und am Theoretizismus, die das theoretische Denken etwa seit dem Vordringen des Strukturalismus zu Beginn der 70er Jahre geprägt haben. Außerdem wird uns vorgeworfen, durch die Beschäftigung mit Theorie um ihrer selbst willen die Probleme der konkreten historischen Analyse aus den Augen verloren zu haben.

Edward Thompsons Buch *The Poverty of Theory*, das in seinem Extremismus den Gegenstand, den es kritisiert (den Althusserianismus), widerspiegelt, ist nur das letzte, angesehenste Beispiel dieses Gegenschlages. Obwohl ich *The Poverty of Theory* einerseits für ein unbesonnenes und unausgewogenes Werk halte, das mit brillanter, aber ungehobelter Polemik und Karikatur arbeitet, wo sorgfältige Argumentation und ernstzunehmende Belege angebracht gewesen wären, hatte es andererseits durchaus seine Berechtigung. Es ist möglich – und ist auch ausgiebig versucht worden –, eine spitzfindige theoretische Konstruktion auf die andere zu setzen (und zwischenzeitlich an Wortspielen zu drechseln, gewöhnlich mit Wörtern, die bereits dem Französischen entlehnt sind, so dass das Ganze in einer fürchterlich entstellten Sprache endet), ohne jemals den Boden zu berühren, das heißt, ohne je auf einen einzigen konkreten Fall oder ein einziges historisches Beispiel Bezug zu nehmen.

Darum habe ich in diesem Beitrag – statt einmal mehr zu theoretisieren – versucht, einige der wichtigsten Positionen, die aus der Ideologiedebatte hervorgegangen sind, in zusammenfassender Form auf die Analyse eines konkreten politischen Problems anzuwenden. Genauer gesagt, auf die gegenwärtige politische Konstellation in Großbritannien, die durch das Auftauchen der Neuen Rechten gekennzeichnet ist: durch den Aufstieg zur Macht – zunächst in der konservativen Partei, dann in zwei aufeinanderfolgenden Regierungen – von Mrs. Thatcher und der politischen Philosophie, für die sie steht. Die Frage, die ich stelle, ist einfach. Der Zweck des Theoretisierens besteht nicht darin, unsere intellektuelle oder akademische Reputation zu erhöhen, sondern darin, uns Möglichkeiten zu eröffnen, die historische Welt und ihre Prozesse zu erfassen, zu verstehen und zu erklären, um Aufschlüsse für unsere eigene Praxis zu gewinnen und sie gegebenenfalls zu ändern. Wenn dem so ist, dann stellt sich die Frage, welche der verschiedenen Positionen der Ideologiedebatte am umfassendsten und treffendsten ist, und welche die größte Erklärungskraft hat, um den Aufstieg der Neuen Rechten und der politischen Konstellation, die diese mit sich gebracht hat, begreifbar zu machen. Diese Frage kann zwar im Rahmen eines Beitrags nicht im Detail beantwortet werden, aber man kann, indem man das Problem summarisch behandelt, eine Art »Probe aufs Exempel« machen, was ich hier versuche.

Zunächst möchte ich die politische Konstellation in ihren frühen, leicht erkennbaren Aspekten kurz skizzieren. Die politische Situation der Nachkriegszeit wurde in Großbritannien durch ein »Übereinkommen« bestimmt, zu dem man in den 40er Jahren gefunden hatte. Es entwickelte sich praktisch eine neue Art von ungeschriebenem Sozialvertrag, durch den ein Vergleich oder »historischer Kompromiss« zwischen den verschiedenen konfligierenden gesellschaftlichen Interessengruppen geschlossen wurde. Die Rechte ließ sich – indem sie ihre reaktionären und stärker »marktwirtschaftlich« orientierten Kräfte an den Rand drängte – auf den Sozialstaat, die Erziehung in Gesamtschulen, die keynesianische Wirtschaftspolitik und das Bekenntnis zur Vollbeschäftigung als Rahmenbedingungen für einen friedlichen Kompromiss zwischen Kapital und Arbeit ein. Im Gegenzug akzeptierte es die Linke, im Rahmen eines modifizierten Kapitalismus und des strategischen Einflussbereichs des westlichen Blocks zu arbeiten. Trotz zahlreicher Unterschiede in den Schwerpunktsetzungen und einer Reihe von harten politischen und wirtschaftlichen Kämpfen, die die politische Landschaft von Zeit zu Zeit erschütterten, war die Situation insgesamt durch einen grundlegenden Konsens bzw. den im Wesentlichen reformistisch und sozialdemokratisch geprägten Kompromiss über die grundsätzlichen sozialen und ökonomischen Rahmenbedingungen gekennzeichnet, in denen die Konflikte – für den Augenblick – »beigelegt« oder unterdrückt wurden.

Es gibt heutzutage sehr unterschiedliche Regierungsformen, die in einer solchen historischen Kompromisssituation funktionieren und sie beherrschen können. Aufgrund einer Reihe struktureller Faktoren, auf die hier nicht näher eingegangen werden kann, gelang es gewissen Varianten der Sozialdemokratie (im Wesentlichen in Form von reformistischen Labour-Regierungen), die britische Gesellschaftsformation – mit kurzen Unterbrechungen – in den 60er und 70er Jahren zu dominieren. Dem war eine Phase der »Restauration« vorausgegangen, die dazu diente, den fundamentalen kapitalistischen Grundsätzen unter Federführung von Harold MacMillans Konservativen in den »üppigen 50er Jahren« zu ihrem Recht zu verhelfen – innerhalb des durch die weltweite US-amerikanische Vormachtstellung und die zunehmende atlantische Orientierung gesteckten Rahmens. Mit »dominieren« meine ich, dass Labour zum ersten Mal in der britischen Geschichte als alternative regierungsfähige Mehrheitspartei erschien, und nicht als kurzzeitige Zwischenlösung. Reformistische Ziele und Strategien bestimmten die politischen Zielvorgaben, obwohl die Umsetzung dieser Ziele in die Realität nur stellenweise gelang. Vor allem aber waren es die Sozialdemokraten, nicht die Konservativen, die am besten geeignet schienen, die neuen korporatistischen Vereinbarungen (»starker Staat/starkes Kapital«) zustande zu bringen, die damals zur Grundlage von Wirtschaftspolitik und ökonomischer Planung wurden. Darüber hinaus konnte die Sozialdemokratie die arbeitenden Massen über die Gewerkschaften für die korporatistischen Händel einspannen und sie – durch deren Festhalten an der historischen Allianz zwischen Labour und Gewerkschaften – gleichzeitig disziplinieren. In den frühen 60er Jahren machte Harold Wilson einen beherzten Versuch, die Hegemonie der Sozialdemokratie zu festigen, indem er verschiedene Sektoren der Gesellschaft in einer breiten Allianz oder einem historischen Block zusammenfasste: einem Block aus »Hand- und KopfarbeiterInnen« (eine schwer vorstellbare Allianz, die sich vom gelernten Maschinisten bis zum zukunftsorientierten Management einer Firma erstrecken sollte), den er mit dem »heißen Eisen« der neuen Technologie und dem korporatistischen Staat verknüpfen wollte. Hätte dieser Versuch Erfolg gehabt, wären damit die historischen Weichen für eine lange, beständige Periode eines »Reformkapitalismus« unter sozialdemokratischer Führung gestellt worden.

Die Grundvoraussetzungen für eine solche Stabilisierung waren jedoch nicht gegeben. Die britische Wirtschaft und die gesamte industrielle Struktur waren zu schwach, zu sehr an ihre weltumgreifende Rolle als Finanzmacht gebunden, zu unmodern, »rückständig« und mit zu wenig Kapital ausgestattet, um die enormen Profite zu erzielen, die notwendig sind, um einerseits die Kapitalakkumulation und die Profitabilität sicherzustellen, *und* andererseits genügend für die Finanzierung des Sozialstaats, für hohe Löhne und verbesserte Lebensbedingungen der weniger Wohlhabenden abzuschöpfen – die einzigen Voraussetzungen, unter denen der historische Kompromiss hätte funktionieren können. Als sich die weltweite ökonomische Rezession verschärfte, begann sich Großbritannien – eines der ältesten und jetzt eines der schwächsten Glieder in der kapitalistischen Kette – unter dem Druck konfligierender Ansprüche, die die Basis früherer Übereinkünfte aushöhlten, zu polarisieren. Die Labour Party, genötigt, das System, das sie niemals zu transformieren versucht hatte, in einer Krisensituation zu verteidigen, sah sich mehr und mehr in die Rolle gedrängt, die eigene Arbeiterklasse zu disziplinieren. Die inneren Widersprüche, die dem »historischen Kompromiss« von Anfang an innewohnten, kamen allmählich zum Vorschein. Zunächst in den sozialen und politischen Umwälzungen der 60er Jahre, dann in den gegenkulturellen Bewegungen im Gefolge des Vietnamkrieges, schließlich (während der konservativen Zwischenregierung von Edward Heath) in den Arbeitskonflikten und der Militanz der frühen 70er Jahre. Der sozialdemokratisch geprägte Konsens, der der politischen Szene Großbritanniens bis zu diesem Zeitpunkt eine gewisse Stabilität verliehen hatte, begann sich aufzulösen, seine Legitimität begann zu schwinden. Sowohl in den Kernbereichen des ökonomischen Lebens – Löhne, Produktion, Streiks, Arbeitskonflikte, gewerkschaftliche Militanz usw. – als auch in den »emporkommenden« Kampfplätzen des sozialen Lebens – Kriminalität, Permissivität, Rassismus, moralische und soziale Werte, traditionelle Geschlechterrollen und *Moral* – stürzte die Gesellschaft in eine Krise. Eine Phase der Hegemonie war beendet; die Gesellschaft trat in jene Ära von Auseinandersetzungen, Krisen und Unruhen ein, die häufig mit der Formierung eines neuen hegemonialen Stadiums einhergeht.

Dies war die Zeit der Neuen Rechten. Sie entstand natürlich keineswegs aus dem Nichts. Seit die liberale Partei um die Jahrhundertwende als alternative Regierungspartei von der politischen Bühne verschwunden war und Labour ihren Platz eingenommen hatte, verlagerten sich viele traditionelle Elemente der Ideologie des »freien Marktes« von ihrer angestammten Heimat bei den Liberalen zu den Konservativen. Hier fanden sie im grundsätzlichen Bekenntnis zur freien Marktwirtschaft, in einer Ethik des Besitzindividualismus und des harten Konkurrenzkampfes ideologischen Unterschlupf. Diese Elemente verbanden sich mit der traditionsbewussteren, paternalistischen, organischen Fraktion der Tories und bildeten die höchst widersprüchliche Formation, die den modernen Konservatismus kennzeichnet. Aber während der Zeit des Nachkriegskompromisses wurden diese neo-liberalen Elemente bewusst an den Rand der Partei gedrängt. An der kurzen Leine gehalten, war es ihren Verfechtern auf Parteitagen erlaubt, ihre rückständigen sozialen Doktrinen zu äußern (die »Hängt sie auf und peitscht sie aus«-Brigade) und einen harten ökonomischen Individualismus sowie das kleinbürgerliche Ethos des Konkurrenzkampfes gegen das ihrer Ansicht nach zu wohlerzogene Tory-Junkertum zu vertreten. Die entscheidenderen Kräfte aber, die die politische Richtung der Partei in den ersten Nachkriegsjahren bestimmten, waren diejenigen, die versuchten, den Konservatismus an Lebensformen anzupassen, zu denen staatliche Fürsorge, breitgestreute soziale Unterstützung, begrenzte staatliche Interventionen in den freien Markt, keynesianische Nachfrageregulierung, Verhandlungen mit den Gewerkschaften, korporatistische Managementstrategien und die Verknüpfung »starker Staat/starkes Kapital« gehörten.

Es stimmt, dass es in den schwierigen Jahren der Heath-Regierung (1970–1974), als die Zeichen der Krise immer deutlicher wurden, einige bedeutsame Kursänderungen gab, die die Konservativen politisch näher in die neoliberale Ecke rückten. Recht und Ordnung, die Notwendigkeit der sozialen Disziplinierung zunehmender anarchischer Elemente in der Gesellschaft, ein virulenter Rassismus, der sich gegen die Schwarzen Einwanderer richtete – diese unberechenbaren Bestandteile eines populistischen Programms standen bei den Wahlen 1970 stark im Vordergrund, dicht gefolgt von dem Bekenntnis zu wirtschaftlichem Wachstum in einem stärker wettbewerbsorientierten Klima. Eine Zeit lang – unter Heath – waren die Brücken für Verhandlungen mit den Gewerkschaften abgebrochen, und der Korporatismus war begraben. Stattdessen suchte die Regierung die direkte Konfrontation mit militanten ArbeiterInnen und den Gewerkschaften, um den schleichenden Staatskapitalismus, der in der britischen Industrie Normalität geworden war, zu unterbinden und erneut einen stärker marktwirtschafts- und wettbewerbsorientierten Wirtschaftsstil durchzusetzen. Die Periode begann mit einem ausufernden Wohnungsbauprogramm, dem Aus-dem-Boden-Schießen neuer Banken von windigem und zweifelhaftem Charakter und landesweiten Bankrotten infolge der »Umrüstung« der Industrie für den stärker wettbewerbsorientierten Markt der Europäischen Gemeinschaft. Sie endete mit einer 3-Tage-Woche in der britischen Industrie und damit, dass die Regierung in einem frontalen Zusammenstoß mit der Bergarbeitergewerkschaft zum Rücktritt gezwungen wurde. Viele haben die damalige Popularität von Enoch Powell, der Themen wie Race, Nation und freier Markt in den Mittelpunkt stellte, sowie den Geist der ersten Jahre der Heath-Regierung (die Betonung von Recht und Ordnung und des ökonomischen Wettbewerbs) rückblickend als anschauliche Vorwegnahme oder Probe des Thatcherismus interpretiert.

Aber als der Thatcherismus schließlich an die Macht kam, richtete er sich gegen den »schleichenden Korporatismus« aller vorangegangenen Regierungen, auch gegen den von Mr. Heath. An seiner Spitze standen berühmte »Überläufer« – Sir Keith Joseph, der Chefideologe der Neuen Rechten, und Mrs. Thatcher selbst –, die unter Heath MinisterInnen waren, die aber jetzt – Saulus wandelt sich zum Paulus – den Trend zu einem, wie sie es nannten, »Staatssozialismus« weit von sich wiesen, den sie als (quasi inhärenten) Bestandteil einer von der Sozialdemokratie dominierten politischen Konstellation ansahen, welchen Anstrich sich die jeweilige Regierung auch geben mochte. Öffentlich trat Joseph erstmals im Vorfeld der Kämpfe um die Parteispitze als führender Ideologe einer innerparteilichen Revolution in Erscheinung – mit einer Reihe von Reden, in denen die »neue Philosophie« dargelegt wurde. Joseph bleibt einer der wichtigsten »organischen Intellektuellen« des Thatcherismus, aber er verschreckte weite Teile der Wählerschaft durch sein anmaßendes Auftreten und seine fehlende Bürgernähe. Nach seinem Rücktritt, nicht als Vordenker des thatcheristischen Blocks, aber als im Blickpunkt der Öffentlichkeit stehender Parteivorsitzender, rückte Mrs. Thatcher als die bekannte Persönlichkeit in den Vordergrund, der es am besten gelang, das Hohelied des Monetarismus und das Evangelium des freien Marktes in das schlichte Vokabular eines steuerzahlenden Tory-Haushaltsvorstandes zu übersetzen.

Der Thatcherismus hat also zunächst die konservative Partei erobert und transformiert, bevor er sich daranmachte, das ganze Land zu erobern und umzugestalten. Wir werden auf das, was Gramsci das »organisatorische Element« – das »Element der Partei« – nennen würde, später noch zurückkommen. An dieser Stelle genügt es zu sagen, dass der Thatcherismus, obwohl er dem traditionellen Toryismus viel verdankt und wesentliche Elemente davon integriert hat, eine grundlegend andere politische und ideologische Kraft darstellt, radikal verschieden von den älteren Versionen des Konservatismus, die die Partei in den Nachkriegsjahren bestimmt haben – oder anders ausgedrückt: er ist eine radikal andere und neuartige Kombination von verschiedenen Elementen des Konservatismus. Der Thatcherismus gelangte an die Macht, indem er zunächst gegen die »alte Garde« – die Gralshüter der Partei – und die alten paternalistischen Doktrinen antrat und sie bezwang. Seine erste historische Mission bestand nicht darin, zu lenken und umzustoßen, sondern darin, den sozialdemokratischen, korporatistischen Konsens zu bekämpfen und aufzulösen, der die politische Szene seit Kriegsende bestimmt hatte, sowie das Alltagsbewusstsein zu desintegrieren und die Selbstverständlichkeit der britischen Nachkriegsübereinkunft in Frage zu stellen. Seine zweite Mission bestand darin, die in der britischen Gesellschaft vorherrschenden Trends an allen Fronten umzukehren. Politisch gesehen hieß dies, den Trend zu staatlich subventionierter Wohlfahrt aufzuheben, die öffentlichen Ausgaben zu senken, den staatlichen Sektor zugunsten privater Unternehmen zu beschneiden, die Gesetze des freien Marktes und die marktwirtschaftlichen Kräfte wiederherzustellen, die Flut staatlicher Interventionen zurückzudrängen, die Profitabilität zu untermauern, Löhne und Gehälter unter Kontrolle zu halten und die Macht, die die Arbeiterklasse mittels der Gewerkschaften im ökonomischen und politischen Leben gewonnen hatte, zu brechen.

Was uns hier vor allem interessiert, ist die Wende, die der Thatcherismus im Bereich des gesellschaftlichen Denkens oder im Ideologiebereich anstrebte. Seine Aufgabe bestand in diesem Fall darin, die »anti-kapitalistische Woge« einzudämmen, die seiner Ansicht nach im Laufe der 60er Jahre Auftrieb bekommen hatte. Das damalige Lebensgefühl lässt sich so zusammenfassen: Jeder intelligente junge Mensch hätte sich geschämt, ins Geschäftsleben einzutreten. Darüber hinaus musste der Thatcherismus das gesamte, auf wachsender staatlicher Unterstützung basierende Muster sozialer Erwartungshaltungen aufbrechen. Im prophetischen Titel einer vom *Centre for Policy Studies* herausgegebenen Broschüre hieß das: »die Anziehungskraft des Sozialstaates brechen«. Es ging darum, einen alternativen ideologischen Block, charakterisiert durch neoliberale, marktwirtschaftliche und besitzindividualistische Züge, wieder aufzubauen. Die den keynesianischen Sozialstaat tragenden Ideologien mussten transformiert und der Machtblock, der mittlerweile an keynesianische Rezepte zur Behandlung ökonomischer Krisen gewöhnt war, musste aufgebrochen werden. Das bedeutete auch, die wachsende Macht und Verhandlungsstärke der Arbeiterschaft zu brechen, das politische Gleichgewicht umzustürzen und die Vorrechte von Management, Kapital und Kontrolle wiederherzustellen. Das wurde nicht auf bloß »ökonomistischer« Ebene erreicht. Das Ziel bestand darin, das gesellschaftliche Leben insgesamt neu zu ordnen durch eine Rückkehr zu den »alten Werten« – den Philosophien von Tradition, Englischtum, Respektabilität, Patriarchalismus, Familie und Nation. Das eigentlich Neue am Thatcherismus war vor allem die Art und Weise, wie er die neuen Lehren des freien Marktes mit einigen traditionellen Schwerpunkten des organischen Toryismus *verband.* Dieses widersprüchliche Ideengebäude, mit dem es dem Thatcherismus in seiner Aufstiegsphase gelang, den Eindruck ideologischer Geschlossenheit zu erwecken, kommt am besten in dem paradoxen Slogan zum Ausdruck, den der politische Theoretiker Andrew Gimble prägte: »Freier Markt *und* starker Staat«.

Bevor seine magische Aura der Unbezwinglichkeit zu schwinden begann, machte der Thatcherismus enorme Fortschritte, ohne allerdings zu irgendeinem Zeitpunkt dieses historischen Unternehmens allumfassenden Erfolg zu haben oder eine hegemoniale Stellung zu gewinnen. Diese Einschätzung könnte angefochten werden und wurde auch wiederholt angegriffen. Als ich den ziemlich unerwarteten Wahlsieg des Thatcherismus 1979 voraussagte, formulierte ich diese Behauptung zunächst vorsichtig. Aber im Laufe der Zeit ist sie eher bestärkt und bestätigt als widerlegt worden. Natürlich hat der Thatcherismus vom Wahlergebnis her nie die absolute Mehrheit gewonnen. Bedeutend weniger als die Mehrheit der britischen WählerInnen unterstützen die Regierung. Der Wahlsieg von 1983 wurde zweifellos durch die Falkland-Episode und die Spaltung in den Reihen der Opposition, zwischen Labour und der neu gebildeten Allianz von Liberalen und Sozialdemokraten, künstlich in die Höhe getrieben. Sehr schnell, unmittelbar nach ihrem zweiten bedeutenden Sieg an den Wahlurnen 1983, geriet Mrs. Thatcher fortwährend in Schwierigkeiten, als sich einige der längerfristigen strategischen Misserfolge (z. B. die anhaltend hohe Zahl von über 3 Millionen Erwerbslosen) mit zahlreichen taktischen Missgriffen und Fehlern verbanden. Keine Regierung ist perfekt: keine Politikerin, kein Politiker währt in einer parlamentarischen Demokratie ewig.

Wenn man andererseits die Phase der politischen Auseinandersetzungen betrachtet – vom erfolgreichen Kampf um die Führung der Partei bis heute –, so ist der Thatcherismus qualitativ zweifelsohne zur *führenden* politischen und ideologischen Kraft geworden. Selbst als die Regierung vom Pech verfolgt war, ist es Labour gerade einmal gelungen, bei den zweifelhaften Meinungsumfragen zum Wählerverhalten mit den Konservativen gleichzuziehen – eine Position, die nicht ausreicht, die überwältigende parlamentarische Mehrheit des Thatcherismus umzustürzen.

Aber auch das ist ein zu grober quantitativer Maßstab. Tatsache ist, dass es dem Thatcherismus gelungen ist, einen Großteil der historischen Nachkriegstrends umzukehren. Er hat damit begonnen, die Bedingungen des ungeschriebenen »Sozialvertrages«, in denen sich die gesellschaftlichen

Kräfte nach dem Krieg »häuslich eingerichtet« hatten, auszuhöhlen und abzutragen. Er hat die Währung verändert, in der politisch gedacht und argumentiert wird. Wo vorher soziale Bedürfnisse ihre eigenen Ansprüche gegenüber den Gesetzen des Marktes geltend machen konnten, bestimmen jetzt Themen wie »Leistung, die ihr Geld wert ist«, das Recht, über privates Vermögen nach eigenem Gutdünken zu verfügen, und die Gleichsetzung von »Freiheit« und »freiem Markt« nicht nur die politischen Auseinandersetzungen im Parlament, in der Presse, den Zeitschriften und Politikkreisen, sondern auch das alltägliche Denken und Handeln. Es hat ein bemerkenswerter Wertewandel stattgefunden: die Aura, die alles, was mit »staatlicher Wohlfahrt« zu tun hatte, umgab, haftet jetzt allem »Privaten« oder Privatisierbaren an. Die Gesellschaft insgesamt erlebt einen größeren ideologischen Umschwung. Dass der Thatcherismus nicht alles, was ihm hinderlich war, aus dem Weg geräumt hat, und dass es viele bedeutsame Widerstandspunkte oder -nischen gibt (z.B. das staatliche Gesundheitswesen), steht nicht im Widerspruch zu der Tatsache, dass der Thatcherismus – nicht im Sinne eines totalen Sieges, sondern vielmehr im Sinne der Beherrschung eines labilen Gleichgewichts – es in weniger als einem Jahrzehnt nicht nur geschafft hat, »der Sache eine neue Wendung« zu geben, sondern begonnen hat, die gesellschaftliche Ordnung umzubauen.

Ein Zeichen für diesen ideologischen Erfolg ist das gelungene Eindringen in die soziale Basis von Labour. Beträchtliche Teile der gelernten und angelernten IndustriearbeiterInnen, ein bedeutender Prozentsatz der organisierten GewerkschafterInnen, weite Teile der städtischen Arbeiterschaft, vor allem in den weniger stark entindustrialisierten Teilen des Landes, sowie ein Großteil der Erwerbslosen – um nur einige soziale Kategorien anzuführen – sind bei den letzten Wahlen »zum Thatcherismus übergelaufen« und haben ihre traditionelle Loyalität gegenüber Labour aufgegeben. Einige dieser Wählerwanderungen sind sicherlich temporärer Art und werden sich wieder umkehren. Aber angesichts der brenzligen Lage in dem Jahrzehnt, in dem Großbritannien die weltweite Rezession des Kapitalismus mit voller Wucht zu spüren bekam, hat der Thatcherismus in den genannten Teilen der Bevölkerung deutlich an Boden gewonnen. Er war angetreten, eine populistische politische Kraft zu werden – und das ist ihm in eindrucksvoller Weise gelungen. Er hat die breite Zustimmung wichtiger Teile der beherrschten Klassen gewonnen, er versteht es, sich als eine Kraft darzustellen, die »auf Seiten des Volkes« steht, und übernimmt die tonangebende oder »führende« Rolle in der Gesellschaft durch die Kombination einer von oben auferlegten sozialen Disziplin – ein eisernes Regime in »Eisernen Zeiten« – und einer populistischen Mobilisierung von unten: eine Kombination, die ich an anderer Stelle (1985) als »autoritären Populismus« bezeichnet habe. Ein Großteil der gesellschaftlichen Trends und Tendenzen, die es unserer Meinung nach dem britischen Kapitalismus der Nachkriegszeit ermöglichten zu überleben (starker Staat/starkes Kapital, korporatistische Managementstrategien sowie die anderen korporatistischen Züge, mit denen in spätkapitalistischen Ökonomien das freie Spiel der Marktkräfte scheinbar beschränkt wird), werden entweder aufgehoben oder neu kombiniert.

Natürlich kann Ideologie nicht im freien Raum funktionieren; eine Interpretation der ideologischen Ebene darf nicht mit einer Analyse der Gesamtkonstellation verwechselt werden. Vieles von dem, was in der thatcheristischen Ideologie angelegt ist, ist in der sogenannten »realen Welt« nicht verwirklicht worden. Die Inflationsrate ist zwar gesenkt und die öffentlichen Ausgaben sind gekürzt worden, aber es ist nicht gelungen, die Wirtschaft neu zu beleben, die Arbeitslosigkeit abzubauen oder die Geldzufuhr wirksam zu drosseln. Obwohl sie vom Unternehmertum lautstark artikuliert wurden, sind die kleinbürgerlichen Wertvorstellungen wie Leistung, die Heiligkeit der Steuern, die traditionelle Frauenrolle und Familie bislang kaum in den Niederungen der materiellen Realität wirksam geworden. Kleine Unternehmen verschwinden ebenso schnell wie sie gegründet werden wieder von der Bildfläche. Für die wirtschaftliche Arena gilt nicht, dass der »Monetarismus funktioniert«, sondern dass es »keine Alternative« zu ihm gibt – ein nüchternes, stoisches, langwieriges, langdauerndes Glücksspiel um Wählerstimmen. Dennoch: die ideologische Effektivität, mit der es dem Thatcherismus gelungen ist, dem politischen Denken und Handeln neue Konturen zu geben, ist bemerkenswert; und dies nicht nur in brisanten Ausnahmesituationen, wie z. B. auf dem Höhepunkt des Falkland-Abenteuers. Für unsere Argumentation von besonderem Interesse ist die Fähigkeit des Thatcherismus, vor allem in jenen Bereichen der Gesellschaft Popularität zu gewinnen, deren Interessen zu vertreten niemand ernsthaft vom Thatcherismus behaupten würde. Dieser Aspekt des Phänomens bedarf – im Hinblick auf die verschiedenen Ideologietheorien – am meisten der Erklärung.

Wie unzureichend sie auch sein mag, dies muss als Beschreibung des zu erklärenden Phänomens genügen. Natürlich ist diese Darstellung – wie verkürzt auch immer – theoretisch keinesfalls »unschuldig«. Bereits die Situationsbeschreibung wird durch eine Reihe von Konzepten vorstrukturiert und gesteuert: eine theoretisch neutrale Darstellung gibt es nicht. Dies unterstreicht nur das Ausmaß, in dem sogenannte konkrete historische oder empirische Arbeiten immer schon von bestimmten Theorien geprägt sind. Trotzdem gibt es gewisse Punkte, die von allen Darstellungen zumindest als für alle theoretischen Perspektiven in ähnlicher Weise problematisch und erklärungsbedürftig angesehen würden. (Die LeserInnen, die die gramscianischen Gedanken, die in meine Interpretation eingeflossen sind, erkannt haben, gewinnen keinen Preis.)

Trotz obiger Einschränkung meine ich, man kann mit einiger Berechtigung sagen, dass die Konstellation, die ich gerade beschrieben habe, durch die sogenannte »klassische Lesart« der marxistischen Ideologietheorie, wie wir sie in der oder in Anlehnung an die *Deutsche Ideologie* von Marx und Engels finden, nur zum Teil und in unzureichender Weise erklärt wird. Während wir nach dieser Theorie eine weitestgehende Übereinstimmung von oder Korrespondenz zwischen »herrschender Klasse« und »herrschenden Ideen« erwarten würden, stoßen wir stattdessen auf gravierende Unterschiede in der ideologischen Ausrichtung *innerhalb* der sogenannten herrschenden Klassen, ohne eine genaue oder konsistente Symmetrie, was die Verteilung dieser Ideologieformationen auf die Klassen angeht. Wir sind in der Tat dazu aufgefordert, von einem internen Wettstreit zwischen einem »herrschenden Ideengebäude« und einem anderen sowie von der teilweisen Verdrängung des einen durch das andere zu sprechen. Die Idee einer internen Fraktionierung des ideologischen Universums der herrschenden Klassen oder die Vorstellung, dass Ideen in einen Prozess harter Polemik und Auseinandersetzungen eintreten müssen, um zur normativ-normalisierten Struktur von Konzepten zu werden, mittels derer eine Klasse »spontan« und authentisch ihre Beziehungen zur Welt denkt und »lebt«, sind ebenfalls Vorstellungen, die dem klassischen Marxismus fremd sind, zumindest in seiner abstrakteren und allgemeineren Form. (Die konkrete Analyse ideologischer Strukturen im *Achtzehnten Brumaire* steht auf einem ganz anderen Blatt. Vgl. S. 15ff. in diesem Band) Der konventionelle Ansatz geht davon aus, dass die herrschenden Ideen einer Klasse der gesellschaftlichen Stellung dieser Klasse zuzuschreiben bzw. in ihre Klassenposition geradezu eingeschrieben sind. Dass diese Ideen jedoch dominant sind, wird diesem Ansatz zufolge durch etwas anderes garantiert: durch den Klassencharakter der Ideen selbst. Dass diese Ideen in einem spezifischen und kontingenten (d.h. offenen, nicht vollständig determinierten) Prozess des ideologischen Kampfes aktiv »die Oberhand gewinnen« müssen, liegt dieser Vorstellung fern.

In der »klassischen« Sichtweise würde der Thatcherismus sich nicht wesentlich von den traditionellen, »herrschenden Ideen« der Konservativen unterscheiden. Aber wir haben bereits festgestellt, dass der Thatcherismus sehr wohl eine eigenständige, spezifische und neuartige Kombination ideologischer Elemente darstellt, die sich von anderen Kombinationen, in denen die Dominanz der herrschenden Klassen Englands geschichtlich zum Ausdruck kam, unterscheidet. Der Thatcherismus ist das Ergebnis einer vollständigen Neuordnung bestimmter diskursiver Schlüsselelemente der Rechten – zum Teil das Ergebnis der Auflösung einer vormals gefestigten Formation. Darüber hinaus ging er aus einem langen ideologischen Kampf innerhalb des herrschenden Blocks hervor. Normalerweise würden wir erwarten, dass sich die Bourgeoisie als einheitliche Klasse, der »ihre« Ideologie immer schon mitgegeben ist, »geschlossen« ihren Weg durch die Geschichte bahnt und dabei (in Poulantzas' denkwürdigen Worten) den Monetarismus sozusagen »wie ein Nummernschild auf dem Rücken« trägt. Stattdessen haben wir es hier mit einer bedeutenden *Verschiebung* des Denkens zu tun. Statt mit einem geschlossenen, einheitlichen »Klassenstandpunkt«, der sich im permanenten Kampf mit dem »Klassenstandpunkt« einer oppositionellen Klasse befindet, sehen wir uns genötigt, eine Ideologie zu erklären, die vor allem im diskursiven Bereich tätig ist, dort erfolgreich in das Territorium der beherrschten Klassen eingedrungen ist, es in Stücke zerlegt und damit einen Bruch in deren traditionellen Diskursen (Labourismus, Reformismus, Keynesianismus und Sozialstaatlichkeit) herbeigeführt hat. Nur durch die Besetzung und Beherrschung des diskursiven Raums konnte der Thatcherismus zu einer führenden ideologischen Kraft werden.

Historisch gesehen ist der letztgenannte Punkt natürlich nicht neu. In diesem Jahrhundert hat ein Viertel bis ein Drittel der britischen Arbeiterschaft (wie man sie auch definieren mag) traditionell konservativ gewählt. Von daher ist die wichtigste Zeit für die Rekonstruktion des modernen Konservatismus vor dem Emporkommen des Thatcherismus die Zeitspanne zwischen den letzten Jahrzehnten des 19. Jahrhunderts und den ersten Jahrzehnten des 20. Jahrhunderts. Damals war der Konservatismus gezwungen, sich angesichts der Entwicklung einer Massendemokratie, dem Verschwinden der Liberalen und ihrer Ersetzung durch Labour, als politische Massenideologie zu rekonstituieren, die in der Lage ist, bei Wahlen eine Mehrheit zu gewinnen. Einige der ideologischen Elemente, die der Thatcherismus heute umformt, sind eben jene, die damals zum *modernen* Konservatismus zusammengeflossen sind: Nation vor Klasse, die organische Einheit des englischen Volkes, die Gleichsetzung von »englischem Genius« und Traditionalismus, die paternalistischen Pflichten, die die Privilegierten den Unterprivilegierten gegenüber haben, die Gesellschaft als geregelte Hierarchie konstitutioneller »Kräfte« etc. Auf diese Weise – vom Aufgreifen des imperialen Gedankens bei Disraeli, Chamberlain und Saintsbury in den 1880er und 1890er Jahren bis zur »großen Normalisierung« in der Baldwin-Ära der 1920er und 1930er Jahre – gelang es dem Konservatismus, trotz aller Widerstände, eine starke Hegemonie über wichtige Sektoren der Volksklassen (popular classes) zu erringen, die er in der Folgezeit nie mehr verlor. Von daher stellt der Thatcherismus für die klassische marxistische Ideologietheorie nur ein altbekanntes Problem der historischen Analyse in neuer, herausfordernder Form dar.

Für den klassischen Marxismus besteht der traditionelle Ausweg, wenn er sich mit dieser Tatsache konfrontiert sieht, im Rückgriff auf die Formel »falsches Bewusstsein«. Die Volksklassen – so der Gedanke – sind von den herrschenden Klassen mit Hilfe ihres, wie es in der *Deutschen Ideologie* heißt, »Monopols über die geistigen Produktionsmittel« ideologisch hinters Licht geführt worden. Entgegen ihren wirklichen materiellen Interessen und ihrer gesellschaftlichen Position (Klassenstellung) sind die Massen also vorübergehend verführt worden, ihr Verhältnis zu den wirklichen materiellen Lebensbedingungen in den Kategorien einer aufgezwungenen, aber »falschen« illusionären Struktur zu leben. Ausgehend von dieser Prämisse würde die Linke traditionell erwarten, dass das Spinngewebe der Illusionen zerreißt, sobald die »realen materiellen Faktoren« wieder voll wirksam werden: dann spiegelt sich die »Realität« unmittelbar in den Köpfen der Massen wider, und es fällt ihnen wie Schuppen von den Augen. Und die Eule der Minerva – die große Lösung, die im *Kommunistischen Manifest* versprochen wird, wenn die Vergesellschaftung der Arbeit zunehmend die Bedingungen für Massensolidarität und Aufklärung geschaffen hat – schwingt sich endlich auf (wenn auch mit 150-jähriger Verspätung).

Diese »Erklärung« muss sich dann mit der überraschenden Tatsache auseinandersetzen, dass die Arbeitslosigkeit sehr viel später als vorausgesagt ins Bewusstsein der Massen drang. Die Erwerbslosen, denen man am ehesten zugetraut hätte, den Schleier der Illusion zu zerreißen, laufen nach wie vor keineswegs automatisch scharenweise zum Labourismus über, geschweige denn zum Sozialismus. Insgesamt sind die Lehren, die man aus der Arbeitslosigkeit ziehen kann, weniger monolithisch und vorhersagbar, weniger durch materielle Faktoren bestimmt und vielfältiger als angenommen. Derselbe Tatbestand kann – je nach ideologischer Perspektive – unterschiedlich »verstanden« oder erklärt werden. Massenarbeitslosigkeit kann als skandalöse Anklage an das System interpretiert werden; oder als ein Zeichen für die zugrunde liegende Schwäche der britischen Wirtschaft, an der Regierungen allein – linke wie rechte – relativ wenig ändern können; oder als akzeptabel, weil »es keine Alternative gibt«, die nicht noch verheerendere Folgen für die Wirtschaft hätte; oder sogar – im Rahmen der sozio-masochistischen Sichtweise, die manchmal ein besonders ausgeprägter Zug der »britischen« Ideologie zu sein scheint – als ein notwendiges Leiden, das gewährleistet, dass die Medizin schließlich doch wirken wird, weil sie so sehr wehtut (das Großbritannien-ist-am-besten-wenn-es-mit-dem-Rücken-an-der-Wand-steht-Syndrom)! Die Logiken ideologischer Schlussfolgerungen sind vielschichtiger, der automatische Zusammenhang zwischen materiellen und ideologischen Faktoren ist weniger eindeutig, als die klassische Theorie uns glauben machen will.

Ist dies bloß eine historische Verirrung – eine der kleinen lokalen Schwierigkeiten des klassischen Marxismus? Weit gefehlt. In dem Abgrund, der sich hier zwischen theoretischer Vorhersage und historisch-empirischer Realität auftut, zeigt sich im Kern das ganze Dilemma der klassischen marxistischen Theorie, heutzutage als Richtschnur des politischen Handelns zu dienen: z. B. ihr Mangel an adäquater Erklärungskraft, was die konkrete empirische Entwicklung des Bewusstseins und der Praxis der Arbeiterklasse in einer hochkapitalistischen Welt angeht – eine Kluft, die weder durch Lukács' Unterscheidung zwischen »objektivem« und empirischem Bewusstsein noch durch die klassischeren Konzepte des »falschen Bewusstseins« überzeugend überbrückt worden ist. Die Theorie des »falschen Bewusstseins« ist – zu Recht – einer harschen epistemologischen Kritik unterzogen worden. Sie geht von einer »empiristischen« Beziehung zwischen Subjekt und Wissen aus: nämlich davon, dass »die reale Welt« ihre Bedeutungen und Interessen unmittelbar und unauslöschlich in unser Bewusstsein einprägt. Wir müssen nur hinschauen, um ihre »Wahrheiten« zu entdecken; und wenn wir sie nicht sehen können, dann darum, weil es einen »Nebel der Unwissenheit« gibt, der die eindimensionale einfache Wahrheit »des Realen« vor uns versteckt. Diese Lehre enthält – abgesehen von einer sehr rudimentären Form des psychologischen Sensualismus, durch die sie im Namen des »Materialismus« gelegentlich aufgemöbelt wurde – nicht die geringste Erkenntnis über die realen Mechanismen, durch die materielle Faktoren immer wieder das ihnen eingeschriebene Wissen reproduzieren, oder (was noch bedauerlicher ist) über die Mechanismen, die die Transparenz des Realen verdunkeln könnten, wenn ein falsches Bewusstsein vorherrscht.

Ich möchte zwei etwas stärker »politisch« orientierte Kritikpunkte anschließen. Eine Theorie, die davon ausgehen muss, dass eine Unzahl normaler Menschen, nicht klüger oder dümmer als Sie oder ich, sich ganz einfach derart gründlich und systematisch über ihre eigentlichen Interessen täuschen lässt, steht auf recht wackeligen Füßen. Noch weniger kann die Sichtweise akzeptiert werden, dass »wir« – die Privilegierten – irgendwie ohne eine Spur von Illusionen sind und folglich die Wahrheit und das Wesen einer Situation unmittelbar durchschauen können, während »sie« – die Massen – sich von der Geschichte hinters Licht führen lassen. Aber es ist eine Tatsache, dass es zwar genügend Leute gibt, die jederzeit die These vom »falschen Bewusstsein« als Erklärung für das illusionäre Verhalten anderer heranziehen, aber nur sehr wenige, die jemals zugeben würden, dass sie selbst mit »falschem Bewusstsein« leben! Es scheint eine Situation zu sein (ähnlich wie das Korrumpiertwerden durch Pornografie), in der sich immer nur »die anderen« befinden. Das riecht zu offensichtlich nach einer Selbstrechtfertigungsstrategie, um es als ernstzunehmende Erklärung für ein historisches Massenphänomen schlucken zu können.

Dies ist jedoch noch lange kein Grund dafür – wie die Dekonstruktivisten uns glauben machen wollen – einige Erkenntnisse des »klassischen marxistischen« Erklärungsmodells vollständig über Bord zu werfen. Es *besteht* ein Gefälle in der gesellschaftlichen Verteilung von Wissen. Und da die gesellschaftlichen Institutionen, die am unmittelbarsten an seiner Entstehung und Vermittlung beteiligt sind – die Triade Familie/Schule/Medien – in den Klassenverhältnissen wurzeln und durch sie strukturiert werden, muss die Verteilung der verfügbaren Codes, mit denen man die Bedeutung von Ereignissen dekodieren oder auseinandernehmen kann, ebenso wie die Sprache, die wir benutzen, um Interessen zu formulieren, zwangsläufig die ungleichen Machtverhältnisse widerspiegeln, die im Bereich der symbolischen Produktion genauso bestehen wie in anderen Bereichen. Die »herrschenden« oder dominierenden Weltanschauungen bestimmen nicht unmittelbar den geistigen Gehalt der Illusionen, die wahrscheinlich in den Köpfen der beherrschten Klassen stecken. Aber der Kreis herrschender Ideen häuft *tatsächlich* genügend symbolische Macht an, um die Welt für andere zu konzipieren und zu klassifizieren. Seine Klassifikationen gewinnen nicht nur die beschränkende Herrschaftsgewalt über andere Denkweisen, sondern auch die dumpfe Autorität über Gewohnheiten und Instinkte. Die »herrschenden Ideen« bestimmen den Horizont dessen, was als selbstverständlich hingenommen wird: Für jeden denkbaren Zweck halten sie eine Erklärung bereit, was die Welt ist und wie sie funktioniert.

Sie können andere Vorstellungen von der sozialen Welt dominieren, indem sie die Grenzen dessen, was als rational, vernünftig, glaubhaft, realistisch sag- und denkbar gilt, festlegen – innerhalb des uns zur Verfügung stehenden Vokabulars für Motive und Handlungen. Ihre Dominanz liegt eben in ihrer Macht, die Gedanken und Überlegungen anderer gesellschaftlicher Gruppen innerhalb der von ihnen festgelegten Grenzen, des von ihnen gesteckten »Rahmens« zu halten. Das »Monopol über die geistigen Produktionsmittel« – oder über die kulturellen Apparate, um einen modernen Ausdruck zu gebrauchen – ist natürlich für die mit der Zeit gegenüber anderen, weniger kohärenten und umfassenden Zustandsbeschreibungen der Welt gewonnene Dominanz im Bereich des Symbolischen nicht unerheblich. Sie müssen andere Vorstellungen nicht buchstäblich durch Illusionen ersetzen, um eine hegemoniale Stellung über sie zu gewinnen. Ideologien als organische Einheiten mögen nicht an ihre entsprechende Klasse gebunden sein, das heißt aber nicht, dass die gesellschaftliche Produktion und Transformation von Ideologie außerhalb der strukturierenden Kraftfelder von Macht und Klasse oder unabhängig von ihnen stattfinden könnte.

Es folgt daraus auch nicht, dass Interessen – einschließlich der materiellen Interessen (welche es auch sein mögen) – keinen Anteil daran haben, das Spiel der Ideen zu bestimmen, innerhalb dessen verschiedene Gruppen die Welt zu verstehen, ihre eigene Rolle und ihre Bündnisse darin zu bestimmen suchen. Nicht nur, dass Interessen kein objektives Merkmal der Stellung sind, die uns innerhalb der Struktur des sozialen Systems zugewiesen ist (und an der dann griffbereit die entsprechenden Bewusstseinsformen hängen), sie sind darüber hinaus historischen Veränderungen unterworfen (Marx selbst sprach von »neuen Bedürfnissen«). Auch ist Klasse nicht die einzige Determinante des gesellschaftlichen Interesses (weitere sind z. B. Geschlecht oder Race). Was aber noch wichtiger ist, Interessen werden selbst in ideologischen Prozessen und durch sie konstruiert, *konstituiert*. Darüber hinaus haben gesellschaftliche Kollektive mehr als nur ein Bündel von Interessen; Interessen können widersprüchlich sein und sind es auch häufig, sie können sich sogar gegenseitig ausschließen. Arbeiter in einem sozialen System haben sowohl das Interesse, voranzukommen, ihre Position zu verbessern, Vorteile innerhalb des Systems zu erringen, als auch das Interesse, ihren Platz darin nicht zu verlieren. Sie werden durch das kapitalistische System ausgebeutet und sind *zugleich* von diesem System abhängig. Von daher können die Verbindungslinien und Interdependenzen zwischen Kapital und Arbeit den Solidaritäts- und Widerstandslinien zuwiderlaufen und sie durchkreuzen oder unterbrechen. Es gibt kein Gesetz, das vorschreibt, welche Seite siegen wird. (Marx hat diese in der Tat widersprüchliche Basis des Klassenbewusstseins besser verstanden als spätere Marxisten mit ihrer Neigung, das reine, entkörperlichte Wesen eines revolutionären Proletariers als Vertreter ihrer eigenen triefenden moralischen Empörung zu konstruieren. Vgl. S.15ff. in diesem Band.)

Man kann deshalb beide Vorstellungen vertreten: die Vorstellung, dass materielle Interessen dazu beitragen, Ideen zu strukturieren, und die Vorstellung, dass die gesellschaftliche Stellung tendenziell die Richtung des gesellschaftlichen Denkens beeinflusst, ohne damit gleichzeitig zu behaupten, materielle Faktoren würden die Ideologie eindeutig bestimmen oder ein Klassenstandpunkt sei eine Garantie dafür, dass eine Klasse immer die angemessene Bewusstseinsform haben werde. Wir wissen heute, dass es keine einheitliche Logik gibt, nach der man vom einen auf das andere schlussfolgern oder das eine aus dem anderen ableiten könnte. Die »Logiken« unterschiedlicher Ideologiegebäude bleiben mehrstimmig. Sie sind nicht unbegrenzt offen, aber grundsätzlich plural.

Ein etwas modifizierter Standpunkt wäre dann zu sagen, Klasseninteresse, Klassenstandpunkt und materielle Faktoren seien notwendige Ausgangspunkte für die Analyse jeder ideologischen Formation; aber sie reichen nicht aus (weil sie zu unbestimmt sind), die wirkliche empirische Anordnung und Bewegung von Ideen in realen, historischen Gesellschaften zu erklären. Wir müssen also akzeptieren, dass neben der revolutionären politischen Tradition Großbritanniens (die aus bestimmten historischen Gründen immer vergleichsweise schwach war) die reformistische Tradition immer auf festen Füßen stand, eingebettet in eine lange Tradition der historischen Evolution und des sozialen Kompromisses; artikuliert durch eine Reihe von Institutionen, die in der Kultur der beherrschten Klassen tief verwurzelt sind; und in der Lage, unter bestimmten historischen Bedingungen (die die britische Geschichte bis heute noch weitgehend bestimmen) die Welt für die arbeitenden Menschen genauso überzeugend und »plausibel« zu entwerfen und bestimmte Handlungen und deren Unterstützungen zu erklären wie andere verfügbare Traditionen. Dies ist nicht nur eine Frage der Ideologie. Die Strukturen, die eine reformistische Definition der Welt untermauern, entspringen einer Strukturierung der gesellschaftlichen Spaltungen nach dem »Wir/Sie«-Schema, das *sowohl* den korporativen Sinn für die Klassenzugehörigkeit *als auch* die klassenübergreifenden Bündnisse nährt, die z. B. miteinander im Widerspruch stehende Klassen und gesellschaftliche Gruppen in der größeren, symbolischen Einheit der Nation vereinigen. Wir müssen in diesem Zusammenhang verstehen, wie die Wahrnehmungen und Vorstellungen der beherrschten Klassen *unter jeweils verschiedenen konkreten Bedingungen* in gleichermaßen überzeugender und einleuchtender Weise einmal in einem »reformistischen«, einmal in einem »revolutionären« Diskurs organisiert werden können. Beide stellen Wege dar, nicht »falsche«, sondern wirkliche oder (für die epistemologisch Genauen) wirklichkeitsnahe Interessen und Erfahrungen diskursiv zu strukturieren. Die gleichen widersprüchlichen Elemente zwingen sie unter jeweils alternative Logiken mit alternativen Schlussfolgerungen. Und was in diesem Zusammenhang für den »Reformismus« gilt – unter bestimmten historischen Bedingungen eine ebenso genuine Ideologie der Arbeiterklasse zu sein wie die revolutionäre Logik –, kann und muss auch für den Thatcherismus gesagt und gezeigt werden. Die wichtigste Frage, die man an eine »organische« Ideologie stellen muss, der es – wie unerwartet auch immer – gelungen ist, bedeutende Teile der Massen einzubinden und sie für politische Aktionen zu mobilisieren, ist nicht, was *falsch* an ihr ist, sondern was *wahr* an ihr ist. Mit »wahr« meine ich nicht allgemein gültig wie ein Gesetz des Universums, sondern »einleuchtend«, was – Wissenschaftlichkeit einmal beiseite gelassen – der Ideologie gewöhnlich durchaus genügt.

Die überzeugendste Kritik an einigen klassischen Annahmen der marxistischen Ideologietheorie, wie wir sie in der *Deutschen Ideologie* finden, liefert das Werk Althussers, vor allem der fruchtbare Aufsatz »Ideologie und ideologische Staatsapparate«, der in der heutigen Debatte als das klassische Paradigma einer alternativen Theoretisierung gilt. Wie stellt sich das Phänomen des Thatcherismus aus althusserianischer Sicht dar?

Einige von Althussers Schlüsselerkenntnissen sind bestätigt worden. Z. B. die Annahme, dass sich Ideologie immer in konkreten Praxen und Ritualen ausdrückt und mittels spezifischer Apparate funktioniert. Wir haben von der umfassenden ideologischen Wende gesprochen, die der Thatcherismus bewerkstelligt hat. Wir haben aber bisher versäumt, im Einzelnen aufzuzeigen, inwieweit dies der Art und Weise zu verdanken ist, wie diese neuen Konzeptionen durch die Praxen der staatlichen Regulierung in den Staatsapparaten konkret umgesetzt wurden: im Erziehungswesen, im Ausbildungsbereich, in der Familienpolitik, in den Verwaltungsapparaten des Staates und der Kommunen sowie, in noch stärkerem Maße, in den spezifisch ideologischen Apparaten. Wir können hier nicht im Detail auf diesen Punkt eingehen. Es ist jedoch z. B. äußerst wichtig, die Rolle der sogenannten »privaten« Apparate zu beachten, wie die des *Institute for Economic Affairs,* das in der »finsteren Zeit« der 50er Jahre gegründet wurde, um die Sache der Marktwirtschaft und des Neoliberalismus voranzutreiben. Das IEA hat viele thatcherische Vorstellungen in Umlauf gebracht, lange bevor sie modern wurden *oder* unmittelbar an irgendeine politische Partei oder Fraktion gebunden waren. Es kann heute mit Fug und Recht behaupten, eine führende Rolle beim Aufbau der neuen Orthodoxie gespielt und »anhand der Nachkriegszeit demonstriert zu haben, dass Marktanalysen für das Verständnis und die Lösung wirtschaftlicher Aufgaben und Probleme unabdingbar sind.« *(The Emerging Consensus,* IEA, London, 1981) Diese Institution fühlte sich nicht nur der Aufgabe verpflichtet, »den Wahrheiten der klassischen politischen Ökonomie« zu ihrem Recht zu verhelfen, sondern auch der philosophischen Sicht Adam Smiths, demzufolge es »die natürliche Veranlagung des Menschen ist, ›auf den Märkten Handel und Wandel zu treiben‹«. Ein anderes Beispiel ist die bemerkenswerte Art und Weise, in der der Thatcherismus die Massenpresse und die Sensationsblätter allmählich kolonisiert hat (was die Massenpresse angeht, hat Großbritannien die bestversorgte Leserschaft der Welt). Die Hauptspitzenreiter – *The Sun, The Mail* und *The Express (The Mirror* ausgenommen) – überbieten sich gegenseitig in ihrer Verherrlichung des Thatcherismus, ihrer lebhaften Identifikation mit der neuen Philosophie und mit Mrs. Thatcher als deren Symbolfigur.

In der Zeit, die von den Anhängern der freien Marktwirtschaft als die »finstere Zeit« der keynesianischen Sozialdemokratie angesehen wird, übten die zum Anti-Keynesianismus bekehrten Intellektuellen ihre Vorherrschaft über die seriöse und sachkundige, aber auch über die öffentliche Meinung der Massen mit Hilfe dieser Apparate und Agenturen aus. Damit standen ihnen Sammelpunkte zur Verfügung und Zentren, von denen aus sie alternative marktwirtschaftliche und monetaristische theoretische Ideologien konzentriert verbreiten konnten, indem sie sie nach und nach auf jedes praktische Problem anwandten. In der Propagandaphase zwischen der Übernahme des Parteivorsitzes durch Mrs. Thatcher und dem Wahlsieg 1979 sondierten diese Organisationen das Terrain, waren sie die »Schützengräben und Befestigungsanlagen«, die vorgeschobenen Außenposten inmitten der Zivilgesellschaft, von denen aus die Gegenoffensive auf den herrschenden Konsens geführt wurde. Sie waren auch die Basis für die strategische Umgruppierung der staatlichen Intelligenz und der Akademiker im Finanzministerium, in den Lehrerzimmern, den Denkfabriken und Managementschulen, von denen aus der Angriff auf die bestehende Hegemonie innerhalb des Machtblocks gestartet wurde. Sie waren die Schlüsselstellen – in dieser Phase des Prozesses ist die Massenpresse von strategischer Bedeutung – an denen Doktrin und Philosophie in Praxis und Politik übersetzt wurden und in die populäre Sprache der praktischen Errungenschaften. Sie trugen dazu bei, das »Unerträgliche« denkbar zu machen.

Dies alles bedeutet eine zunehmende Vorherrschaft über die Apparate der gesellschaftlichen Meinungsbildung auf jeweils unterschiedlichen strategischen Ebenen. Genau an diesem Punkt aber gerät die althusserianische Theorie in Schwierigkeiten. Denn Althusser würde argumentieren, dies alles seien »ideologische Staatsapparate«, ungeachtet der für ihn rein formalen Frage, ob sie zum Staat gehören oder nicht. Sie sind »staatlich« aufgrund ihrer Funktion: der dem Staat zugeschriebenen Funktion, die »Reproduktion der gesellschaftlichen Produktionsverhältnisse« in der und durch die Ideologie zu gewährleisten. Demgegenüber ist das auffälligste Merkmal des Thatcherismus eben seine Fähigkeit, *in der Zivilgesellschaft selbst* zu kämpfen und Raum zu gewinnen: die »Schützengräben und Befestigungsanlagen« der Zivilgesellschaft als Mittel zu benutzen, sich eine beträchtliche ideologische und intellektuelle Autorität außerhalb der eigentlichen Sphäre des Staates zu verschaffen. Und dies tatsächlich *vor* – und als notwendige Voraussetzung – der Übernahme der formalen Macht *im* Staat sowie als Teil eines internen Wettstreits gegen wichtige Elemente innerhalb des Machtblocks. (Denn die »Herzen und Köpfe«, die das IEA erobern wollte, waren nicht nur allgemein in den unterrichteten Kreisen der Öffentlichkeit zu finden, es ging insbesondere um Staatsbedienstete in Schlüsselpositionen, die – wie sie es sahen – durch falsche keynesianische Patentrezepte zermürbt waren.

Ist dies nur Wortklauberei? Ich denke nicht. Trotz augenscheinlicher Ähnlichkeiten in der Ausdrucksweise (die zum Teil darauf zurückzuführen ist, dass sowohl Althussers als auch mein Denken in dieser Frage von Gramsci beeinflusst wurde und ihn reflektiert), werden zwei grundsätzlich verschiedene Prozesse beschrieben. Der erste (Althussers *Ideologie und ideologische Staatsapparate*, 1977) betrifft den Einsatz bestehender Apparate, um die schon bestehende herrschende Ideologie zu reproduzieren; der zweite, meiner, betrifft den Kampf und die Auseinandersetzungen um den Raum, in dem eine ideologische Hegemonie konstruiert werden kann. Tatsache ist, dass eine Position ideologischer Autorität und Führung (intellektueller und moralischer Vorherrschaft), die dadurch gewonnen wird, dass man sich die Kraft- und Meinungsfelder im scheinbar »freien Raum« der Zivilgesellschaft zunutze macht, eine bemerkenswerte Beständigkeit, Tiefe und Widerstandskraft besitzt, weil die Unterstützung, die sie bei den Menschen gewinnt, nicht erzwungen ist (was der Fall sein könnte, wenn der Staat direkt beteiligt wäre), sondern als »freiwillige und spontane« massenhafte Zustimmung zur Macht erscheint. Die Unterschiede berühren darum in meinen Augen die Kernfrage – das Problem, die massenhafte Zustimmung, auf die der Thatcherismus stößt, zu erklären.

Althusser wird durch seinen Funktionalismus dazu verleitet, eine die Integration überbewertende Darstellung der ideologischen Reproduktion zu geben und die Unterscheidung zwischen Staat und Zivilgesellschaft über den Haufen zu werfen, als ob sie keinerlei reale oder zweckmäßige Funktion hätte. Hingegen deutet alles darauf hin, dass wir uns den Prozess, durch den die herrschende Ideologie sich selbst reproduziert, als in sich widersprüchlich und umkämpft vorstellen müssen. Tatsächlich trägt der Begriff »Reproduktion« mit seinen starken funktionalistischen Assoziationen völlig falsche Konnotationen. Man muss sich diesen Prozess als kontinuierliche Produktion und Transformation von Ideologie vorstellen: das heißt, als Verdichtungen, die der Thatcherismus bis zu einem gewissen Grad herbeiführen, bewerkstelligen, realisieren konnte. Dieser letztere Ansatz erlaubt uns deshalb keineswegs, Staat und Zivilgesellschaft gleichzusetzen. Im Gegenteil: er *zwingt* uns dazu, die Trennung aufrechtzuerhalten und die beiden nicht miteinander zu vermischen, da die Zivilgesellschaft die Zentralstelle für die Herstellung von Konsens ist. Bekanntlich hat Althusser die falsche Gewichtung später (1977) zugegeben: »die Konsensuseffekte der herrschenden Ideologie« können »nicht als einfache Gegebenheit« betrachtet werden, »als ein *System genau definierter Organe*, das *automatisch* die gewaltsame Herrschaft dieser gleichen Klasse verdoppeln würde bzw. durch das klare politische Bewusstsein dieser Klasse zu bestimmten, durch seine Funktion definierten Zwecken installiert worden wäre.« »Und auch diese Ideologie, mit der es der Bourgeoisie gelingt, ihre Hegemonie [...] zu errichten, konstituiert sich nicht nur durch einen *externen* Kampf [...] sondern auch und zugleich durch einen *internen* Kampf, um die Widersprüche der bürgerlichen Klassenfraktionen zu überwinden und die Einheit der Bourgeoisie als herrschender Klasse herzustellen.« Diese Einheit der herrschenden Klasse ist immer »unabgeschlossen« und stets »wiederaufzunehmen« (154f., Hervorh. i. O.). Hiermit wird der Funktionalismus der ursprünglichen Aussage bis zu einem gewissen Grad zurückgenommen (obwohl der Unterschied Staat/Zivilgesellschaft nicht adäquat gefasst wird). Die schädlichen theoretischen Auswirkungen jedoch, die seine stärker funktionalistisch geprägte Theoretisierung der »Reproduktion« eines von der herrschenden Klasse bestimmten Konsenses auf die Hauptargumentation im ursprünglichen Aufsatz über die ideologischen Staatsapparate hatte und auf diejenigen, die seinen Ausführungen zu genau gefolgt sind, können dadurch rückwirkend nicht behoben werden.

Althussers Aufsatz enthält natürlich nicht nur einen, sondern zwei (verwandte, aber deutlich unterschiedene) Versuche, den »Materialismus« von Ideologie zu sichern, ohne reduktionistisch zu sein. Es ist der zweite Ansatz, der zum Schauplatz einer sehr umfassenden Rekonstruktion klassischer marxistischer Theorien wurde. Das ist die von Lacan entlehnte Vorstellung, Ideologie sei »materiell«, weil sie in der und durch die Produktion von Subjekten wirksam werde. Diese Frage von Ideologie und der Produktion von Subjekten hat sich entwickelt im Gefolge von Althussers Zerstörung des Konzepts eines ganzheitlichen, sinnstiftenden individuellen Subjekts, des Subjekts, das in den traditionellen Ideologie-Konzepten Ursprung und Autor der ideologischen Diskurse ist. Seine Berufung auf Lacan ist der Versuch (mittels dessen Re-Interpretation der psychoanalytischen Tradition unter Berücksichtigung des Strukturalismus und Saussures), die Lücke zu füllen, die durch die strukturalistische Entthronung des verkündenden »Ich« entstanden war.

Nun muss sich jeder, der wirklich an der Produktion von Ideologie und an ideologischen Mechanismen interessiert ist, mit der Frage nach der Produktion von Subjekten und nach den unbewussten Kategorien, die bestimmte Formen von Subjektivität entstehen lassen, auseinandersetzen. Es liegt auf der Hand, dass die Diskurse der Neuen Rechten gerade auf die Produktion neuer Subjektpositionen und die Transformation von Subjektivität abzielten. Natürlich könnte es in jedem von uns ein »essentielles« thatcheristisches Subjekt geben, das im Verborgenen schlummert und darum kämpft, ans Tageslicht zu kommen. Wahrscheinlicher ist aber, dass es dem Thatcherismus gelungen ist, neue Subjektpositionen zu schaffen, aus deren Sicht seine Diskurse über die Welt einen Sinn ergeben; oder dass er sich bestehende, schon fertige Anrufungen aneignete. Diese sind durch einen Prozess entstanden, der für den ideologischen Mechanismus selbst von entscheidender Bedeutung ist: ältere Positionen sind durch neue blockiert und teilweise verdrängt worden, oder es sind neue Diskurse entstanden, die wirkliche Identifikationsmöglichkeiten bieten. In vielen Fällen mögen solche »Anrufungen« bereits »die Richtigen« erreichen. In anderen Fällen sind wir jedoch genötigt – statt nach dem immer schon reaktionären Subjekt der Arbeiterklasse (als Gegenstück zu den immer schon revolutionären ArbeiterInnen) zu suchen –, uns mit der Fähigkeit der neuen politischen Diskurse zu befassen, sich in den und durch die fragmentierten, notwendigerweise widersprüchlichen Strukturen geformter Subjektivitäten zu artikulieren. Wir müssen uns damit auseinandersetzen, wie sie auf dem Boden eines bereits geformten Alltagsbewusstseins arbeiten, den Pêcheux und Henry das »Präkonstruierte« nennen, und wie sie so bereits geformte Subjekte durch Anrufung in neue diskursive Beziehungen einordnen.

Ich habe hier nicht genügend Platz zur Verfügung, um im Detail aufzuzeigen, wie diese diskursive Rekonstruktion von Subjektpositionen faktisch vor sich geht, aber es *kann* gezeigt werden. Der gesamte thatcheristische Diskurs zum Beispiel verbindet ideologische Elemente so zu einer diskursiven Kette, dass die Logik oder Einheit des Diskurses nur dann gewährleistet ist, wenn das angesprochene Subjekt eine Reihe bestimmter Positionen einnimmt. Der Diskurs kann nur problemlos gelesen oder gesprochen werden, wenn er von einer »imaginären Position« des Wissens aus verkündet wird, von einem selbstsicheren, eigennützigen, wirtschaftlich unabhängigen Steuerzahler: dem besitzenden Privatmann (sic); oder vom »aufrichtigen Patrioten«; oder von einem Subjekt, das leidenschaftlich an der individuellen Freiheit hängt und sich leidenschaftlich gegen staatliche Angriffe auf diese Freiheit wehrt; oder von der ehrbaren Hausfrau, oder dem gebürtigen Briten. Darüber hinaus – durch den Prozess, den Laclau als »verdichtete Konnotation« beschrieben hat – bedingen diese imaginären Positionen in der Fülle ihres Wissens einander und verweisen in einer Kette zusammenhängender Anrufungen konnotierend aufeinander. Diese Anrufungen konstituieren das Imaginäre, die Bedingung für die sogenannte Einheit des Diskurses und für die Einheit von Sprecher und Gesprochenem; und sie verknüpfen einen Artikulationsraum mit dem anderen: der freiheitsliebende Bürger ist *auch* die besorgte Mutter, die ehrbare Hausfrau, die sparsame Verwalterin des Haushaltsgeldes, der gediegene englische Bürger, »stolz darauf, britisch zu sein«. Auf diese Weise formulieren die Diskurse des Thatcherismus ständig neue Subjektivitäten für die Positionen, die sie mit Hilfe von Anrufungen konstruieren. Die Frage ist nicht, ob dieser Prozess der Anrufung für die ideologischen Effekte zentral ist, sondern vielmehr, wie wir diesen Prozess zu verstehen haben. Nach der Lacan'schen Re-Interpretation von Freud, bei der Althusser Anleihen gemacht hat und die seither die Hauptquelle nachfolgender Theoretisierungen war, werden diese Positionierungen im Wesentlichen durch das Resultat einiger psychoanalytischer Primärvorgänge im Säuglingsalter und der frühen Kindheit festgelegt – den Ödipuskomplex, den primären Narzissmus, die Spiegelstufe etc. Diese stellen – in den inzwischen berühmten Formulierungen der Diskurstheorie – gleichzeitig die primären Mechanismen der Verdrängung dar, die dann zur Grundlage aller anscheinend »stabilen« subjektiven Identifikationen werden. Sie sind die imaginären Orte des Wissens in einem scheinbar empirisch verifizierbaren Verhältnis zur Welt. Sie sind die Mechanismen, durch die man in die Sprache selbst und damit in die Kultur eintritt: und, da diese verschiedenen Aspekte der Formierung von Subjektivitäten als identisch oder strukturell ähnlich angesehen werden (sie sind ja in denselben psychoanalytischen Prozessen vollendet worden), sind sie letztendlich auch der Eintritt in eine beginnende Komplizenschaft mit dem Gesetz des Patriarchats, des Vaters oder mit Althussers SUBJEKT. Diese psychoanalytischen Prozesse dienen dann als Matrix für ständig wechselnde, immer widersprüchliche Verortungen oder Orientierungen in Sprache und Bedeutung, und damit auch in der Ideologie selbst. Alle nachfolgenden diskursiven Operationen spielen sich in diesem subjektiven Raum ab, der natürlich nicht länger einheitlich ist, sondern, aufgrund der fragmentierenden Effekte der Verdrängung, ein Ort ständiger Verschiebungen ist.

Das entscheidende Ergebnis dieser unbewussten Prozesse ist die Ausbildung einer sexuellen Identität (Freud). Und da die kindliche Sexualität eine Schlüsselrolle für die Konstituierung von Subjektivität spielt, kann kaum Zweifel an der entscheidenden Bedeutung obiger Prozesse für die Anrufung als Geschlechtswesen bestehen. Dieser Faktor hat nicht nur an sich schon eine wichtige soziale und ideologische Bedeutung, er wird auch noch in eine Vielzahl anderer Bereiche eingeschrieben oder übertragen, einschließlich des politischen natürlich. Patriarchale Positionen spielen als verdichtete Artikulationspunkte eine absolut zentrale Rolle für das, was sowohl in den Diskursen der Mittelschicht, des Kleinbürgertums, als auch der Arbeiterklasse als »respektabel« gilt – ein anscheinend »unpolitischer« Umstand, der dann dazu führt, eine ganze Reihe anderer Diskurse für die Rechte zu stabilisieren und zu sichern. Daraus folgt jedoch nicht, dass der gesamte Prozess der diskursiven Positionierung aus jenen primären Positionierungen »abgelesen« werden oder zum großen Teil als einfache Wiederholung des Systems verstanden werden kann, zu dem der Zugang durch das ursprüngliche Resultat der ödipalen Identifikation für immer versiegelt wäre. Der Eintritt in Sprache als solcher – und damit in Kultur/Ideologie – beginnt im Stadium der Konstituierung von Subjektivität. Aber es besteht ein himmelweiter Unterschied zwischen der Fähigkeit, Sprache *als solche* zu benutzen, und der Aneignung von bestimmten

Sprachen und der Bildung imaginärer Identitäten in diesen *Sprachen* und ihren jeweiligen ideologischen und diskursiven Universen. Der Thatcherismus stellt uns vor das Problem zu verstehen, wie bereits positionierte Subjekte erfolgreich aus ihren »Verhaftungen« gelöst und durch ein neues Diskursbündel erfolgreich re-positioniert werden können. Genau dies ist eine historisch spezifische Anwendungsebene der anrufenden (interpellativen) Aspekte von Ideologie, die in den überhistorischen, spekulativen Verallgemeinerungen des Lacanianismus nicht adäquat aufgegriffen oder erklärt werden.

Die Lacan'sche Psychoanalyse hat anscheinend vor allem dazu gedient zu erklären, wie es *überhaupt* dazu kommt, dass wir zu Subjekten geformt werden, und wie wir in Sprache, Bedeutung und Repräsentationen eintreten. Wir sehen uns dem Problem gegenüber, die ziemlich anders gelagerte Fragestellung zu beantworten, wie Subjekte dazu veranlasst werden können, ihr Verhältnis zur Welt in einem ganz anderen Sinnzusammenhang oder in anderen Repräsentationssystemen als bisher auszudrücken. Das Abstraktionsniveau, auf dem diese Theorie operiert, ist (auch wenn sie stimmen sollte) mit der Natur des Objekts, das sie erklären soll, weitgehend unvereinbar.

Wir haben die ganze Zeit von Ideologie gesprochen; aber bekanntlich ist in vielen Bereichen das Ideologieproblem durch die Analyse der Vielfältigkeit diskursiver Praxen und Formationen an sich ersetzt worden. Dies hängt unmittelbar mit dem Einfluss Foucaults zusammen. Eine gründliche Einschätzung der Stärken und Schwächen von Foucaults Werk ist im Rahmen dieses Beitrags nicht möglich, aber wir können bestimmte Hinweise geben. Aus dem, was bisher gesagt worden ist, wird ersichtlich, dass wir die durch die Analyse *des Diskursiven* erzielten Fortschritte keineswegs zurückweisen. Es gibt keine soziale Praxis, die außerhalb der Sphäre des »Semiotischen« existiert – das heißt außerhalb der Praxen und der Produktion von Bedeutung. Hierdurch wurden notwendigerweise die Dichotomien der klassischen marxistischen Ideologietheorien – materiell/ideell, Basis/Überbau – radikal verändert, ebenso die der Ideologie zugeschriebene abhängige Position im Ensemble sozialer Praxen. Von daher sind die in diesem Beitrag vertretenen Standpunkte durchaus mit der allgemeinen Betonung des Diskursiven vereinbar, wie sie beispielsweise in Foucaults *Die Archäologie des Wissens* (1986^{2}) enthalten ist (wenn auch nicht unbedingt mit den spezifischen epistemologischen Positionen oder anderen Formulierungen). *Die Archäologie des Wissens,* ein Text voller interessanter Wendungen, wurde von späteren »wahren Foucault-Anhängern«

mit einem symptomatischen Schweigen belegt. Was könnten die wahren Jünger beispielsweise heute mit Foucaults Feststellung anfangen, dass diskursive Beziehungen sich

> »zunächst von den Beziehungen, die man »primäre« nennen könnte und die, unabhängig von jedem Diskurs [...] zwischen Institutionen, Techniken, Gesellschaftsformen usw. beschrieben werden können [unterscheiden]. Man weiß schließlich, dass es zwischen der bürgerlichen Familie und dem Funktionieren der Instanzen und gerichtlichen Kategorien im 19. Jahrhundert Beziehungen gibt, die man für sich analysieren kann.« ([2]1986, 69)

Diese »anderen Beziehungen« sind seitdem vollständig von jener großartigen nicht-essentiellen Essenz absorbiert worden, von jener letzten Kierkegaard'schen Spur in Foucaults Epistemologie, dem KÖRPER.

Wenn man die tiefgründigen epistemologischen Fragen für den Moment einmal beiseite lässt (Foucaults damalige Position schien der »realistischen« philosophischen Position, der ich selbst anhänge, näher zu sein als dem ausgesprochenen Neo-Kantianismus, in den sie später hineingezogen wurde), beleben und bereichern viele der von Foucault über die Funktionsweise des Diskursiven gewonnenen Einsichten unser Verständnis davon, wie ideologische Formationen arbeiten, selbst dort, wo Foucault das Konzept von Ideologie ausdrücklich ablehnt. Diskursive Formationen (oder ideologische Formationen, die nach diskursiven Gesetzmäßigkeiten funktionieren) »formulieren« ihre eigenen Wissensobjekte und ihre eigenen Subjekte; sie haben ihr eigenes Repertoire an Begriffen, werden von ihren eigenen »Logiken« getrieben, arbeiten ihre eigenen Ausdrucksformen aus, konstituieren eigene Verfahren, um zu erkennen, was innerhalb ihres eigenen Geltungsbereichs »wahr« ist, und auszuschließen, was »falsch« ist. Sie schaffen durch ihre Gesetzmäßigkeiten einen »Raum«, in dem bestimmte Aussagen gemacht werden können; ständig blockiert, verschiebt oder ordnet eine Konstellation die andere neu. Dies steht im Einklang mit Foucaults Projekt: zu erklären, warum »eine bestimmte Aussage statt einer anderen gemacht wurde«.

Daraus folgt nicht, dass soziale Praxen nur »Diskurse« sind. Das hieße, eine polemische Behauptung (z.B. das Soziale existiert innerhalb des Semiotischen, das Ideologische ist von Bedeutung und hat reale Auswirkungen) in eine Erklärung zu verkehren – wodurch aber die Erklärung von einer Einseitigkeit in die andere gestürzt würde. Ich stelle fest, dass eben dieser Einwand selbst von denen akzeptiert wird, die sich zum Ziel gesetzt haben – wie Gary Wickham in einem kürzlich erschienenen Artikel in

Economy and Society –, über Foucault »hinauszugehen« oder ihn noch zu übertreffen. Ich stimme daher mit Wickham überein, wenn er schreibt: »Ich ziehe es vor, von ›Praxen‹ zu reden [statt von Diskursen], weil der Begriff weniger an die Realitätsseite der Unterscheidung Wissen/Realität gebunden zu sein scheint, als der Begriff ›Diskurs‹ an die Wissensseite.« »Mit Praxen«, fügt er hinzu, »meine ich mehr als nur auf Institutionen beschränkte Handlungen, und ich meine mehr als Dinge, die außerhalb des Wissens liegen.« (»Mehr als« bedeutet vermutlich, dass er jene Dinge *auch* einbezieht.) »Mit Praxen meine ich in diesem Zusammenhang alltägliche Anordnungen von Techniken und Diskursen« – eine Gewichtung, die mir besser gefällt.

Auf der Suche nach einer nicht-essentialistischen Darstellung ist die »notwendige Nicht-Korrespondenz« diskursiver Praxen so ins Extrem getrieben worden, dass es schwieriger ist, sie einzubeziehen und zu berücksichtigen. Der reale theoretische Nutzen, der aus der Erkenntnis der Differenz, der Pluralität von Diskursen, des nicht-essentialistischen, mehrdeutigen Charakters von Ideologie gezogen worden ist, droht verloren zu gehen, wenn man den Bogen überspannt und sein Heil in absoluter Mannigfaltigkeit sucht. In Foucaults jüngerem Werk finden sich wertvolle Erkenntnisse über bestimmte diskursive Formationen (wobei seine Arbeit über den Archipel der Disziplin in *Überwachen und Strafen* meines Erachtens die unzulässigen historischen Verallgemeinerungen der modischeren Bände über Sexualität bei weitem in den Schatten stellt). Aber sein Werk scheint manchmal aus aufgesetzten und äußerlichen Gründen Huldigung hervorzurufen. Seine spezifischen Gegenstände – Recht, Medizin, Psychiatrie, Sexualität – haben die »Rückkehr zum Konkreten« bestärkt, ohne den Ansprüchen jener alten und ziemlich unmodernen Wissensform gerecht werden zu müssen, die man früher schlicht Geschichte nannte. Für viele scheint Foucaults Werk beständig vor Radikalität zu glänzen. Ein ziemlich trügerischer Glanz, der lediglich darauf beruht, dass es die magischen Begriffe »Macht«, »Widerstand« und »Plebejer« enthält.

Sehen wir von solchen Wunderlichkeiten ab, wie z. B. dass das Verhältnis Wissen/Macht als etwas beschrieben wird, was den Ideologiebereich nicht tangiert, während gerade dies die Fragestellung der Ideologie *ist*, so müssen wir doch festhalten, dass der Preis für den Nutzen eine radikale *Auflösung* des Begriffs der Macht ist. Dies geschieht oft dadurch, dass man Foucault sozusagen durch Derridas Brille liest. (Um die Sache noch verwirrender zu machen, scheint Foucault sich manchmal selbst so zu lesen!) Es ist eine Sache, von den Schaltstellen und Relais zu reden, durch die eine diskursive Praxis in eine andere eingreift: Der Thatcherismus erfordert gerade eine solche Analyse. Etwas ganz anderes ist es, wenn diskursive Praxen sich ständig auf verschiedenen Gleisen bewegen, wie Züge in der Nacht auf dem Weg zu einer unendlichen Vielzahl von Bestimmungsorten. Eine aufsteigende Analyse der Macht – »ausgehend von ihren winzig kleinen Mechanismen«, ihrer »Mikrophysik« – ist schön und gut. Sie unterminiert unseren Hang, Macht als ein »von oben« oktroyiertes System von Zwangsmaßnahmen zu behandeln. Aber das tiefgreifende und schwierige Problem der Beziehungen zwischen den horizontalen Mächten in der Zivilgesellschaft und den sozialen Beziehungen, und vertikalen Mächten im Staat und in den politischen Verhältnissen (das wir weiter oben »Zustimmung zur Macht« genannt haben), wird dadurch, dass man Macht »überall« hinverteilt, nicht angegangen, sondern umgangen. Auf diese Weise werden die Techniken und Strategien der Macht bei Foucault zwar in höchstem Maße spezifiziert, aber dafür bekommt man ein Machtkonzept, das sehr allgemein und essentialistisch ist (»Der KÖRPER« und »Widerstand« sind andere solcher scheinkonkreten, nicht-essentiellen Essenzen in Foucaults Diskurs). Faktisch ist das ein sehr Durkheim'sches Machtkonzept – jene abstrakte Gewalt oder jenes »kollektive Gewissen« in der Gesellschaft, das uns alle fesselt, oder vielmehr: durch das wir uns unentwegt gegenseitig fesseln. Und es führt wie bei Durkheim zu einem sehr allgemeinen Konzept von »sozialer Kontrolle« – nur dass es jetzt modernisiert als »Disziplin« auftritt, die gänzlich ohne Bezug zu irgendeinem Verdichtungs- oder Artikulationszentrum wie *dem Staat* zu sein scheint (Foucault ist in diesem Punkt höchst unbestimmt, seine Jünger aber nicht).

Wie unsere Analyse des Thatcherismus deutlich zeigt, können diskursive Machtverhältnisse nicht ausschließlich auf dem Terrain des Staates konstituiert werden. Sie durchziehen den gesamten Gesellschaftskörper; und die Mächte, die im Staat konzentriert sind, können diejenigen, die über eine Vielzahl von Praxen in der Gesellschaft verstreut sind, zu keiner Zeit vollständig kontrollieren. Nichtsdestoweniger ist der Moment, in dem die Macht auf den Staat übergeht und sich dort zu einem bestimmten Ordnungssystem verdichtet, ein entscheidender historischer Augenblick, der eine eigene Phase darstellt. Natürlich entfaltet der Diskurs dann keine unumschränkte Einheit. »Staat« ist – ebenso wenig wie »Partei« – ein endgültiges Stadium, wie in der klassischen politischen Theorie angenommen. Der Thatcherismus als diskursive Formation besteht weiterhin aus einer Pluralität von Diskursen – über die Familie, die Ökonomie, nationale Identität, Moral, Kriminalität, Gesetz, Frauen und die menschliche

Natur. Aber gerade aus dieser Vielfältigkeit ist eine gewisse Einheit konstituiert worden. Und es gibt verschiedene umstrittene Elemente, durch die das so konstituierte Reich der Wahrheit wiederum an bestimmte politische Positionen gebunden worden ist. Solange diese Fragen der Artikulation – gegen den Hang zur Zerstreuung – nicht ebenfalls gestellt werden, wird das »Spiel der Diskurse« lediglich zu einem abgehobenen Spiel für fortgeschrittene akademische Dekonstruktivisten, zu einer Sache des intellektuellen Zeitvertreibs, bei dem ein komplexer Diskurs nach dem anderen enträtselt wird. Um es konkreter zu sagen: die besonderen Mittel, mit denen es dem Thatcherismus gelungen ist, ein in sich widersprüchliches Gefüge zusammenzusetzen, bestehend aus den Logiken des Markts und des Besitzindividualismus auf der einen und den Logiken eines organischen Konservatismus auf der anderen Seite, sind für eine Analyse foucaultscher Art höchst empfänglich; vorausgesetzt wir verstehen, dass es die derart gebildete und bewahrte widersprüchliche Einheit ist, die »herrscht« – und nicht allein die Ordnung der Vielfalt. Um es auf einen kurzen Nenner zu bringen: Das Problem mit Foucault ist, dass er eine Konzeption von Differenz hat, ohne einen Begriff von Artikulation zu haben; oder anders ausgedrückt, eine Konzeption von Macht ohne eine Konzeption von Hegemonie.

Die Frage der Hegemonie führt uns natürlich zu Gramsci. Wiederum ist es nicht möglich, Gramsci im Rahmen dieses Beitrags umfassend zu behandeln, aber es können einige Hinweise gegeben werden, warum Gramscis »Hegemonie«-Konzept bei der Lösung der Aufgabe, die wir uns gestellt haben – der historischen Analyse – anderen Konzepten überlegen ist. Hegemonie eröffnet Wege, das Emporkommen des Thatcherismus in Begriffen eines Kampfes um die Vorherrschaft über eine gesamte gesellschaftliche Formation zu denken, als Kampf um »Führungs«positionen in verschiedenen Bereichen des gesellschaftlichen Lebens gleichzeitig, als Kampf um die beherrschende Stellung auf breiter strategischer Front. Mit dem Hegemoniekonzept lässt sich analysieren, wie ein Herrschaftssystem in die Autorität eines führenden Machtblocks übergeht, der nicht nur in der Lage ist, sich seine eigene Basis mit Hilfe von Bündnissen zwischen verschiedenen Sektoren und gesellschaftlichen Kräften zu organisieren, sondern der zudem im Laufe dieses Prozesses die breite Zustimmung entscheidender Teile der beherrschten Klassen gewinnt. Die Vorteile dieses Konzepts liegen vor allem in der Direktheit, mit der es das zentrale Problem angeht: die Zustimmung der Massen. (Solche Abwege wie »falsches Bewusstsein« sind nicht nötig.)

Ein anderer Vorteil ist die Kritik am »Essentialismus«, die implizit in allen Formulierungen Gramscis enthalten ist. Hegemonie wird konstruiert durch eine komplexe Serie von Kämpfen oder durch Prozesse des Kampfes. Sie ist nicht »gegeben«, weder in der bestehenden Gesellschaftsstruktur noch in der gegebenen Klassenstruktur einer Produktionsweise. Sie kann nicht ein für alle Mal errichtet werden, weil das Gleichgewicht der gesellschaftlichen Kräfte, auf dem sie beruht, einer fortgesetzten Evolution und Entwicklung unterworfen ist, je nachdem, wie eine Anzahl von Kämpfen geführt wird. Hegemonie, einmal erreicht, muss ständig und unablässig erneuert, neu inszeniert werden. Daraus folgt, dass die »gesellschaftliche Reproduktion« als ein fortdauernder und widersprüchlicher Prozess gedacht werden muss. Also das genaue Gegenteil einer funktionalen Errungenschaft. Im Mittelpunkt steht die Vorstellung, dass es verschiedene Formen und Intensitätsgrade des Kampfes gibt. Es sind die verschiedenen Ergebnisse dieser Kämpfe, nicht die Wiedereinschreibung des bereits Existierenden »an seinen Platz«, die das »labile Gleichgewicht«, auf das sich die Autorität eines sozialen Blocks gründet, bestimmen. Sie bestimmen auch, welches seine schwachen oder instabilen Punkte sind, die Punkte, die weiter entfaltet und entwickelt werden müssen. Bezeichnenderweise geht Gramscis Analyse einer Konstellation nicht von der Beschwörung der gegebenen »Gesetze der ökonomischen Entwicklung« aus, sondern von den »augenblicklichen Kräfteverhältnissen«. Auch dieses Verhältnis ist nicht »ein für alle Mal« vorher festgelegt: Gramsci argumentierte, man müsse »verschiedene Momente oder Ebenen«, »unterschiedlich häufig auftretende Intervalle« unterscheiden, vielleicht sogar (das Beispiel ist die Französische Revolution) »verschiedene Revolutionen innerhalb eines sich entfaltenden Prozesses. Das Erringen von Hegemonie hat niemals nur ein Gesicht, sondern nur eine vorherrschende Tendenz: es ist immer »Dekonstruktion *und* Rekonstruktion« (Letzteres ist »schon im Moment der Destruktion in vollem Gang«) oder, wie Gramsci an anderer Stelle sagt, »Revolution/Restauration« (D 318, I 1596).

Die Beobachtung, dass ein Herrschaftssystem sich zu einer umfassenderen, gesellschaftlichen Autorität ausweitet, führte Gramsci daher zu einer Kritik des »Ökonomismus«. Für Gramsci kann »Hegemonie« nicht »rein ideologisch« sein, da sie die Herrschaft eines bestimmten sozialen Blocks in einem entscheidenden Kernbereich ökonomischer Aktivität« als Grundlage erfordert. Darum erwiesen all diejenigen, die Gramscis »Hegemonie«-Konzept mit der näheren Bestimmung, es sei »ideologisch«, »aufpolierten«, dem weitgesteckten Horizont seines Denkens einen schlechten Dienst. Gramsci ist äußerst hellhörig für die ethischen, moralischen, intellektuellen, ideologischen und kulturellen *Dimensionen* des Kampfes um Hegemonie. Aber Hegemonie als Konzept ist nicht nur ethisch oder kulturell. Die »kulturalistische« Auslegung von Gramsci hat großen Schaden angerichtet. Andererseits kann für Gramsci Hegemonie nicht nur »ökonomisch« sein, weder in erster, noch in letzter Instanz. Denn sie beinhaltet *und* überschreitet per definitionem »die korporativen Grenzen der rein ökonomischen Klasse«. Sie muss »zum Anziehungspunkt für andere untergeordnete Gruppen werden« und auf diese Weise »die Oberhand gewinnen und sich in der Gesellschaft verbreiten«. Dabei wird nicht nur die Einheit von ökonomischen und politischen Zielen, sondern auch intellektuelle und moralische Einheit hergestellt, werden »alle Fragen, um die der Kampf tobt«, nicht auf einer korporativen, sondern einer »universalen« Ebene gestellt und dadurch »die Hegemonie einer zentralen gesellschaftlichen Gruppe über eine Reihe anderer, untergeordneter Gruppen erzeugt [...] Die treibende Kraft einer universalen Expansion, der Entfaltung aller ›nationalen‹ Energien« (Gramsci, D 327f., I 1583). Dies setzt Gramsci mit dem »Übergang von der Basis in die Sphäre des komplexen Überbaus« gleich – in seinen Augen ein analytisch irreversibler Prozess.

Gramsci schrieb natürlich in verschlüsselter Form über die historischen Aufgaben der revolutionären Partei, der kommunistischen und der Arbeiterbewegung. (Man achte in diesem Zusammenhang jedoch auf die ständige Bewegung zur nationalen oder »universalen« Ebene.) Aber seine Analyse bietet auch einen ausgesprochen guten Ansatzpunkt für die Analyse des Thatcherismus. Heutzutage gibt es nichts (mit Sicherheit nichts aus den Reihen der Linken), was sich nur annähernd vergleichen ließe mit Gramscis Beschreibung der Art und Weise, wie in einer Krise »die politischen Kräfte, die darum kämpfen, die bestehende Struktur aufrechtzuerhalten und zu verteidigen [...] unablässige nachhaltige Anstrengungen unternehmen [...] die Erfüllung bestimmter historischer Aufgaben zu einem Gebot der Stunde zu machen«. Der Prozess der Auseinandersetzungen und der Kämpfe »entwickelt sich in einer Reihe ideologischer, religiöser, philosophischer und juristischer Polemiken, deren Wirksamkeit danach beurteilt werden kann, wie überzeugend sie wirken und die vorher existierende Disposition gesellschaftlicher Kräfte verschieben«. Präziser geht es nicht. (Gramsci, D 324, I 1580)

Weniger bekannt als die Aufsätze, aus denen die obigen Passagen stammen, aber genauso nützlich für unsere Untersuchung, ist Gramscis Theoretisierung des Verhältnisses zwischen den allgemeineren Prozessen des Kampfes, in dem Hegemonie konstruiert wird, und den ideologischen Prozessen. Gramsci benutzt den Begriff »Ideologie« in einem heutzutage klassisch anmutenden Sinne: als »Systeme von Ideen«. Aber in einem weitgefassten Kontext: »Wenn man dem Begriff eine höhere Bedeutung verleiht, im Sinne einer Weltanschauung, die implizit enthalten ist und sich manifestiert in der Kunst, im Recht, in ökonomischen Aktivitäten und in allen individuellen und kollektiven Lebensäußerungen.« (D 328, I 1380) Und ihn interessieren die historischen Funktionen von Ideologie: die Rolle, die sie dabei gespielt hat, »die ideologische Einheit eines gesamten sozialen Blocks zu bewahren«; Individuen und Gruppen mit ihren jeweiligen »Weltanschauungen« zu versorgen, die ihre Handlungen beeinflussen und modifizieren; vor allem aber die Rolle, die sie dabei spielt, »die Menschenmassen zu organisieren und das Feld zu schaffen, auf dem Menschen sich bewegen, sich ihrer Lage bewusst werden, kämpfen etc.« (D 170, I 868). Die Rolle »organischer Ideologien« – derjenigen, die danach trachten, sich über die gesamte Gesellschaft auszubreiten und eine neue Form des nationalen Volkswillens zur Bewältigung einer gewaltigen geschichtlichen Aufgabe zu schaffen – besteht darin, in das gewöhnliche, widersprüchliche, flüchtige Alltagsbewusstsein zu intervenieren; in das »praktische Bewusstsein« der Massen, in die gegebene Anordnung ihres geistigen Lebens einzugreifen, diese zu erneuern und dem Leben eine etwas systematischere Richtung zu geben. Das Alltagsbewusstsein ist selbst Ausdruck der »popularen Ideologie«, eine spontane Weltanschauung, in der sich Spuren früherer Denksysteme finden, die sich im alltäglichen »Denken« niedergeschlagen haben. Das Alltagsbewusstsein – die gegebene Grundlage und die Anordnungen innerhalb einer Kultur, das komplexe Ergebnis vorausgegangener Kämpfe, vorangegangener Formen von Hegemonie und früherer »labiler Gleichgewichte« – wird nun selbst zum Objekt »organischer« Ideologien, die ihre eigene Schicht organischer Intellektueller herausgebildet und ihre Zeit als »Partei« durchgemacht haben, und die nun versuchen, das Alltagsbewusstsein neu zu formen und zu transformieren.

Die ideologischen Prozesse werden von Gramsci unterschiedlich begriffen. Als »erzieherische Aufgabe«; als »kultureller Kampf, um die Mentalität des Volkes zu verändern«; sogar als »Kampf opponierender politischer ›Hegemonien‹, zunächst auf dem Felde der Ethik, danach auf dem Feld der eigentlichen Politik« (D 320ff., I 1375ff.). Im direkten Gegensatz zu der monistischen Vorstellung einer »herrschenden Ideologie«, die immer schon an Ort und Stelle ist, fragt Gramsci, »wie es kommt, dass zu allen Zeiten mehrere Systeme und Strömungen des philosophischen Denkens koexistieren und wie diese Strömungen entstehen, sich ausbreiten, und warum sie in diesem Ausbreitungsprozess entlang bestimmter Linien auseinanderbrechen und in bestimmte Richtungen streben« (D 133, I 1379). Das ideologische Feld wird hier als ein Feld einander widersprechender, sich teilweise deckender oder überschneidender »Strömungen« oder Formationen gedacht. Die Kernfrage – Foucaults Frage, aber in einer sehr unfoucaultschen Formulierung – ist die nach ihrer Spaltung: Was bestimmt ihre Verbreitungsrichtung, ihre Fluktuation, ihre Struktur, ihre Differenzierung, ihre Reartikulation? Um es nochmals zu betonen: dies ist das genaue Gegenteil der Vorstellung von einheitlichen Klassenstandpunkten, die den bereits fertigen einheitlichen Klassenstandpunkten einer anderen Hauptgruppe gegenüberstehen. Indem er auf diesen letzten Überrest des Essentialismus verzichtet, bekräftigt Gramsci:

> »Wichtig ist die Kritik, der solch ein ideologischer Komplex durch die ersten Repräsentanten der neuen historischen Phase unterzogen wird. Das ermöglicht einen Prozess der Differenzierung und Veränderung des relativen Gewichts, das die Elemente der alten Ideologie vorher hatten. Was zuvor zweitrangig und untergeordnet war, wird jetzt zentral, es wird zum Kern eines neuen ideologischen und theoretischen Komplexes. In dem Maße, in dem die untergeordneten Elemente sich gesellschaftlich entwickeln, wird sich der alte kollektive Willen in seine widersprüchlichen Bestandteile auflösen.« (1971, 195)

In Kernform enthält diese Überlegung Laclaus gesamte spätere Ausführungen zu Artikulation/Desartikulation.

Gramsci ist auch nicht blind gegenüber dem Problemfeld, auf das moderne Theoretiker mit ihrer Frage nach dem »Subjekt« verweisen, obwohl er nicht jene Begriffe benutzt. Aber er begreift die widersprüchlichen Formationen des Bewusstseins – z. B. den Bruch, der zwischen der »logisch nachvollziehbaren« Weltsicht eines Menschen und der Weltsicht besteht, die »implizit in seiner Handlungsweise« zum Ausdruck kommt. Gramsci geht es um den »gesellschaftlichen« Charakter von Subjektivität – »der Mensch muss als historischer Block verstanden werden«. Ebenso muss das fragmentarische Wesen von Subjektivität begriffen werden und die »zusammenhanglose und flüchtige« Natur des Alltagsbewusstseins, die »schichtförmigen Ablagerungen« in der populären Philosophie, der »eigenartig zusammengesetzte Charakter der Persönlichkeit, in der sich »Elemente aus der Steinzeit und Prinzipien einer entwickelten Wissenschaft sowie lokale Vorurteile aus allen Phasen der Geschichte und zugleich intuitive Vorwegnahmen einer künftigen Philosophie« finden (D 139, I 1376). Jedes Individuum, sagt Gramsci, »ist die Synthese nicht nur der bestehenden Verhältnisse, sondern der Geschichte dieser Verhältnisse. Er/sie ist die Summe alles Vergangenen.«

Anhand dieser ausgewählten Verweise sollte – auch ohne weitere systematischere Belege – erstens deutlich geworden sein, wie weit Gramsci von den traditionellen und klassischen Versionen der marxistischen Ideologiekonzeptionen entfernt ist. Zweitens, in wie starkem Maße er – wiewohl in einer Sprache, die noch nicht durch »Anleihen« beim Strukturalismus, der Diskurs- oder linguistischen Theorie oder auch der Psychoanalyse umgebaut (rekonstruiert) worden ist – viele der theoretischen Fortschritte, die diese späteren Entwicklungen gebracht haben, vorwegnimmt. Und drittens, wie originell einige seiner Konzeptionen sind: in den anderen Theorien, mit denen wir uns beschäftigt haben, findet sich absolut nichts, was mit Gramscis fruchtbarem »Hegemonie«-Konzept vergleichbar wäre. Verglichen damit erscheinen Foucaults Konzeptionen von »Macht« und »Widerstand« als magere, unterernährte Abstraktionen. Und schließlich, viertens, wie es Gramsci gelingt, einerseits eine neuartige Theoretisierung von Ideologie zu entwickeln, indem er sie in den weiter gefassten Rahmen historischer und politischer Prozesse stellt, und doch beizubehalten, was anderen alternativen Theoretisierungen völlig fehlt. Ich meine damit die letztendliche Bezugnahme, nicht auf die Terminologie und den doktrinären Inhalt des klassischen Marxismus, sondern auf die *Problematik* des Marxismus, die Gramscis gesamten Diskurs und sein ganzes Denken strukturiert: die Verbundenheit mit dem Projekt der sozialistischen Transformation, das den Marxismus als lebendige Theorie – als offenen Prozess kritischen Denkens, ohne Garantien – von den vielen anderen akademisch abgeschlossenen Diskursen unterscheidet, die gegenwärtig um die Vorherrschaft in der intellektuellen Welt kämpfen.

Ich höre darum mit einem Paradoxon auf. Eine Theorie, die primär dazu entwickelt wurde, kapitalistische Gesellschaftsformationen zu analysieren, um strategische Lehren für die sozialistische Bewegung daraus zu ziehen, stellt sich paradoxerweise als die Theorie heraus, die uns am meisten darüber zu sagen hat, wie man die Analyse einer der historisch reaktionärsten und rückwärtsgewandtesten, nach Hegemonie strebenden Formationen, die die britische Gesellschaft in diesem Jahrhundert gesehen hat, in Angriff nehmen kann. Dies ist vielleicht ein nicht ganz so trostloser Abschluss, wie es auf den ersten Blick scheinen mag. Denn bis heute ist es gerade die Unfähigkeit des Marxismus, sein eigenes Denken so zu erneuern, dass er hinreichend erklären kann, wie sich der moderne Kapitalismus am Leben erhält und seine hegemoniale Stellung in den industrialisierten Gesellschaften behauptet, die wir als Mangel empfinden. Den Thatcherismus zu verstehen könnte der Preis sein, den wir für einen wirklichen theoretischen Fortschritt innerhalb der marxistischen Problematik zahlen müssen. Zumindest Gramsci hätte einiges Vergnügen an der Unvorhersehbarkeit dieser nächsten (letzten?) dialektischen Wendung gefunden.

Übersetzung: Birgit Ermlich

Neuorientierung der Linken

Mit Neuorientierung meine ich eine grundlegende Umgruppierung von Menschen und Ideen, in deren Verlauf die Linke langsam und schmerzvoll die Fähigkeit erlangt, ihrer eigenen Krise ins Gesicht zu sehen. Wozu braucht die Linke eine solche Neuorientierung, und ist das, was sie kriegt, auch das, was sie braucht? Über einiges lässt sich mit Bestimmtheit schon jetzt etwas sagen – darüber, worum es *nicht* geht. Es ging nie darum, durch einen opportunistischen Schritt zur Mitte rasch an Popularität bei Meinungsumfragen zu gewinnen oder alles dem nächsten Wahlsieg unterzuordnen. Es ging prinzipiell nie um eine größere Loyalität gegenüber der Labour-Führung oder darum, sich »um sie zu scharen« – weshalb das auch kein Maßstab für eine Neuorientierung sein kann. Diese Art Loyalität ist nichts Neues. Sie hat in der Vergangenheit eine Reihe von Labour-Führungen der verschiedensten politischen Zusammensetzungen gestärkt, ohne dass es zu einer grundsätzlichen Neubestimmung gekommen wäre oder irgendwelche neuen Strategien zur Veränderung hätten erzwungen werden können. Im Gegenteil, Loyalität hieß meistens, die Reihen taktisch zu schließen, erzeugte eine durch den Wahlkampf verursachte Woge des Opportunismus und zähmte die Linken in einen engstirnigen parlamentarischen »Realismus«. Worum es bei diesem Prozess der Neuorientierung auch immer gehen mag, *darum nicht.*

Die wichtigsten Fragen sind: Welche neuen politischen Positionen werden abgesteckt? Greift dieser Prozess die Grundprobleme der Krise der Linken auf? Worin liegt in all dem die Erneuerung in Bezug auf Relevanz, Inhalt, Perspektive und Sprache der Linken? Bleiben diese Fragen unberücksichtigt, dann könnten allerlei Kurzschlüsse gezogen oder es könnte an den falschen Punkten haltgemacht werden. Die Neuorientierung ist kein Ereignis, sondern ein Prozess, der stets neu auszuhandeln ist. Wollte man die Umstrukturierung ausschließlich organisatorisch definieren, dann könnte man leicht zu der Auffassung gelangen, das Ganze sei vollbracht, sobald nur einige Extremisten das Feld geräumt haben oder einige neue Bündnisse geschlossen wurden. Falsch ist auch der Glaube, es ginge eigentlich nur darum, die »dogmatische Linke« zu verdammen, und das sei's dann.

Die dogmatische Linke

Der Neuorientierungsprozess ist also nur der Weg zu einem weiterreichenden Ziel. Der Versuch, die »dogmatische Linke« zu isolieren, darf nicht einfach heißen, diese oder jene Gruppierung loszuwerden, deren politische Position (zu Themen wie etwa Verstaatlichung, sozialer Wohnungsbau, Staat, Sowjetunion, Polen) wir zufälligerweise nicht teilen. Derlei Differenzen – die Folge unterschiedlicher Traditionen, Perspektiven und Gruppierungen – wird es in absehbarer Zeit vermutlich auch weiterhin geben. Überhaupt scheint doch die ganze Idee einer »monolithischen Linken« ein Widerspruch in sich zu sein, der im Gegensatz zu all unseren heutigen Erfahrungen steht.

Der »linke Dogmatismus« ist eher ein ganz spezifischer, eigenartiger politischer Stil, ein Bündel von Haltungen, eine politisch-kulturelle Tradition, die sich durch alle heutigen organisatorischen Fraktionen der Linken zieht – darum geht es. Es geht um die »dogmatische Linke« als Gralshüterin linken Bewusstseins, als politischem Garanten, als Lackmuspapier der Orthodoxie; hier steckt das Problem. Und hier liegt auch der Grund dafür, warum sich die Neuorientierung als ein eher langwieriger Prozess mit allen möglichen Sackgassen herausstellt, und warum er immerzu im Sande verläuft: In *jedem* von uns steckt ein Stück eines »dogmatischen Linken«, das vor unserem Bewusstsein Grenzposten steht, bestimmte wesentliche, aber unbequeme Tatsachen aus unserem Gedächtnis streicht, bestimmte Fragen für indiskutabel erklärt, keinerlei Seitensprünge erlaubt und dazu beiträgt, bestimmte automatische und unhinterfragte Reflexe beizubehalten.

Bei diesem Prozess der Neuorientierung kann es sich also, um das klar zu sagen, nicht um eine rituelle Säuberungsaktion gegenüber der »dogmatischen Linken« handeln. Es geht um den »linken Dogmatismus« als Bremsklotz in einem langen, schweren, aber notwendigen Prozess. Die Erneuerung des sozialistischen Projektes und die Entstehung neuer strategischer Perspektiven der Linken haben mittlerweile Stück für Stück – und als Voraussetzung für ihre eigene Durchsetzung – viele der politischen Positionen und Haltungen der »dogmatischen Linken« abgebaut. Diese politische Tatsache hat das Band zwischen »Umdenken« und »Umgruppierung« geknüpft.

Obsolet und ausgedient

Ein in diesem Sinne »linker Dogmatismus« lässt sich ebenso im Ökonomismus der Labourbewegung finden (im Glauben, die ökonomische Zugehörigkeit zur Arbeiterklasse sei automatisch der Garant für eine bestimmte politische und ideologische Position) wie auch in der blinden Unterstützung des sowjetischen Sozialismusmodells, die sich bei den lautstärkeren Teilen des *Morning Stars* (Wochenzeitung der KP) findet. »Linker Dogmatismus« zeigt sich auch in der Tendenz, auf eine Analyse der neuen Klassenkonstellationen zu verzichten und sich stattdessen rituell im Glauben an eine »Klassenpolitik« – was immer das sein mag – zu bestätigen; eine Tendenz, die sich in Teilen der leidenschaftlichsten und loyalsten Anhängerschaft von Labour findet. Denken und Strategie der Gewerkschaften werden nach wie vor durch das Bekenntnis zu den Programmen, Forderungen und Organisationsformen bestimmt, die in Zeiten einer Gewerkschaftspolitik entstanden sind, deren Form durch die Erfahrungen des Weißen, organisierten, männlichen Facharbeiters der Schwerindustrie geprägt war – obwohl sich die tatsächliche Zusammensetzung der gewerkschaftlichen Mitgliederschaft schon lange verändert hat. Man findet den »linken Dogmatismus« in dem, was ich nicht anders als den untheoretischen »Neotrotzkismus« nennen kann, wie er sich in einigen unbedachten Reaktionen der unabhängigen Linken niederschlägt. So zum Beispiel im Falle der Sehnsucht nach einer (nicht definierten) »Klassenpolitik«, wie sie vor kurzem aus Teilen der feministischen Bewegung geäußert wurde, obwohl gerade dieser Begriff eindeutig dazu benutzt worden ist, die politische Relevanz weiblicher Erfahrungen und feministischen Kampfes anzugreifen. Der Prozess der Neuorientierung hatte unerwarteterweise zur Folge, dass verschiedene solcher bizarrer Konvergenzen ans Tageslicht gebracht wurden.

Was ist an der Haltung und den Positionen – oder dem Modell der »dogmatischen Linken«, wie ich sie definiert habe –, die die Linke geformt haben, falsch? Vor allem hat uns dieses Modell über Jahre hinweg auf eine Theoriebildung festgelegt, in deren Zentrum nicht mehr die exakte Beschreibung heutiger gesellschaftlicher, ökonomischer und kultureller Realitäten steht. Zweitens hat es uns auf ein Modell der Gesellschaftsveränderung fixiert, das der heutigen gesellschaftlichen Zusammensetzung der Klassenkräfte und sozialen Bewegungen, die zur Herbeiführung von Veränderungen oder zur Demokratisierung unserer Gesellschaft notwendig sind, in keinster Weise gerecht wird. Drittens ist es nicht mehr dazu in der Lage, die Erfahrungen der Mehrheit und die Stimmung derjenigen Kräfte im Volk, die die Linke gewinnen muss, zu politisieren und weiterzuentwickeln. Viertens wird Klasse als ein automatischer Mechanismus verstanden, durch den die ökonomische Klassenlage unmittelbar auf die politische und ideologische Bühne transferiert werden kann. Marx' fruchtbare Unterscheidung zwischen einer Klasse »an sich« und einer, die genügend politische, kulturelle und strategische Einheit entwickelt hat, um eine tragende geschichtliche Kraft zu werden – »für sich« zu sein –, ist diesem Modell völlig fremd, obwohl der »Marxismus« als eine Art magische Beschwörungsformel von seinen Vertretern beständig im Munde geführt wird.

Große, alte Sache – brandneue Zeiten

Dieses Modell ist eng mit einer Politik der großen Geste verbunden: lieber heroisch untergehen als gewinnen. Es erpresst alle zu dem Spielchen: »Wer ist der Linkste im ganzen Land?«, das oft genug der Haupt-, wenn nicht der einzige Gegenstand linker Versammlungen ist. Die damit verbundene Sozialismusvorstellung trägt zutiefst *staatliche Züge* – im Stile des Fabianismus oder im Stile der Sowjets. Die »dogmatische Linke« hat niemals ernsthaft den Schaden in Rechnung gestellt, den die Erfahrung des real existierenden Sozialismus der Linken eingebracht hat. Sie ist absolut unfähig, eine überzeugende Utopie einer egalitären, offeneren, vielfältigeren, freiheitlicheren, demokratischeren, selbstbestimmteren Art von Sozialismus zu entwickeln, die in den *realen* historischen Tendenzen der heutigen Welt gründet. *Das* ist mit »dogmatischer Linken« gemeint.

Und mit »Umdenken« ist die notwendige Destruktion dieser Positionen und Haltungen gemeint. Die Umgruppierung der alten Formen und Kräfte in einen neuen historischen Block, verbunden mit diesem Prozess des Umdenkens, das ist die Hauptaufgabe der »Neuorientierung«. Das schließt eine Neuformulierung der Sprache des Sozialismus mit ein. Neuorientierung heißt, die Strukturen der Linken für einen tiefgreifenden Prozess der Demokratisierung zu öffnen. Es heißt Umgestaltung der Politik der Arbeiterbewegung vor dem Hintergrund des feministischen Kampfes – die »Feminisierung« der Linken, deren Kopfnicken in Richtung Feminismus bislang nur opportunistische Züge trägt. Es bedeutet gleichzeitig, die feministische Bewegung unmittelbar auf das Feld des Kampfes für eine allgemeine gesellschaftliche, ökonomische und kulturelle Veränderung zu ziehen – die »Sozialisierung« des Feminismus. Neuorientierung heißt Anerkennung der Tatsache, dass Politik und Gesellschaft in Großbritannien ein für alle Mal durch das ethnische Moment geprägt sind. Es heißt Neukonstruktion der politischen Verbindungen zwischen ParlamentsvertreterInnen und Wählerschaft, zwischen alten und neuen Klassenkräften, zwischen gelernten und arbeitslosen Arbeitskräften, zwischen den alten enteigneten und den neuen sozialen Bewegungen, kurz, zwischen der großen, alten Sache und den brandneuen Zeiten …

Die Dislokation des Sozialismus

All diese Probleme müssen in einem größeren Zusammenhang gesehen werden. Sie verweisen auf eine grundsätzliche Dislokation sowohl des Sozialismus als auch der Linken in der heutigen Gesellschaft. Diese Dislokation mag zwar in Großbritannien als besonders weit fortgeschritten gelten, sie ist aber keineswegs auf Großbritannien beschränkt. Sie hat eindeutig internationale Ausmaße. Man braucht sich nur anzusehen, wie langsam aber sicher rund um den Globus die Politik und das Denken der Neuen Rechten eine kontinuierliche Wiederbelebung erfährt, die den alten keynesianischen und sozialstaatlich orientierten Konsens zerstört; die weltweiten Marktkräfte sind ein weiteres Mal – von linken Regierungen, die aufgrund völlig anderer Voraussetzungen zur Macht gelangt waren – als Maßstab des Handelns anerkannt worden.

Das hängt zum Teil mit der erneuerten politischen Lebenskraft und dem erneuerten Selbstbewusstsein der Neuen Rechten zusammen sowie mit deren erfolgreicher Verschiebung des Kräfteverhältnisses in einigen Gesellschaften. Aber das hängt auch mit etwas anderem zusammen, mit etwas weniger klar Definierbarem. Die Neue Rechte erscheint heutzutage als diejenige historische Kraft, die in der Lage ist, sich die widersprüchlichen, neuen Strömungen draußen in der Welt nutzbar zu machen. Es ist eben die Rechte, die voller Zuversicht den Weg für einen mit neuer Energie geladenen kapitalistischen Weltmarkt erbarmungslos freischaufelt, die ganz »natürlich« die Sprache der neuen Computermänner spricht, der Marketing-Wunderknaben, der knallharten Geschäftemacher. Die historische Initiative liegt derzeit nicht in unserer Hand. Die Linke lenkt und formt diese Kräfte nicht, sie wird vielmehr selbst tagtäglich von ihnen geformt.

Was hat diese tiefgreifende, historische Wende ausgelöst? Warum haben so viele Linke das Gefühl, nicht nur für einige Zeit die taktische Initiative verloren zu haben, sondern ihre eigene Sprache bricht ihnen über dem Kopf zusammen? Vermutlich hat jede und jeder in der Linken ihren oder seinen Lieblingsgrund dafür. Es könnte sich allerdings lohnen, eine Darlegung dieser Gründe zu riskieren, nicht nur weil das die Diskussion anregen würde, sondern auch weil wir damit, da wir ja jetzt noch nicht genau wissen, was wir denken, einige Schritte voran kommen könnten, indem wir klären, *worüber* wir nachdenken sollten. Gerade jetzt brauchen wir eine begrenzte Zahl strategischer Fragen, über die wir eine breite Debatte in der Linken initiieren sollten. Und Debatte ist hier keine höfliche Umschreibung für »politische Programme«.

Solche Debatten sind eher – wie Peter Glotz, der in Westdeutschland eine ähnliche Diskussion angeregt hat, kürzlich schrieb – »kollektive Lernprozesse«. Eine Voraussetzung für einen derartigen Lernprozess besteht darin, sich endlich klarzumachen, dass diese strategischen Themen nicht unbedingt der Linken »gehören«. Sie sind nicht »unser« Eigentum. Ein solches strategisches Thema ist zum Beispiel »Demokratie«. Dieses Thema ist nicht nur mitnichten unser exklusives »Eigentum«, wir haben seine Kraft als eine revolutionäre Idee über Jahre hinweg sogar gnadenlos außer Acht gelassen. Weder die Linke noch die Rechte lebt jeweils in einem geschlossenen Universum. Sie müssen um Ideen streiten und sich mit den Realitäten auseinandersetzen, die unser aller Leben heute bestimmen. Natürlich sollte die Linke zu diesen Ideen etwas Grundsätzliches zu sagen haben, eine grundsätzlich andere Perspektive als die Rechte anzubieten haben. Aber wir leben nicht in einer völlig anderen Welt, die Linke kann sich auf dieser Welt keine Insel schaffen.

Unsere Kritiker haben manchmal Recht, wenn sie konstatieren, »Realismus« sei oftmals nur ein Deckname dafür nachzugeben, sich anzupassen, weil es angeblich »keine Alternative gibt«. Andererseits aber brauchte die Linke noch nie so dringend wie jetzt eine gesunde, ordentliche Portion »Realismus«, wie er zu jeder marxistischen Perspektive gehört; sie braucht ein Wissen über die determinierenden Grenzen, die unausweichlichen Tendenzen und Richtungen, die die wirkliche Welt setzt. Die britische Wirtschaft – ob kapitalistisch oder sozialistisch – wird durch noch so viele Gebete nicht von heute auf morgen aufblühen. Keine Regierung – sei sie links oder rechts – kann die strukturelle Arbeitslosigkeit in Großbritannien über Nacht entscheidend verringern. Die notwendigen Grenzen politischer oder ökonomischer Strategien werden nicht einfach von dem – allerdings sehr wichtigen – politischen »Willen« gesetzt. Sie liegen in der, wie Marx es auf seine altmodische Weise formuliert hatte, »wirklichen Bewegung der Geschichte«, die eine außerordentlich harte Lehrmeisterin ist.

Die neue industrielle Revolution

Die *erste* Hauptursache für die Dislokation der Linken hängt damit zusammen, dass sie es versäumt hat, sich auf dem Boden der neuen industriellen Revolution zu bewegen und ihre Argumente für den Sozialismus auf dem Terrain dieser neuen Phase der ökonomischen Entwicklung im Westen zu verorten. Natürlich hat diese epochale Entwicklung keine planmäßige oder rationale Gestalt, aber wir sollten darüber keinen Augenblick die Tatsache aus dem Auge verlieren, dass sich in ihrem Kielwasser alles verändert – auf die übliche ungleichmäßige und widersprüchliche Weise. Die marxistische Vorstellung eines Sozialismus gründete sich nicht zufällig auf einer früheren Einsicht in die historischen Tendenzen der kapitalistischen Entwicklung, weshalb ihr Schlüsselwerk auch den Namen *Kapital* trug, und nicht »Sozialismus«. Niemand kann behaupten, Marx hätte ein Sozialismuskonzept ausgearbeitet, das schlicht darauf hinausgelaufen wäre, die Parameter des Industriekapitalismus in dem Stadium zu akzeptieren, in dem Marx ihn damals analysierte. Ein heutiger Sozialismus hat keine Chance, sich den Richtlinien der gesellschaftlichen und ökonomischen Organisationsformen zu entziehen, die heute die fortgeschrittenen Produktionszentren in der modernen Welt beherrschen.

Das Unvermögen der Linken, diese neuen Realitäten in ihre eigene Zukunftsperspektive zu integrieren, ist das Resultat einer Reihe miteinander verbundener Entwicklungen. Die neuen Technologien formen mit großer Geschwindigkeit Qualifikationen und soziale Identitäten neu, gruppieren die Arbeiterschaft um und zerstören die alten Arbeitsmuster. Aber von diesen alten Formen der materiellen Arbeit ist die gesellschaftliche und politische Disziplin der Arbeiterklasse und der Arbeiterbewegung in der Vergangenheit im Wesentlichen abhängig gewesen. Außerdem hat die kapitalistische Produktion neue Formen angenommen, und zwar sowohl auf der Ebene der multinationalen Konzerne, die durch die integrierenden Mechanismen der revolutionierenden Informationstechnologie die Arbeitsprozesse quer über den Globus zwischen einer fragmentierten Arbeiterschaft koordinieren, als auch auf der Ebene der nationalen Produktion, wo die auf Fließbandarbeit beruhende Massenproduktion – typisch für den Entwicklungszeitraum, in dem das klassische Modell einer sozialistischen Zukunft gezeichnet wurde – durch das, was Robin Murray den neuen Antrieb zur »flexiblen Spezialisierung« nannte, rasch abgelöst wird. Das gesamte Bild der sozialistischen Produktion wurde von dem modernen Fließprozess der fordschen Fabrik beherrscht, die zum Gegenstand einer revolutionären Ikonografie sowie einer Industriesoziologie wurde, die die sozialistische Ästhetik zur Zeit der Russischen Revolution prägte. Diese Ästhetik mag zwar unsere revolutionären Sinne ansprechen, aber von denen, die wirklich in irgendeinem zukünftigen Produktionsprozess arbeiten (was auf jeden Fall ein abnehmender Teil der gesamten Arbeitskraft sein wird), werden immer weniger an derartigen Arbeitsplätzen und unter dieser Art von Fabrikregime arbeiten. Daher haben sich alle ökonomischen Programme und Forderungen, die diesen Typus von industrieller Wirtschaftsorganisation im Zentrum haben, überlebt. Und mit ihnen fällt auch die alte *sozialistische Vorstellungswelt.*

Gleichzeitig wird der Weltmarkt durch eine neue Dynamik umgestaltet. Er fließt jetzt direkt in die Produktions- und Distributionskreisläufe der nationalen Wirtschaft ein, bringt ihren Rhythmus durcheinander, unterläuft die klassischen keynesianischen Kontrollstrategien und macht damit alle Vorstellungen über den »Sozialismus in einem Land«, dem sich der Hauptstrom des linken Denkens in Großbritannien instinktiv verschrieben hat, zunehmend obsolet. Welche Hoffnung hat ein »sozialistisches Großbritannien«, das den Folgen dieser weltweiten ökonomischen Revolution entflieht – ein Großbritannien, das, wie die Dinge nun einmal liegen, am äußersten Rande Westeuropas hockt und im Zentrum einer weltweit vernetzten Finanzwirtschaft steckt –, wenn nicht einmal die autarken Strukturen der osteuropäischen Ökonomien ausreichend »geschlossen« waren, um sich vor dem Wind der Veränderungen schützen zu können?

Natürlich entwickelt sich die neue industrielle Revolution auf ganz und gar unsymmetrische und verdrehte Weise. Die weltweite Expansion der kapitalistischen Produktion hat in erster Linie Rezession, Industrieabbau und Arbeitslosigkeit im eigenen Land produziert. Aber mit einer Politik der Umverteilung des Reichtums – die sich auf den vorhandenen ökonomischen Kuchen beschränkt – ist es nicht mehr getan. Produktionsbereiche, die im Zentrum der gesamten Geschichte der Arbeiterbewegungen gestanden haben, sind für immer dahin. Was in Zukunft bleibt, ist die neue internationale Arbeitsteilung. Der rationale Kern, der der Privatisierungstendenz zugrunde liegt, ist die kapitalistische Produktion in kleineren, verstreuten Produktionseinheiten – die Dezentralisierung von Teilprozessen und ihre Zerlegung in unabhängige Spezialeinheiten. Damit wird jedes sozialistische Produktionskonzept klarkommen müssen. Diese Dezentralisierung bietet die Grundlage für eine feinere Kontrolle über Angebot und Nachfrage in Übereinstimmung mit den modernen Märkten und für größere, flexiblere Wahlmöglichkeiten, was nicht nur »kapitalistische« Tugenden sind. Natürlich werden all diese Elemente scheibchenweise eingeführt und mit dem erklärten Ziel, die Rechte der Arbeiterschaft sowie die Arbeiterorganisationen zu schwächen, die Arbeiterschaft zu zersplittern, die Tätigkeiten zu dequalifizieren und neue Kriterien für Marktwert und Nutzen zu etablieren. Das sozialistische Denken wird diese Elemente nach gänzlich anderen Maßstäben für gesellschaftliche Prioritäten verändern müssen. Aber ob es uns nun gefällt oder nicht, der Sozialismus wird von nun an in dieser Welt leben müssen oder untergehen.

Die Neubildung der Klasse

Der *zweite*, mit dem obigen eng verbundene Faktor, der zu dieser historischen Dislokation des Sozialismus und der Linken beiträgt, ist die Umstrukturierung der Arbeiterklasse in der modernen Industriegesellschaft – die Neubildung des Trägers der historischen Veränderungen im sozialistischen Szenario. Es war schon schlimm genug, als diese Klasse es, entgegen allen klassischen Vorhersagen, versäumte, die ihr historisch zugeschriebene Rolle zu erfüllen – was kein bloßer Zufall war. Das lag an vielen Dingen, mit Sicherheit auch an einer zu mechanistischen Auffassung von Klasse, die nicht erkannte, wie sehr der kapitalistische Arbeitsprozess die Arbeiterschaft spaltete, fragmentierte und segmentierte, und zwar zur gleichen Zeit, in der er die Voraussetzungen für ihre politische Vereinigung schuf. Aber jetzt haben wir es nicht lediglich mit dem Fehlen eines abgesicherten revolutionären Szenarios zu tun, sondern mit einer tatsächlichen Neuzusammensetzung der Klasse selbst. Auch dieser Prozess der Umbildung und Umstrukturierung der Arbeiterklasse verläuft weder gleichmäßig noch einheitlich. Aber die Organisation der Arbeit unterliegt Stück für Stück einem Veränderungsprozess: Er besteht in der Ausdifferenzierung der Tätigkeitsarten, aus denen »die Arbeit« jetzt besteht, aus den neuen gesellschaftlichen Spaltungen, die daraus hervorgehen, aus den neuen gesellschaftlichen Orten, an denen die Ausbeutung jetzt stattfindet. Die alten Unterscheidungen zwischen »produktiver« und »unproduktiver« Arbeit oder zwischen Produktion und Reproduktion, die im Zentrum des Sozialismus selbst die geschlechtsspezifische Arbeitsteilung mit äußerster Wirksamkeit etabliert haben, brechen mehr und mehr zusammen. Diese Faktoren verändern die Inhalte des Sozialismus, indem sie die Kultur derjenigen, die eines Tages vielleicht den Sozialismus »machen«, neu definieren. Die gesamte materielle Basis des Sozialismus wird langsam aber unerbittlich transformiert. In der Ära flexibler und Teilzeitarbeit, in der Frauen und Schwarze einen wachsenden Anteil der Erwerbstätigen bilden, in der die Arbeit im Dienstleistungssektor die Arbeit im sogenannten »produktiven Sektor« rasch überholt, in der die Frauen in den dequalifizierten Bereichen der modernen Technologie vorherrschen und zwar mit einem derartigen Übergewicht der Arbeitskraft in halb-staatlichen Unternehmen auf lokaler oder nationaler Ebene; in dieser Ära verliert das ganze Bild des männlichen Proletariats – der »Vorhut der produktiven Klasse« – jeglichen Sinn, es sei denn als historische Erinnerung. Es geht daher um mehr als nur um den Zusammenbruch der traditionellen Träger der Gesellschaftsveränderung.

Es geht um die Erosion von Arbeitskulturen, von ökonomischen Organisationen, gesellschaftlichen und geschlechtsspezifischen Identitäten, in denen die Linke früher wie selbstverständlich verwurzelt war. Deshalb muss die Frage gestellt werden, auf welchen neuen, realen Formen des gesellschaftlichen Lebens die sozialistische Zukunftsvorstellung sich heute gründen kann. Die Antwort liegt keineswegs auf der Hand.

Der real existierende Sozialismus

Der *dritte* Faktor dieses historischen Prozesses der Dislokation hängt mit der krisenhaften Auflösung der Modelle zusammen, die auf den Formen des »real existierenden Sozialismus« in der heutigen Welt basieren. Man braucht nicht viele Worte darüber zu verlieren, dass sich das Modell des Sowjet-Sozialismus nicht als reale Alternative für die Linke erwiesen hat, und man braucht, um das zu vertreten, nicht unbedingt in einen Antikommunismus zu verfallen. Nichtsdestotrotz ist überhaupt nicht selbstverständlich, dass die Linke diese historische Tatsache auch wirklich akzeptiert und im Lichte dieser Erfahrung ihre eigene Vorstellung von einem demokratischeren Modell radikal neu denkt. Schließlich hat sie überhaupt keinen Anlass, sich leichten Herzens überlegen zu fühlen. Zwischen den Regimen in Osteuropa und den Modellen der Sozialdemokratie, mit denen sich die westliche Linke größtenteils zufrieden gibt, liegt eine Welt von Unterschieden. Und dennoch, trotz all dieser Unterschiede, die offen und klar ausgesprochen werden müssen, gibt es auch eine Reihe überraschender Ähnlichkeiten, die es zu bekämpfen gilt.

In beiden Systemen hat der Sozialismus eine »staatliche« Form angenommen. In beiden Systemen wurden die Dinge den Massen aufgezwungen oder von oben »gegeben« – dabei fand aber kein Prozess der Politisierung oder Ermächtigung der Massen statt. Der Sozialismus musste dafür, dass in der Sowjetunion die Partei zum Stellvertreter der Massen wurde, einen unglaublich hohen Preis bezahlen. Aber wir sollten darüber nicht vergessen, dass auch im technokratischen sozialdemokratischen Gesellschaftsmodell die Menschen keineswegs die Subjekte, sondern die Objekte der politischen Praxis sind. Der Impuls zum Sozialstaat mag zwar menschlich gewesen sein (obwohl das nicht das einzige Motiv war, das hinter seiner Einrichtung in allen fortgeschrittenen kapitalistischen Gesellschaften der Nachkriegszeit stand), aber es kann kein Zweifel darüber bestehen, dass die Einrichtung einer mildtätigen Wohlfahrtsbürokratie die Macht der Massen höchst effektiv abgebaut hat.

Bei all ihren grundsätzlichen Unterschieden haben beide Systeme den Zusammenhang zwischen Sozialismus und Ausweitung gesellschaftlicher Freiheiten vernachlässigt – wobei sie fälschlicherweise dazu tendierten, dem Begriff Freiheit eine ausschließlich »liberale« Herkunft zuzuschreiben. Wir fangen gerade erst an, den Etatismus – ein System, in dem der Staat so weit expandiert, bis er mit der gesamten Gesellschaft zusammenfällt – als eine historische Tendenz zu erfassen, die beiden, den »real existierenden« sozialistischen und den kapitalistischen Klassendemokratien gemeinsam ist, und wir erkennen, dass diese Tendenz eine Deformierung der ursprünglichen, emanzipatorischen, sozialistischen Idee in beiden Systemen darstellt.

Die Finanzkrise

Beim *vierten,* potenziell explosiven Punkt handelt es sich um das, was manchmal die »Finanzkrise des Sozialstaates« genannt wird. Die Thatcher-Regierung hat das Ausmaß dieser Krise im eigenen Interesse absichtlich übertrieben, aber sie hat sie nicht erfunden. Natürlich würde die Linke liebend gerne die Kürzungen sofort wieder rückgängig machen und den Sozialstaat weiter ausbauen. Und je komplexer die Formen der gesellschaftlichen und industriellen Organisation werden, je älter die Durchschnittsbevölkerung, je größer das Ausmaß der gesellschaftlichen Bedürfnisse, um die wir uns kümmern müssen, desto größer wird das Ausmaß der beabsichtigten Expansion des Staates. Ein ausgedehnter Sozialstaat, der dem Ausmaß und der Tiefe der gesellschaftlichen Probleme des modernen industriellen Lebens entspricht, mag nicht jenseits unserer Möglichkeiten liegen. Aber es ist gleichermaßen unvorstellbar, wie er angesichts des potenzierten Bevölkerungswachstums ohne ein reales und abgesichertes Wirtschaftswachstum getragen werden kann. Dieses Problem betrifft übrigens nicht nur die westlichen kapitalistischen Sozialstaaten. Mit den sinkenden Wachstumsraten in den »real existierenden sozialistischen« Staaten wird es langsam auch in diesen Ländern spürbar. Natürlich besteht die Aufgabe der Linken darin, die gesellschaftlichen Bedürfnisse über das Leistungsprinzip zu stellen. Aber die Zeiten, in denen der Sozialismus sich auf der Vorstellung von unendlich steigenden gesellschaftlichen Bedürfnissen und unerschöpflichen Ressourcen gründen konnte, sind vorbei – falls es sie jemals gegeben hat. Wenn die gesellschaftlichen Wünsche und Bedürfnisse der Menschen mit ihrem Geld befriedigt werden sollen, dann ist es nicht »rein kapitalistisch« zu fragen, wie hoch die Kosten sind, wo und wann es Zwänge zur Ausgabenbeschränkung gibt und wie man zu kollektiveren, öffentlichen Formen der Prioritätensetzung und Entscheidungsfindung kommt, die ja in der »real existierenden Welt« bestehen müssen. Eine Welt, in der unzählige Menschen täglich an Hunger sterben, »schuldet« Großbritannien keinen Sozialstaat. Sicher ist die technokratische Sprache der Effektivität und »des Leistungsprinzips«, die durch die Vorstandsetagen aller großen Institutionen in Großbritannien fegt, explizit darauf gerichtet, den freien Markt und die privatisierte Gier zu preisen. Andererseits hat mich bislang noch niemand von den Vorzügen einer Ineffektivität und Verschwendung »zum Nutzen des Sozialismus« überzeugen können. Aber viele Menschen scheinen noch immer in einem vergangenen Zeitalter zu leben, das heißt vor dem Erwachen des ökologischen Bewusstseins über die Begrenztheit der Ressourcen auf dem Planeten Erde.

Die patriarchalische Linke

Der *fünfte* und letzte Punkt, den ich hier anführen möchte, betrifft den Feminismus und die Sexualpolitik. Die Forderungen der Frauenbewegung zu Fragen wie Abtreibung und Verhütung, gesetzliche Rechte, gleichen Lohn für gleiche Arbeit, Arbeitsorganisation und Schutz vor Gewalt in der Ehe beginnen langsam aber sicher die traditionelle Rolle der Frau aufzulösen – und nicht nur für Frauen, die sich in der feministischen Bewegung engagieren. Man kann kaum verstehen, wie eine Linke, deren Ziel explizit die »Umgestaltung der Gesellschaft« ist, sich so hartnäckig von dieser neuen gesellschaftlichen, revolutionären Kraft abkapseln konnte. Das wachsende Selbstbewusstsein der Frauen fängt gerade erst an, die Gesamtheit unseres gesellschaftlichen Denkens zu transformieren.

Aber der Zusammenhang, um den es mir hier geht, ist noch ein anderer. Ich meine den vom Feminismus und der Revolution in der Sexualpolitik angeführten kompromisslosen Angriff auf den Patriarchalismus. Diese Entwicklung führt deshalb nicht zu einer uneingeschränkten Stärkung der Linken, sondern ist ebenso ein Element ihrer Dislokation, weil die patriarchalische Kultur nirgendwo so tief verankert ist wie in der Linken selbst. Die Linke hat stets dazu tendiert, »das Politische« sehr eng zu definieren. Wenn man sagt, die britische Linke könne in der Verteidigung ihrer korporativen Interessen stark sein, sei aber nicht »hegemonial«, dann verweist das genau auf diese Unfähigkeit zu verstehen, dass der Kampf für die »Umgestaltung der Gesellschaft« als ein Stellungskrieg ausgefochten werden muss, der an verschiedenen Fronten zugleich stattfindet. In diesem Kampf wird die

Zusammengehörigkeit von Dingen sichtbar, die in unserem vorherrschenden Alltagsbewusstsein getrennt vorkommen. So die Ansicht, moralische, soziale, familiale, sexuelle und kulturelle Fragen hätten allesamt nichts mit dem »sozialistischen Kampf« zu tun – eine Ansicht, die durch und durch von einer männlichen Weltanschauung geprägt ist. Man stellt sich irgendwie vor, die Linke würde ein freieres, emanzipierteres Leben hervorbringen, während zugleich die Formen des Familienlebens und des Sexuallebens, in denen unsere Machtinstinkte zuerst geformt und reguliert werden, unberührt bleiben. Der Sozialismus würde – per Revolution oder Abstimmung – eingeführt, während gleichzeitig die *Gesellschaft* irgendwie unverändert bleibt.

Die Zeitbombe, die Feminismus, Schwulen- und Lesbenbewegung und die allgemeine Sexualpolitik dem »Patriarchalismus« der traditionellen Linken vor die Füße gelegt haben, ist die Frage nach den möglichen Formen des gesellschaftlichen Lebens in jeder vorstellbaren sozialistischen Gesellschaft. Die bittere Wahrheit ist, dass die Linke oft von den gleichen gesellschaftlichen und kulturellen Formen stabilisiert und zusammengehalten wurde, die ihre Unterwerfung garantierten. Der Patriarchalismus, die nicht kritisierten Formen der modernen Familie, die Muster geschlechtsspezifischer Herrschaft, die Disziplinierung der Lust, die Verstärkung eines gesellschaftlich konformen Verhaltens – das sind einige der Schlüsselformen, mit denen die politische Bewegung der Linken es geschafft hat, in ihrem kulturellen Kern zutiefst konservativ und traditionell zu bleiben. In den Köpfen unserer ruhmreichsten, radikalsten »street fighter« verbirgt sich immer noch der kleine »Familienvater«.

Die Linke kann ihre eigene Kultur nicht von heute auf morgen umwälzen. Allerdings ist es vollkommen undenkbar, sie könnte, ohne selbst eine Kulturrevolution irgendeiner Art zu durchlaufen, jemals wieder eine historisch hegemoniale Kraft werden.

Wenn es bei dem Prozess der Neuorientierung überhaupt um irgendetwas geht, dann darum, sich diesen strategischen Fragen zu stellen. Die hier angeführten sind dabei nur ein Teil des Problems. Es ließen sich noch weitere hinzufügen. Alle zusammen stellen sie eine grundsätzliche Herausforderung dar. Kein kurzfristiges Programm bietet hier eine Lösung. Der Prozess des Umdenkens und der Erneuerung wird, angesichts der Probleme, vor denen wir stehen, viel Zeit in Anspruch nehmen.

Übersetzung: Birgit Ermlich

Der Staat – der alte Verwalter des Sozialismus

Ich möchte eine Problematik untersuchen, die für die Erneuerung des sozialistischen Projekts von strategischer Bedeutung ist, bei der ich jedoch unter SozialistInnen eine beträchtliche Verwirrung beobachte. Es geht um den *Staat*. Schon vieles ist, besonders in letzter Zeit, von der Linken über die Rolle des kapitalistischen Staates gesagt worden. Fast schon ein Modethema. Meine Absicht ist nicht, die vielfältige Literatur nochmals durchzugehen, sondern das Problem aus einem etwas anderen Blickwinkel zu betrachten. Ich glaube, dass die Rolle des Staates im gegenwärtigen Denken der Linken *sehr problematisch* ist. Viele SozialistInnen nehmen heute in dieser Frage einen ganz anderen Standpunkt ein als noch vor zehn oder zwanzig Jahren. Und doch glaube ich, dass wir uns noch nicht völlig mit dieser Tatsache auseinandergesetzt und erklärt haben, warum wir unsere Meinung geändert haben und wie dieses neue Denken über den Staat die Strategien der Linken wahrscheinlich beeinflussen wird.

Mir ist bewusst, dass diese Art der Untersuchung ein gefährliches Unterfangen ist. Eines unserer gegenwärtigen Dilemmata in der Linken ist die Gewohnheit zu denken, wir würden Inhalt und Zukunft des Sozialismus *bereits kennen*. Wir reden über den Sozialismus, als ob er ein schon fertiges Programm wäre: ein Stück, das bereits geschrieben ist und nur darauf wartet, bis es jemand auf die Bühne bringt. Natürlich gibt es eine Tradition sozialistischen Denkens und Kämpfens, auf die man sich stützen kann. Aber Tradition ist besonders für die Linke ein heikler Begriff, ein zweischneidiges Schwert, und in Wirklichkeit vielfältiger und widersprüchlicher, als wir sie erscheinen lassen, wenn wir sie retrospektiv konstruieren. Unser Denken muss auch die Geschichte und die Erfahrung des Sozialismus reflektieren, wie er wirklich existiert – mit all seinen Wechselfällen. Es muss ebenso von den heutigen Realitäten ausgehen, die drängenden Fragen unserer Zeit aufnehmen, die uns umgebende Welt reflektieren, um sie zu transzendieren. Paradoxerweise wird der Sozialismus untergehen, wenn er nicht in der Lage ist, aus dem Boden eben des modernen Kapitalismus zu wachsen, der allem zum Trotz weiter expandiert und die Welt immer noch auf widersprüchliche Weise revolutioniert.

Ich glaube deshalb nicht, dass das, was die Linke »schon immer über den Staat gedacht hat«, die nächsten hundert Jahre *genügen* wird; noch dass es unbedingt ein Zeichen von nachlassendem Glauben ist, wenn wir uns schwierige Fragen stellen. Den Glauben sollten wir den Gläubigen überlassen. In der Tat ist jene Position, die den Sozialismus als bereits fertiges Projekt behandelt, eine der stärksten Quellen und zugleich die Entschuldigung für das tiefsitzende Sektierertum, das in der Linken immer präsent gewesen ist und das wie Smog aufs Neue aufsteigt, wenn diejenigen, die es wagen, hinter die überlieferten Weisheiten ein Fragezeichen zu setzen, augenblicklich des Verrats bezichtigt und als Feinde abgestempelt oder als »rosarote Professoren, die die Linke irreführen« (wie es jüngst in einem unsterblichen Satz Tariq Alis hieß), abgetan und in das Reich der Finsternis geschickt werden.

Warum also das Problem?

Wir wollen dem Schrecken der Exkommunikation durch die neu ernannten Wächter der Orthodoxie tapfer ins Auge sehen und noch einmal fragen, wo wir in der Frage des Staates stehen. Es ist nicht schwer zu erkennen, warum der Staat in den letzten Jahren zum Problem geworden ist. Unsere Antwort muss einerseits die gesamte Erfahrung mit dem »real existierenden Sozialismus« reflektieren, in dem der Staat, anstatt allmählich abzusterben, eine gigantische, aufgeblasene, bürokratische Macht geworden ist, die fast die ganze Zivilgesellschaft verschluckt und dem Volk (manchmal mit Panzern) im Namen *des Volkes* den Fuß in den Nacken setzt. Wer kann heute noch die Redeweise vom temporären Charakter der »Diktatur des Proletariats« schlucken, ohne sich dabei zu verschlucken? Auf der anderen Seite gab es im selben Zeitraum, seit dem Ende des Zweiten Weltkrieges, eine ungeheure Ausdehnung des Staatskomplexes im modernen Kapitalismus besonders in Westeuropa. Der Staat interveniert in immer mehr Bereiche des gesellschaftlichen Lebens und reguliert sie. Er ist zum weitaus größten Arbeitgeber geworden und hat in jedem Bereich des täglichen Lebens eine beherrschende Präsenz gewonnen. Was sollen wir mit *dieser* unerwarteten Entwicklung anfangen, die in der klassischen marxistischen Literatur nirgends angemessen vorausgesagt wurde?

Noch schwieriger herauszuarbeiten ist, wie wir uns zu dieser Entwicklung verhalten sollen. Einerseits verteidigen wir den sozialen Aspekt des Staates, ja wir glauben sogar, dass dieser massiv ausgeweitet werden sollte. Andererseits spüren wir, dass daran, wie der Sozialstaat funktioniert, etwas zutiefst Antisozialistisches ist. Wir wissen, dass er von der Mehrzahl der einfachen Leute, gerade dann, wenn sie Unterstützung bekommen, als eine ihr Leben aufdringlich durchordnende, bürokratische Macht erlebt wird.

Wenn wir jedoch in *diese* Richtung zu weit gehen, wen treffen wir da anderes als – natürlich – die Thatcheristen, die Neue Rechte, die Überbringer der frohen Botschaft des Freien Marktes, die (sag's nicht zu laut) über den Staat ziemlich ähnliche Dinge zu sagen *scheinen.* Nur schlagen sie genau an diesem Punkt fleißig Kapital gegen uns heraus, indem sie die weit verbreitete Unzufriedenheit über die Formen staatlicher Unterstützung als Antrieb nutzen für einen Kreuzzug, den sie im Zeichen der Zurückdrängung, eines »roll-back« des Staates gegen die Linken, führen. Und wo stehen *wir,* wenn wir ehrlich sind, in dieser Frage? Sind wir für ein »roll-back des Staates« – mitsamt dem Sozialstaat? Sind wir für oder gegen die Verwaltung der ganzen Gesellschaft durch den Staat? Nicht zum ersten Mal packt hier der Thatcherismus die Linke im Sprung – wie wir auf wackligen Beinen von einer unklaren Position zur nächsten hüpfen.

Vielleicht hilft es uns zu wissen, wie wir in dieses Dilemma geraten sind? Das ist für sich allein schon ein weitgestecktes Thema. Ich schlage vor, hier nur vier Aspekte zu betrachten. Erstens, wie kam es zu dieser engen Liaison der britischen Linken mit einer Konzeption des Sozialismus als Staatsverwaltung, dem Kern dessen, was ich »Etatismus« oder »etatistische« Sozialismuskonzeption nennen möchte? Zweitens möchte ich einige der Gründe dafür skizzieren, weshalb sich die Ausdehnung des Staates, für die so viele der Linken so schwer arbeiteten, in der Praxis als eine sehr widersprüchliche Erfahrung entpuppte. Drittens möchte ich mich mit der Verwirrung auseinandersetzen, die der »Liberalismus« der Rechten bei den Linken gestiftet hat – damit, wie der Thatcherismus die Erfahrung des sozialstaatlichen Etatismus ausgenutzt und zum Vorteil der Neuen Rechten umgemünzt hat. Zuletzt möchte ich einige Veränderungen in den sozialen und ökonomischen Verhältnissen von heute betrachten, die spontaneistische Haltungen in der Linken hervorgerufen haben – was ich das Aufkommen eines linken, libertären Denkens nenne. Als Schlussfolgerung kann ich nur grob einige Richtungen anzeigen, in die unser Denken weiterentwickelt werden muss.

Die Geschichte

Wie ist es dazu gekommen, dass sich die britische Linke so tief in eine etatistische Sozialismuskonzeption verrannt hat? Schließlich war es – entgegen der Meinung vieler – nicht immer so. Der Staat spielte im frühen sozialistischen Denken nicht diese zentrale, alles durchdringende Rolle. Marx und Engels sahen die Rolle des kapitalistischen Staates darin, für eine bestimmte

Ausbeutungsform eine umfassende soziale und politische Ordnung zu entwickeln, und sie sprachen, kurz aber energisch, von der Notwendigkeit, ihn in der bestehenden Form zu zerstören. Aber ihr Denken über die *zukünftige* Rolle des Staates im Übergang zum Sozialismus war ziemlich skizzenhaft. Andere radikale Denkströmungen im britischen Sozialismus waren, wenn überhaupt, tendenziell eher anti-staatlich als pro-staatlich orientiert. Selbst in der entscheidenden Periode zwischen dem Wiederaufleben des Sozialismus in den 80er Jahren des letzten Jahrhunderts bis in die 20er Jahre dieses Jahrhunderts und während des Entstehens der Labour Party in ihrer modernen konstitutionellen Form als *die* Mehrheitspartei, die die arbeitenden Klassen politisch repräsentiert, musste eine etatistisch orientierte Richtung des Sozialismus innerhalb des Labourismus und der Arbeiterbewegung mit vielen anderen Strömungen kämpfen, einschließlich natürlich der starken syndikalistischen Strömungen vor und nach dem Ersten Weltkrieg. Und später mit dem ethischen Marxismus der Independent Labour Party mit ihrer tiefsitzenden Abneigung gegenüber der von oben nach unten gerichteten etatistischen Orientierung der Labour Party. Einer der vielen Streiche, welche die retrospektive Konstruktion einer linken Tradition den Sozialisten gespielt hat, besteht darin, den Triumph des Labourismus über diese anderen sozialistischen Strömungen – Resultat eines massiven, politischen Kampfes, in dem die herrschenden Klassen eine Schlüsselrolle spielten – als einen natürlichen und unvermeidlichen Vorgang der Erbfolge erscheinen zu lassen.

Doch genau in diesem kritischen Zeitabschnitt – zwischen den 1880ern und den 1920ern –, als die Parameter britischer Politik für die folgenden 50 Jahre erstmals festgelegt wurden, schlug der Etatismus in der britischen politischen Kultur Wurzeln. Damals lief das, was wir heute »Etatismus« nennen, unter dem Titel »Kollektivismus«. Für unsere Analyse ist die Tatsache entscheidend, dass es *viele* Kollektivismen gab. »Kollektivismus« war eine höchst widersprüchliche Formation, die sich aus verschiedenen Strängen zusammensetzte. Die Rechte, das Zentrum und die Linke traten auf unterschiedliche Weise dafür ein (wenn wir der Einfachheit halber diese einigermaßen anachronistischen Etiketten noch benutzen können). Der Kollektivismus wurde von großen Teilen der Rechten und von Teilen der führenden Klassen als *die* Antwort auf den niedergehenden Stern Großbritanniens angesehen. Das Land brauche – so glaubten die neuen KollektivistInnen – ein Programm zur »nationalen Erneuerung«. Dies könne nur in die Wege geleitet werden, wenn die überholten Losungen des *Laissez-faire* endgültig aufgegeben würden und der Staat verstärkt die Rolle organischer Führerschaft in der Gesellschaft übernähme. Für ein solches Projekt könne, so glaubten sie, unter den beherrschten Klassen die Unterstützung eines »populistischen« Blocks gewonnen werden, vorausgesetzt, diese Klassen würden durch staatliche Pensionen und andere Zuwendungen vom bismarckschen Typ »weichgeklopft« werden. Das war sowohl das Programm der »sozialimperialistischen« Schulen als auch derjenigen, die »nationale Leistungsfähigkeit« propagierten und die damit verbundene höchst autoritäre, populistische Politik. Und obgleich sie ihr Programm nicht im Einzelnen ausführten, hatten sie großen Einfluss darauf, dass das britische Kapital die Fahne wechselte: vom *Laissez-faire* zu einem bestimmten Typus des kapitalistischen Staatsinterventionismus.

Etatismus gleich Sozialismus

Es ist hier nicht genug Platz, sich mit den Verbindungen zwischen dem Kollektivismus und dem »Zentrum« zu befassen. Aber es ist ein entscheidendes Kettenglied in der Geschichte, erinnert man sich daran, dass es ebenfalls die Frage des »Staates« war, wodurch sich der »alte« Liberalismus in den »neuen« Liberalismus verwandelte, und dass der neue Liberalismus zu seiner Zeit der Wegbereiter eines Denkens war, das hinter der frühen Einrichtung des Sozialstaates (während der liberalen Regierung von 1906–1911) stand; und dass er in unserer Zeit tatsächlich die politische Kraft ist, die in der britischen Politik jenen Raum schuf, den wir heute »Sozialdemokratie« nennen würden.

Für unsere Zwecke entscheidend aber ist das wesentlich fabianisch inspirierte Vordringen des Kollektivismus in der Arbeiterbewegung und der Labour Party. Der Fabianismus gewann damals seine Vormachtstellung als *die* Philosophie des Sozialismus. Der Kollektivismus wurde, offen gesagt, zu dem, was die Webbs und ihre vielen Nachfolger für Sozialismus *hielten*. Das heißt: fortschrittliche Gesetzgebung, soziale Wohlfahrt, maßvoll umverteilende Gerechtigkeit mittels des Staates, durchgesetzt von einer politischen Elite, die im Namen der arbeitenden Klassen (von denen man erwartete, dass sie »ihre Regierung« ins Amt wählte, die aber natürlich zu wenig Sachverstand besaßen, um in ihrem eigenen Namen zu regieren) Gesetze erlässt. Das resultierte schließlich in einem gigantischen Staatskomplex, der immer mehr Bereiche der Gesellschaft im Interesse sozialer Effizienz verwaltet, in dem die Fachleute und Bürokraten eine »wohlmeinende Diktatur« ausüben, die den vielzähligen und komplexen Bedürfnissen der Gesellschaft dienen soll. In diesem entscheidenden Zeitraum wurde die etatistische Sozialismuskonzeption als vorherrschende Tendenz im Labourismus und in der britischen Linken festgeschrieben.

Wir haben hier nicht den Platz, den langen, qualvollen Weg zu skizzieren, der vom Aufkommen dieser Konzeption in den 20er Jahren zu der stark verwandelten Realität des modernen Staates und des Staatsinterventionismus nach 1945 führte. Es genügt zu sagen, dass er keineswegs geradlinig verlief. Nichtsdestotrotz wurde der Sozialstaat nach 1945 auf jenen früheren Grundlagen erbaut, und mit Recht wird er als die krönende Errungenschaft der Labour-Regierung nach dem Krieg betrachtet, als Höhepunkt des populären »Kriegs-Radikalismus« und fortgeschrittenste Errungenschaft der reformistischen Tradition der britischen Sozialdemokratie.

Die Logik dieser Entwicklung ist nicht schwer zu verstehen, auch wenn wir heutzutage vielleicht nicht ganz damit einverstanden sind. Die Argumentation ging etwa so: Der Kapitalismus hat einen inneren Zwang, eine eigene Logik – die Logik des Privateigentums, der Kapitalakkumulation, des Besitzindividualismus und des freien Marktes. Diese Logik »arbeitet« – in dem Sinn, dass sie die moderne, kapitalistische Welt hervorbringt – natürlich mit ihren zwangsläufigen »Kosten«: Ausbeutung, Armut, (soziale) Unsicherheit für die Massen, Klassenungleichheit und die vielen unvermeidlichen Opfer ihrer »Erfolge«. Die Linke, so schien es, hatte nur die eine Alternative: die »Logik des Marktes« zu brechen und eine Gesellschaft nach einer alternativen Logik – einer sozialistischen – aufzubauen. Doch um dies zu tun, brauchte sie ein alternatives Machtzentrum, einen Kapital und Markt entgegengesetzten Sammelpunkt. Diese Gegenkraft war der *Staat*. Mit diesem konnte man entweder in die »Logik des Marktes« eingreifen, seine Auswüchse modifizieren, seine Extreme abschwächen, dem System andere Ziele einpflanzen (z. B. Bedürfnisse statt Profit) und der »natürlichen«, ungleichen Distributionsweise von Gütern und Ressourcen im Kapitalismus eine Umverteilungslogik aufzwingen: das war die *reformistische* Alternative. Oder es musste die hinter dem kapitalistischen Staat wirkende Macht von Kapital und Markt gebrochen, »zerschlagen« und die entscheidenden gesellschaftlichen Abläufe »sozialisiert« oder in die öffentliche Hand übergeben werden, indem sie zunehmend vom Staat übernommen werden würden: das war der revolutionäre Weg. Klar ist, beide Wege führen, in unterschiedlichem Maße, zu massiven Eingriffen in die Markt»logik« durch Erweiterung der Rolle des Staates.

Die zwei großen Blöcke

Ich denke, diese grob gezeichnete politische Landschaft, aufgeteilt in zwei große, sich gegenüberliegende »Kontinente« – der Domäne des Kapitals und des Marktes gegenüber jener der Logik gesellschaftlicher Bedürfnisse, durchgesetzt mit Hilfe des Staates –, war der Boden, auf dem die allermeisten von uns begannen, politisch zu denken. Es ist kaum übertrieben, wenn man sagt, dass dies die beiden grundlegenden Formationen in der britischen politischen Kultur geblieben sind – in gewisser Weise sind sie umfassender als die traditionelle Einteilung in links und rechts. Sie haben dazu beigetragen, die Parameter abzustecken, innerhalb derer sich die britische Politik seit der Jahrhundertwende bewegt hat. Ein wesentliches Stück des »historischen Kompromisses« zwischen den Klassen, der in der Zwischenkriegszeit geschlossen wurde, bestand im neuen Gleichgewicht, das sich zwischen »Staat« und »Zivilgesellschaft« etabliert hatte. Von dieser zentralen »Grenzziehung« ist die Stabilität Großbritanniens als kapitalistischer Demokratie vielfach abhängig gewesen. Die Grenzverschiebung vom freien Spiel der Marktkräfte hin zum Pol staatlich vermittelter Reformen war in einigen Bereichen konstitutiv für die »Revolution« des keynesianischen Sozialstaates und für die gesellschaftliche Übereinkunft nach 1945. Der neue Konsensus dauerte im Grunde bis zum Aufkommen des Thatcherismus in der Mitte der 70er Jahre. Dieser »Grenzziehung« hat sich die Neue Rechte entgegengestellt. Einmal mehr war die Wiedereinsetzung des Prinzips des freien Marktes in seine frühere Vormachtstellung Dreh- und Angelpunkt der Politik, die entscheidende Trennlinie zwischen rechts und links. Das ist der Grund, weshalb die Frage nach der Haltung der Linken gegenüber dem Staat heute von so tiefgreifender Bedeutung ist.

All das hört sich an, als hätte sich das Gleichgewicht der Kräfte in dieser Frage stets in die reformistische Richtung verschoben. Warum war dann diese Entwicklung des Staates für die Linke so problematisch? Ein Grund ist, dass sich der Staat weiterhin ausgedehnt und entfaltet hat, sozusagen vorangetrieben sowohl durch die Rechte als auch durch die Linke. Immer noch sprechen wir vom »kapitalistischen Staat«. Aber in Wirklichkeit verhalten wir uns nicht mehr so, als hätte er einen einfachen monolithischen Klassencharakter. Die Linke hat, trotz ihrer Rhetorik, ebenso *ihren* Anteil am Staat: in Form des Sozialstaats, der den Bedürftigen Hilfe gewährt; den Bedürfnissen der Gesellschaft dient; Gelder an die weniger gut Gestellten verteilt; (soziale) Einrichtungen zur Verfügung stellt – und alles auf der Basis allgemeiner Zugänglichkeit und weniger nach den Marktbedingungen der »Zahlungsfähigkeit«. Der NHS (National Health Service) ist das klassische Beispiel. Trotz Abhängigkeit vom privaten Sektor und Eingriffen von Seiten der Privatmedizin, wird der NHS immer noch als etwas betrachtet und erfahren, das die Logik durchbrochen hat, die Gesundheit und medizinische Hilfe an Reichtum und private Zahlungsfähigkeit knüpft, und an ihre Stelle die Idee medizinischen Bedarfs setzte, der durch allgemeine Versorgung befriedigt wird. Die Geschichte der Kämpfe Nye Bevans für die Einrichtung des NHS zeigt nicht nur, wie erbittert sich die Marktkräfte dem Eingriff in ihr Territorium widersetzten, sondern auch, wie unmöglich der NHS ohne ein alternatives Zentrum gewesen wäre, das imstande war, ein grundsätzlich andersartiges Versorgungssystem aufzubauen – den Staat.

Wie könnte jemand, der den materiellen Unterschied begriffen hat, den dies im Leben zahlloser einfacher Leute bedeutet, diese Errungenschaft als der Logik des Sozialismus entgegengesetzt betrachten? Wir wollen – mit Recht – *mehr* davon sehen, nicht weniger: wir wollen, dass mehr Aspekte des Lebens nach einem ähnlichen Prinzip organisiert werden. Die Abteilung für soziale Angelegenheiten des Zentrums für Politische Studien, Thatchers »Thinktank«, schlug in ihrer Broschüre vor, den Sozialstaat nicht einfach aus pragmatischen Kostengründen zurückzustutzen, sondern seinen »Bann zu brechen«. Und diese Burschen – Sir Keith Josephs Stoßtruppen, die sich als eine unabhängige Forschungseinrichtung maskieren – wissen, was sie tun. Die zentrale Stellung des Staates für die Linke ist nicht auf das Gebiet von Wohlfahrt und sozialer Unterstützung beschränkt. Wir dachten bisher eher, dass die Nationalisierungsmaßnahmen der 40er und 50er Jahre und die keynesianischen Interventionen in wirtschaftliche Abläufe, die in den 60er und 70er Jahren rapide zunahmen, nicht deshalb scheiterten, weil sie zu weit, sondern weil sie nicht weit genug gingen. Die Linke hat im Grunde immer noch eine *positive* Sichtweise der Rolle des Staates beim sozialistischen Aufbau.

Die Zweischneidigkeit des Staates

Die Dinge liegen nicht ganz so einfach. Nur wenige Bereiche des Sozialstaates ergeben ein so klares positives Bild wie der NHS. Auch hat sich in der Nachkriegsgesellschaft nicht nur die soziale Seite des Staates (welfare) ausgeweitet. Parallel haben wir auch die Ausdehnung des *Kriegs-Staates* (warfare state) und seiner repressiven, »polizeilichen« Aspekte erlebt: Staat als Zwangsgewalt, die die Gesellschaftsordnung verteidigt, von der Norm abweichendes Verhalten bestraft, ihre Überwachungstätigkeit auf die Zivilgesellschaft ausdehnt, die Bürger aufs strengste diszipliniert und die zunehmend und fern aller Verhältnismäßigkeit im Geheimen operiert. Der »Orwell-Staat« blüht und gedeiht neben dem Sozialstaat, nicht nur in den sozialistischen Demokratien Osteuropas, sondern auch in westeuropäischen Klassendemokratien. Der Staat, der Almosen verteilt, beschnüffelt auch jene, die sie erhalten. Dazu kommt Umfang und Ausmaß seiner administrativen Seite mit ihrer bürokratischen Verfahrensweise. Leute, denen der Staat »etwas Gutes tut«, *erfahren* dies in Wirklichkeit als eine Praxis, die sie »auf ihren Platz verweist«: sie erleben »Sachverständige«, die es immer besser wissen, oder Staatsbeamte, die gegenüber der Vielfalt wirklicher Bedürfnisse auf der anderen Seite des Schalters abgestumpft scheinen. Das Gefühl sitzt tief, dass die Funktionsweise des Sozialstaats die Leute in vielen Fällen zu passiven, gierigen, abhängigen *Klienten* stempelt, statt sie als Menschen zu behandeln, die einem Staat gegenüber, der *ihr* Staat sein soll und der sie gegen die Logik des Marktes vertritt, ihre Rechte einfordern.

Dann gibt es das Bewusstsein, dass Sozialstaaten in kapitalistischen Systemen allgemein verbreitet sind, und zwar mit einem Ausmaß an Unterstützungen, das das unsrige schon lange übertroffen hat; und mit Funktionen, die dem Kapital nicht nur von der Arbeiterklasse abgerungen wurden, sondern die für das Überleben des Kapitals notwendig sind. Staatlich finanzierte Weiterbildung ist schließlich sowohl eine alte radikale Forderung als auch eine gegen die Idee des Bildungsmarktes erzwungene Reform, und sie entspricht auch der qualifizierten Ausbildung, den ein modernes, kapitalistisches System braucht. Die sozialstaatlich-reformistischen und die reproduktiven Aspekte des Staates sind immer schwieriger zu unterscheiden. So wie sich die staatlichen Funktionen vervielfachen, werden auch mehr von uns an Stellen arbeiten, die mit dem Staat zu tun haben. Die sich verändernde Zusammensetzung der Arbeiterklasse und das sich verändernde Konfliktmuster in der Industrie haben sich zunehmend auf diese umkämpften Orte innerhalb des Staates verlagert. Sogar da sind wir uns des *doppelseitigen* Charakters unserer Arbeit bewusst. Das Schlagwort, das unser Dilemma am genauesten ausdrückt und diese widersprüchliche Realität treffend kennzeichnet, heißt: »Im Staat und gegen den Staat«. Eine steigende Anzahl von uns ist in der Regel *beides*.

Die »libertäre« Strömung der Neuen Rechten

Das führt uns zur libertären Strömung in der Neuen Rechten. Denn der Thatcherismus schlug Kapital genau aus dieser widersprüchlichen Erfahrung mit dem Staat. Er verwurzelte sich in der weit verbreiteten Unzufriedenheit und lenkte sie um in eine Breitseite gegen das Prinzip der Wohlfahrt *als solches.* Die Neue Rechte spannt sie für ihre Zwecke ein und verwandelt das Missfallen an den bürokratischen Zügen des Etatismus in einen Großangriff gegen die »steigende Flut des Sozialismus« und den »Kindermädchen-Staat«. Auf dieser negativen Grundlage baute sie das neue positive Evangelium des Marktes als den universellen Lieferanten von Gütern und des Guten; sie gab das wilde Kürzen öffentlicher Ausgaben als Testament der Tugend aus; veranlasste die Reprivatisierungen und erhob das Kriegsgeheul der Freiheit und verkündete ihre Identität mit dem freien Markt. Die Neue Rechte stellte sich als einzige Partei dar, die sich dem Ausufern des Staates und seinem Eindringen noch in die letzten Winkel des Lebens widersetzt. Das war einer der entscheidenden Wege, auf denen der Thatcherismus in das Territorium der traditionellen Linken vordrang, ihre Basis desorganisierte und sich selbst »populär« machte.

Für die Linke besteht das Problem darin, dass die Unzufriedenheit mit dem Staat real und authentisch genug ist – auch wenn der Thatcherismus sie dann »beschreibt« und »erklärt«, wie es ihm passt. Der Thatcherismus hat diese Unzufriedenheit nicht erfunden – auch wenn seine Lösungen für das Problem fiktiv sind. Des Weiteren deckte *er* einen Schwach-, einen Kritikpunkt des bestehenden Systems auf, den die Linke zu wenig beachtet hatte: den zutiefst *undemokratischen* Charakter eines staatsverwalteten Sozialismus. Dies offenbarte, und das ist das Beunruhigendste daran, dass die Linke und die Neue Rechte in dieser Frage ein Stück desselben Bodens miteinander teilen!

Das war besonders beunruhigend, weil die Linke glaubte, dass die Ideologie in sich gegenseitig ausschließenden Ideenblöcken dahermarschiert, wobei jeder Block einer zugehörigen Klasse oder politischen Position zugeschrieben wird. Es ist deshalb äußerst seltsam, die Linke dabei zu ertappen, wie sie Kritik am Etatismus mit dem »Klassenfeind« teilt – selbst wenn die zwei Seiten, gemessen an den aus der Kritik gezogenen Schlussfolgerungen, radikal auseinanderstreben. Natürlich liegt das Problem hier in der Tatsache, dass Ideologie *nicht* nach der Blocklogik funktioniert. Die Idee der Freiheit, auf der die gesamte anti-staatliche Philosophie gründete, ist kein exklusives Eigentum der Rechten. Sie nahmen eine bestimmte Version auf, verknüpften sie mit anderen reaktionären Ideen zu einer ganzen »Philosophie« und schlossen sie zusammen mit dem Programm und den Kräften der Rechten. Sie stellten eine Äquivalenz und Abhängigkeit zwischen der Idee der Freiheit und der »Freiheit *des Marktes*« her – und brachten sie damit zwangsläufig in Opposition zur Idee der Gleichheit. Aber Freiheit oder Libertät – im erweiterten Sinn von gesellschaftlicher Emanzipation – ist schon immer ein Schlüsselmoment in der Philosophie der Linken gewesen. In dieser Ideenkette *hängt* Emanzipation mit Gleichheit der Lebensbedingungen *zusammen*. Die Gleichsetzung mit Markt und Besitzindividualismus begrenzt sie. Die Linke braucht deshalb dringend eine Neuaneignung des Freiheitsbegriffs; sie muss ihm im Zusammenhang mit einer Vertiefung des demokratischen Lebens insgesamt seine wirkliche Bedeutung verleihen. Das Problem ist, dass *diese* sozialistische Auffassung von Freiheit nicht kompatibel ist – sie wird vielmehr von ihr tiefgreifend unterminiert – mit der Idee eines Staates, der alles übernimmt, der das ganze gesellschaftliche Leben, alle popularen Energien, alle demokratischen Initiativen absorbiert, und der die Gesellschaft – wie wohlmeinend auch immer – *anstelle* des Volkes regiert.

Wahlmöglichkeit

Über »Emanzipation« können wir uns vielleicht alle einigen. Das Wort lässt tiefe Saiten in uns erklingen und bewirkt eine starke emotionale Resonanz – was die Neue Rechte richtig erkannte. Aber wie steht's mit einem anderen, verzwickteren Aspekt von Freiheit: der Wahlmöglichkeit? Ich bin nicht sicher, dass diese im Denken der Linken bis jetzt eine zentrale Rolle gespielt hat. Und doch: Am weitesten verbreitet unter den ganz normalen, arbeitenden Leuten ist das im Grunde richtige »Bild« eines real existierenden Sozialismus, das bestimmt ist durch einen tristen Mangel an Vielfalt, die Allgegenwart geplanter Eintönigkeit, die Abwesenheit von Wahlmöglichkeiten und Abwechslung. Unser Sozialismusbegriff ist von Vorstellungen des Mangels bestimmt. Das Problem dabei ist, dass der Kapitalismus und der freie Markt in der Frage der Auswahlmöglichkeit bisher die Trümpfe in der Hand zu haben scheinen. Aber ist die Idee der Wahlmöglichkeiten, die der gesamten Kritik am Etatismus zugrunde liegt, *notwendig* eine reaktionäre, kapitalistische Idee der Rechten?

Ich habe den Verdacht, dass dies zum Teil ein Generationsproblem ist. Jüngere Leute legen im sozialen, kulturellen und im alltäglichen Wirtschaftsleben großen Wert auf Auswahlmöglichkeit und Vielfalt. Und sie betrachten *sowohl* die großen Kapitalgesellschaften als auch den großen Staat als prinzipielle Feinde der Vielfalt. Sie wissen, was thatcheristische Wirtschaftsfachleute nicht zu wissen scheinen, dass das Warenhaus des Großkapitals mit seinen sorgfältig kalkulierten Marketing- und Finanzierungsstrategien *nicht* der Ort ist, an dem die Wahlmöglichkeiten der Mehrheit vermehrt werden. Und sie verbinden sie nicht selbstverständlich mit den gleichermaßen korporatistischen, »bürokratischen« Verfahrensweisen des Staates. Aber sie haben, mag das für die Linke auch bedauerlich sein, *tatsächlich* ein Ausmaß an Wahlmöglichkeiten an jenen Orten gefunden, die wir nur Marktnischen nennen können. Am schmalen Rand des Marktes, wo die großen Bataillone und der tödliche Wettbewerb nicht völlig dominieren, haben kleine Initiativen manchmal eine Chance, kann etwas Unternehmergeist Öffnungen schaffen oder ein neues Bedürfnis erkennen, sogar ein neues *soziales* Bedürfnis, und bis zu einem gewissen Grade experimentieren, um es zu befriedigen. Ich will gewiss kein rosiges Bild von dem bestehenden Ausmaß an Offenheit malen: *alle* Märkte sind vor allem durch Ungleichheit eingeschränkt. Aber die meisten der innovativen Trends im Alltagsleben, mit denen sich jüngere Leute spontan identifizieren – in der Musik, in der Kleidung, Stilen, den Dingen, die sie lesen und denen sie zuhören, der Umgebung, in der sie sich wohl fühlen –, werden auf einer – man kann es nicht anders nennen – »handwerklich-kapitalistischen« Basis verwirklicht. Diese Dinge sind in ständiger Gefahr, durch staatliche Regulierung um ihre Existenz gebracht oder von den großen, kommerziellen Anbietern geschröpft zu werden.

Libertäre Strömungen in der Linken

Nichtsdestoweniger ist die alltägliche Erfahrung kultureller Vielfalt mit einer bestimmten Vorstellung vom Markt oder, besser, mit einer bestimmten Erfahrung mit dem Markt identifiziert worden. Und das ist keineswegs auf unpolitische Leute beschränkt. Wo wäre die Linke heute kulturell ohne Initiativen wie *City Limits* (Londoner alternative Programm- und Stadtzeitung) und tausend andere kleine, »unabhängige« Publikationen; oder wie Gay Sweatshop und Hunderte anderer kleiner Theatergruppen; oder Virago, History Workshop, Readers and Writers Cooperative und Compendium und Centreprise und Comedia usw. Junge Leute, ob links oder rechts, erwarten nicht, die neuen Klänge ihrer Zeit auf BBC oder ITV zu hören, aber sie können sie bei den »Unabhängigen« um »Channel Four« erwischen, bei Radio Laser oder sogar, Gott steh uns bei, bei dem gefürchteten, erzkommerziellen »Piratensender« Radio Caroline. Viele sind radikale Initiativen, die in prekärer Lage an den Rändern des kapitalistischen Marktes arbeiten. Aber selbst wenn man diese Randbereiche verlässt, zieht es die jüngeren Leute der Linken, die Nach-1968er, instinktiv zu solchen lokalen oder »Graswurzel«-Initiativen, wo die Leute durch ihre unmittelbare Selbsttätigkeit davon überzeugt werden können, die Kämpfe gegen die bürokratischen Formen der Unterstützung durch den Staat zu verstärken oder neue Kampfformen zu entwickeln. Der »libertären« Strömung in der Rechten entspricht, glaube ich, eine stetige und unaufhaltsame, eine langsam anwachsende, aber starke »libertäre« Strömung in der Linken – die auf ihre Weise viele der weiter verbreiteten sozialen und ökonomischen Trends in der Gesellschaft spiegelt und das tägliche Leben und alltägliche Haltungen transformiert, einschließlich derer der jüngeren Generationen in der Linken.

Läuft dies alles auf die versteckte Aufforderung hinaus, ein weiteres Bündel »alter« sozialistischer Ideen aufzugeben, sich zurückzulehnen und den freien Markt lieben zu lernen? Ganz und gar nicht. Aber es *ist* eine Aufforderung, unsere Gedanken zu öffnen und unsere Vorstellungen zu befruchten, indem wir die widersprüchliche Realität der, wie Marx sie in seiner schlichten Art zu nennen pflegte, »wirklichen Geschichte« direkt auf uns einwirken lassen. Zum einen wissen wir, dass überall im real existierenden Sozialismus in Ost-Europa das System rigider ökonomischer Planung des Lebens gelockert worden ist, angefangen bei Stahlwerken bis hin zu Hutnadeln. Die erste – doch nicht unbedingt endgültige – Form, die dieser Vorgang angenommen hat, ist die Rückkehr zu »Mechanismen des freien Marktes« im Rahmen sozialistischer Planung. Das ist kein Problem, das man linken Wirtschaftsfachleuten und Osteuropa-Experten überlassen sollte, da Bild und Realität des real existierenden Sozialismus *alle* SozialistInnen angeht und im Kampf der Rechten gegen die Anziehungskraft des Sozialismus im Westen eine der Trumpfkarten gewesen ist. Die zweite Lektion, die wir lernen könnten, ist mit dieser Neubewertung einer ganzen historischen Erfahrung verbunden, wenn auch nicht in unmittelbar organisatorischer Hinsicht. Es geht einfach um die Überprüfung dieses neuen Impulses, der von den Wahlmöglichkeiten ausgeht, um den neuen Geist von Pluralismus und Vielfalt, der im entwickelten Kapitalismus zu einer solchen treibenden Kraft für die Massen geworden ist und der in unserem Denken über den Sozialismus einen zentralen Platz einnehmen muss, wenn wir jemals eine große Anzahl von Menschen davon überzeugen wollen, dass der Sozialismus eine bessere »Lebensweise« ist als die, die sie mit ihrem ganzen Auf und Ab bereits kennen. Warum sollten sich die sich abplagenden Massen im Kapitalismus je für eine Alternative einsetzen, die ihnen *weniger* bietet als sie gegenwärtig bekommen können?

Kein Platz für Naivität

Wir können es uns nicht leisten, in der Frage des Staates *naiv* zu sein. Obwohl der Staat eine widersprüchliche Kraft ist, hat er die negative, systematische Tendenz, die vielen Kraft- und Machtlinien in der Gesellschaft zusammenzuziehen und sie in ein bestimmtes »System von Herrschaft« umzuwandeln. In diesem Sinne organisiert und orchestriert der Staat *tatsächlich* weiterhin den Raum für Kapitalakkumulation, und er erhält eine bestimmte, ausbeuterische Gesellschaftsordnung. Das ist *keine* neutrale Funktion – auch wenn es nicht seine einzige ist. Aber insofern das seine Rolle ist, muss der Staat demontiert und durch eine andere Staatskonzeption ersetzt werden. Ich denke, hier können wir lernen, dass wir bis jetzt eine völlig unangemessene Vorstellung davon haben, wie ein sozialistischer Staat radikal anders als der bestehende funktionieren könnte. – Wir können es uns auch nicht leisten, in der Frage des Marktes naiv zu sein. Er *ist* der Hauptmechanismus der Ausbeutung in der kapitalistischen Gesellschaftsordnung, wenn er im Zusammenhang mit Privateigentum und kapitalistischen Wirtschaftsformen funktioniert. Ich bin zu wenig Fachökonom, um zu wissen, ob manche Aspekte des Marktes mit sozialistischen Wirtschaftsformen verbunden werden können, aber ich bin sicher, dass wir diesen Gedanken eingehender untersuchen müssen. Auf jeden Fall bin ich sicher, dass der Sozialismus ohne eine Konzeption von *Öffentlichkeit* nicht existieren kann. Wir tun gut daran, den »öffentlichen Sektor«, wie wenig er auch eine Machtübertragung an die Machtlosen darstellt, als eine Arena zu betrachten, die im Gegensatz zur Logik des Kapitals angelegt wurde. »Öffentliches Gesundheitswesen« unterscheidet sich *wirklich* vom Konzept einer privaten Medizin, weil es das ganze Umfeld von Gesundheit umfasst, was mehr ist als die Summe einzelner gesunder Körper – es ist ein *soziales* Konzept von Gesundheit als Bedürfnis, als Recht. Das »öffentliche Verkehrswesen« ist nicht einfach eine praktische Alternative zum Privatverkehr, da es das Prinzip eines gleichen Zugangs zu den Fortbewegungsmitteln verkörpert – Mobilität in der eigenen Umwelt als öffentlich anerkanntes Recht. Die Idee eines »öffentlichen Raums« bezeichnet einen *nicht* durch Rechte des Privateigentums eingeschränkten Raum für gemeinsame Betätigungen, öffentlicher Raum als soziales Gut. Das Adjektiv *öffentlich* repräsentiert in jedem dieser Fälle einen Fortschritt gegenüber den Schranken des Besitzindividualismus, des liberalen Denkens selbst. Was diese Konzeption von Öffentlichem und Gesellschaftlichem angeht, liegt der Sozialismus *immer noch vorn.* Und das Öffentliche kann nur mit Hilfe staatlichen Handelns aus dem Markt, aus der Logik des Kapitals, herausgeschnitten werden.

Der Staat und die Gesellschaft

Andererseits kann »das Öffentliche« mit dem Staat nicht identisch sein. Wenn die Logik von Kapital, Eigentum und Markt einmal durchbrochen ist, bestimmt sich der Fortschritt in Richtung Sozialismus durch die Vielfalt gesellschaftlicher Formen, in denen das Volk initiativ wird, Kontrolle wiedergewinnt, Macht aus dem Staat *in* die Gesellschaft verlagert wird. Wir können uns eine »Partnerschaft« zwischen Staat und Gesellschaft vorstellen, solange die Initiative ständig auf die Gesellschaft übergeht, solange das Monopol über die Verwaltung des gesellschaftlichen Lebens nicht in einer Sackgasse bei der Staatselite endet, solange der Staat selbst in popularen Kräften wurzelt, von ihnen ständig Energie bezieht und aktiv vorangetrieben wird. Einer der Gründe, weshalb manche der im Umfeld des GLC (Greater London Council = Stadtrat von Groß-London) entwickelten Dinge für die Linke so aufregend, so vorbildlich sind, liegt genau darin, dass man hier und da einen Schimmer davon bekommt, wie es aussieht, wenn der Staat auf lokaler Ebene die Art und Weise transformiert, in der er die Gesellschaft politisch »repräsentiert«; wenn er sich mehr darauf stützt, Macht *auf* die Wahlkreise zu übertragen, statt sie zu monopolisieren. Wir bekommen eine Ahnung davon, wie ein neues Prinzip, das sich hauptsächlich auf den Werkzeugcharakter des Staates stützt, Raum schaffen kann für eine Vielzahl verschiedener Formen, sozialer Bewegungen und Initiativen in der Zivilgesellschaft. Staatliche Verwaltung der Gesellschaft im Namen des Sozialismus, das ist nicht mehr vertretbar oder tolerierbar. Der Pluralismus ist in *diesem* Sinne nicht bloß zeitweiliger Gast der sozialistischen Szene. Er ist gekommen, um zu bleiben.

Wir könnten das alles auch auf andere Art ausdrücken, wenn wir uns daran erinnern, dass Marx, wenn er sich auf den Sozialismus bezog, von der *sozialen* Revolution sprach (z. B. MEW 16, 204). Die Demokratisierung der Gesellschaft ist genauso wichtig wie der Abbau der staatlichen Bürokratien. In der Tat ist die wohl wichtigste Lektion von allen, dass die Ausweitung der Demokratie im Zentrum des heutigen sozialistischen Denkens stehen muss. Demokratie ist natürlich keine formale Angelegenheit von Wahlkampf- oder Verfassungspolitik. Sie besteht in der wirklichen Übertragung von Macht an die Machtlosen, der *Ermächtigung* der Ausgeschlossenen. Der Staat kann das nicht für die Machtlosen tun, obgleich er ermöglichen kann, dass es geschieht. Sie müssen es für sich selbst tun, indem sie die Formen finden, in denen sie die Kontrolle über eine zunehmend komplexe Gesellschaft übernehmen können. Gewiss geht das nicht auf einen Schlag, durch *eine* Zentralinstanz – durch einfaches »Zerschlagen des Staates«, wie es die sozialistische Strömung gern hätte, die auf den Staat fixiert ist. Das muss auf vielfältigen Schauplätzen des gesellschaftlichen Lebens stattfinden, an vielen verschiedenen Fronten, einschließlich natürlich im Staat selbst, dessen Tendenz, Macht zu konzentrieren, genau das ist, was ihn zum Hindernis für den Sozialismus macht. Gramsci entwickelte die umwälzende Idee, dass Hegemonie nicht nur durch den Staat konstituiert ist, sondern in den vielfachen Zentren der Zivilgesellschaft. Daraus folgt, dass ein alternatives Konzept des Sozialismus diesen Kampf umfassen muss, um die Macht in allen Bereichen gesellschaftlicher Tätigkeit zu demokratisieren – im privaten wie im öffentlichen Leben, in den persönlichen wie in den Zwangsbeziehungen, in Familie und Nachbarschaft, im Kinderhort und im Einkaufszentrum ebenso wie auf dem öffentlichen Amt oder an der Produktionsstätte. Wenn der Kampf für den Sozialismus in den modernen Gesellschaften ein Stellungskrieg ist, dann muss unsere Sozialismuskonzeption die einer Gesellschaft von *Stellungen* sein – von verschiedenen Plätzen, von denen aus wir alle mit der Rekonstruktion einer Gesellschaft beginnen können, für die der Staat nur noch der anachronistische Verwalter ist.

Übersetzung: Thomas Weber

Anmerkung zur Textauswahl

Die für diesen Band ausgewählten Texte sind zum einen ein Überblick über die theoretischen Arbeitsgebiete Stuart Halls: Marxismus, Medien, Ideologie, Politik, Kultur, Rassismus. Dabei greifen die einzelnen Bereiche ineinander, zum Beispiel Politik in Ideologie, Kultur in Medien. Rassismus wird in allen Bereichen untersucht. Immer geht es dabei um Lebenspraxen, wird nach den Formen gefragt, in denen es dem jeweils herrschenden Block gelingt, die Zustimmung der Bevölkerungsmehrheit zu gewinnen. Mit Gramsci, für Hall der fruchtbarste marxistische Theoretiker der neueren Zeit, geht es um die Frage der Hegemonie mit dem Blick auf die Eingriffsmöglichkeiten für eine sozialistische, marxistische Politik.

Zum anderen zeigt die Textauswahl Hall als einen Theoretiker, der auf verschiedenen Abstraktionsebenen arbeitet. Dazu gehört (und im Folgenden beziehe ich mich auf die Reihenfolge der Aufsätze dieses Bandes) die Ausarbeitung der marxschen Theorie, ihre Weiterentwicklung, um sie für neue Fragestellungen, etwa der Theorie der Ethnizität und des Rassismus fruchtbar zu machen. In einer historischen Analyse zum Zusammenhang von Massenkultur und Staat legt er die Grundlagen für aktuelle Medienanalysen, die sowohl die allgemeine Funktionsweise der Medien in hochindustrialisierten kapitalistischen Demokratien analysieren, als auch spezifische Mechanismen, zum Beispiel die, mit denen Race konstituiert wird. Die neueren theoretischen Entwicklungen auf dem Feld des Marxismus werden auf ihre Brauchbarkeit für die Analyse neuer politischer Formationen, wie der des Thatcherismus, geprüft. Schließlich zeigen die letzten beiden Texte Hall als einen der seltenen Wissenschaftler, die es verstehen, theoretische Einsichten für die Analyse und Entwicklung politischer Strategien nutzbar zu machen, und zwar in einer Art, die sie über ihren Anlass hinaus nützlich sein lässt für marxistische Politik und Theorie, welche so von den praktischen Erfordernissen her erneuert werden.

Die Herausgabe dieses Bandes wäre ohne die Mitarbeit der ÜbersetzerInnen und ohne die Lektüre der Manuskripte durch Peter Jehle, Andrea Krug, Thomas Laugstien und Thomas Weber nicht möglich gewesen.

Nora Räthzel

Drucknachweise

Das Politische und das Ökonomische in der marxschen Klassentheorie. Engl.: The »Political« and The »Economic« in Marx's Theory of Classes, in: S. Hall (Hg.): Class and Class Structure. London 1977

Gramscis Erneuerung des Marxismus und ihre Bedeutung für die Erforschung von Race und Ethnizität. Engl.: Gramscis Relevance for the Study of Race and Ethnicity, in: Journal of Communication Inquiry, 1986, 10, 2, summer, 5–27

Massenkultur und Staat. Engl.: Popular Culture and the State, in: T. Benhet, C. Mercerand & J. Woolacott: Populare Culture and Social Relations. Milton Keynes, Philadelphia 1986

Die strukturierte Vermittlung von Ereignissen. Engl.: The Structured Communication of Events, in: David Potter et al. (Hg.): Society and the Social Sciences. London 1982

Die Konstruktion von ›Race‹ in den Medien. Engl.: The Whites of their Eyes. Racist Ideologies and the Media, in: G. Bridges & R. Brunt (Hg.): Silver Linnings. Some strategies for the Eighties. Contribution to the Communist University of London. London 1981

Der Thatcherismus und die Theoretiker. Engl.: The Troat in the Garden. Thatcherism among the Theorists, in: C. Nelson & L. Grossberg (Hg.): Marxism and the Interpretation of Culture. London 1988

Neuorientierung der Linken. Engl.: Realignment for What?, in: Marxism Today. December 1985

Der Staat – der alte Verwalter des Sozialismus. Engl.: The State – Socialism's Old Caretaker, in: Marxism Today. November 1984

Literaturverzeichnis

Althusser, L. (1968): Für Marx. Frankfurt/M.

ders. (1974): Lenin und die Philosophie. Reinbek

ders. (1975): Elemente der Selbstkritik. Hamburg, West-Berlin

ders. (1977): Ideologie und ideologische Staatsapparate. West-Berlin

ders. & E. Balibar (1972): Das Kapital lesen. 2 Bde. Reinbek

Altick, R. (1957): The English Common Reader. London

Anderson, R. (1980): Arguments within English Marxism. London

Arnold, M. (1963): Culture and Anarchy. Cambridge

Aspinal, A. (1973): Politics of the Press, 1780–1859. Brighton

BBC (1972): Principle and Practice in News and Current Affairs

Beharrel, P., & G. Philo (1977): Trade Unions and The Media. London

Berridge, V. (1978): Popular Sunday Papers and Mid-Victorian Society, in: James Curran (Hg.): Newspaper History. From the Seventeenth Century to the Present Day. London

Boyle, A. (1972): Only the Wind Will Listen. New York

Brewer, J., & J. Styles (Hg.; 1980): An Ungovernable People. London

Briggs, A. (1961): The Golden Age of Wireless. Oxford

Brundsdon, C., & D. Morley (1978): Everyday Television and The Nationwide Audience. British Film Institute. London

Bucharin, A. (1921): Theorie des historischen Materialismus. Gemeinverständliches Lehrbuch der marxistischen Soziologie. Hamburg

Carchedi, G. (1975): On the Economic Identification of the New Middle Class. *Economy and Society*, no. 4, 1–86

Cardiff, D., & P. Scannell (1982): Serving the Nation. Public Service Broadcasting before the War, in: B. Waites, T. Bennett & G. Martin (Hg.): Popular Culture. Past and Present. Beckenham

Cohen, S., & J. Young (1981): Manufacture of News. London

Downing, J. (1980): The Media Machine. Leichhardt (Australien)

Fernbach, D. (1973–74): Introduction, in: ders. (Hg.): Marx's Political Writings, 3 Bde.: The Revolutions of 1848, Surveys from Exile, The First International and After. Harmondsworth

Foucault, M. ([2]1986): Archäologie des Wissens. Frankfurt/M.

Galtung, J., & M. Ruge (1965): The Structure of Foreign News. *Journal of Peace Studies Research*, vol. 1

Gardner, C. (1979): Limited Access. *Time Out*, 23, 2

ders. (1979): It A'int Half a Hot Potato, Mum. *Time Out*, 23, 2

ders. & M. Henry (1979): Racism, Anti-Racism and Access Television. *Screen Education*, no. 31

Glasgow University Media Group (1976 & 1980): Bad News & More Bad News. London

Golding, P., & P. Elliot (1979): Making the News. London

Gramsci, A. (1980): Zur Politik, Geschichte und Kultur. Frankfurt/M.

ders. (1971): Selections from the Prison Notebooks. Hg. v. Q. Hoare. London

ders. (1975): Quaderni del Carcere. Turin. Edizione critica dell' Instituto Gramsci. A cura di Valentino Gerratana (I)

ders. (1967): Philosophie der Praxis. Frankfurt/M.

Hall, S. (1972): The Limits of Broadcasting. *Listener*, 16. März

ders. (1974): Deviance, Politics and the Media, in: P. Rock & M. S. Macintosh (Hg.): Deviance and Social Control. London

ders. (1975): Getting the Message Across. UNESCO. Paris

ders. (1976): Broadcasting, Politics and the State. The Independence/Impartiality Couplet. IAMCR Conference Paper. Leicester

ders. (1980): Encoding and Decoding in the Television Discourse, in: S. Hall et al. (Hg.): Culture, Media, Language. London

ders. (1981): The Rediscovery of Ideology. Return of the Repressed in Media Studies, in: M. Gurevitch, A. Bennett, J. Curran & J. Woolacott (Hg.): Culture, Society and the Media. London

ders. (1985): Autoritärer Populismus. *Das Argument* 152

ders., I. Connell & L. Curti (1981): The »Unity« of Current Affairs Televison, in: T. Bennett, S. Boyd-Bowman, D. Mercer & J. Woolacott: Popular Television and Film. London

Harris, M. (1978): Structure, Ownership and Control of the Press, 1620–1780, in: J. Curran (Hg.): Newspaper History. From the Seventeenth Century to the Present Day. London

Hay, J. (1975): Property, Authority and Criminal Law, in: D. Hay, P. Linebaugh, E. P. Thompson et al. (Hg.): Albion's Fatal Tree. Harmondsworth

Hirst, P. (1976): Althusser and the Theory of Ideology. *Economy and Society*, no. 5, 385–412

Hobsbawm, E., & G. Rudé (1975): Captain Swing. Harmondsworth

Kumar, K. (1977): Holding the Middle Ground, in: J. Curran, M. Gurevitch & J. Woolacott (Hg.): Mass Communications and Society. London

Laclau, E. (1981): Politik und Ideologie im Marxismus. West-Berlin

Lenin, W. I. (1961ff.): Werke in 40 Bänden. Berlin/DDR

Lukács, G. (1968): Geschichte und Klassenbewusstsein, in: ders.: Werke, Bd. 2: Frühschriften II. Neuwied/West-Berlin, 161–517

Lukes, S. (1975): Political Ritual. *Sociology*, vol. 9, no. 2

Malcolmson, R. (1973): Popular Recreations in English Society, 1700–1850. Cambridge

MESW (Marx-Engels Selected Works), London 1970

MEW (Marx-Engels-Werke), Berlin/DDR 1958ff.

Marx, K., & F. Engels (1954): Briefe über »Das Kapital«. Berlin/DDR

Middlemas, K. (1980): The Politics of Industrial Society. London

Miliband, R. (1969): The State in Capitalist Society. London

Namier, L. (1929): The Structure of Politics. London

National Council of Civil Liberties (NCCL) (1980): Southall, 23 April 1979, Report of the Unofficial Committee of Inquiry. London

Parkin, F. (1972): Class Inequality and Political Order. Littlehampton

Poulantzas, N. (1974): Politische Macht und gesellschaftliche Klassen. Frankfurt/M.

Reith, J. (1949): Into the Wind. Sevenoaks

Rudé, G. (1979): Die Volksmassen in der Geschichte. Unruhen, Aufstände und Revolutionen in England und Frankreich, 1730–1848. Frankfurt/M.

Schlesinger, R. (1978): Putting Reality Together. London

Thompson, E. P. (1965): Pecularities of the English. *Socialist Register* 1965

ders. (1975): Whigs and Hunters. New York

ders. (1980): Die moralische Ökonomie der englischen Masse, in: ders.: Plebejische Kultur und moralische Ökonomie. West-Berlin

ders. (1980): Das Elend der Theorie. Zur Produktion geschichtlicher Erfahrung. Frankfurt/M.

ders. (1987): Die Entstehung der englischen Arbeiterklasse. 2 Bde. Frankfurt/M.

Tracey M. (1977): The Production of Political Television. London

Tuchman, G. (1971): Objectivity as a Strategic Ritual. *American Journal of Sociology*, no. 2

Watt, I. (1963): The Rise of the Novel. Melbourne

Williams, G. (1976): France 1848–1851. Open University A321, Units 5–8. London